米国特許 プラクティカルガイド

- 判例とキーワードにみる米国特許の重要ポイント -

弁理士 **小西 恵** 著
KONISHI Kay

一般社団法人
発明推進協会

はじめに

　特許の実務家にとって、米国は近くて遠い国です。米国は、最もメジャーな外国出願先であり、特許実務に関して発信されている情報量も最も多いといえます。他方、判例法の国である米国の特許制度は、日本の特許実務家にとって、全体像が把握し難く、隔靴掻痒の感が否めません。成文の特許法（35U.S.C.）や特許法施行規則（37C.F.R.）には各制度の明文の根拠が見当たらず、膨大な判例法を紐解かなければその解釈や詳細が理解できないことも多いため、得てして伝え聞いたことを鵜呑みにしがちです。

　本書は、日本弁理士である筆者が、米国駐在経験を発端に、米国特許実務の日本特許実務からの差分を常に意識して、日本の特許実務家の視点で米国特許制度を俯瞰して著したものです。仮に本書が英訳されて米国の初学者や実務家が読んだとしても腑に落ちないかもしれません。その意味で、本書の内容はニュートラルではありません。米国の実務家の当たり前が日本の実務家の当たり前とはならないからです。

　また本書は、日本の特許実務家にとって、米国での特許権利化（プロセキューション）のために必要となる実体的および手続き的情報を提供するものです。ただし、訴訟リスクの格段に高い米国でのプロセキューションは、特許訴訟制度と深く結びついているため、権利化後の訴訟リスクを想定したプロセキューションが不可欠です。このため、本書では、第1章で米国特許訴訟制度を概説する他、章末のコラムで特許訴訟・特許権侵害マターに言及しています。

　また、米国には、IDS（Information Disclosure Statement）による情報開示制度など、他国に類を見ないユニークな制度が数多くありますが、なぜそのような制度があるのか、なぜ違反時にかくも厳しいペナルティが課さるのか、その背景や沿革を知ることで初めて納得できることも少なくありません。本書では、各制度を説明する上で、その背景、沿革や根拠となる判例を記載することに努めました。日本の特許実務家の違和感を払拭する一助となれば幸甚です。

　本書は、2004年に初版刊行された「米国特許実務マニュアル」をベース

に、約16年を経て内容をリニューアルしたものです。特許制度はプロパテントとアンチパテントの間を周期的に揺れ動く振り子に例えられますが、2004年からのアップデートをしていく中で、2004年頃にもNPE（Non-Practicing Entity）の台頭を背景にその萌芽はあったものの、2004年以降最近までの米国でのアンチパテントへの大胆な振れ幅には改めて驚嘆します。もし次に改訂の機会があるなら、またプロパテントに揺れ戻っていることでしょう。この間には、1836年に米国特許法に権利付与前実体審査制度が本格的に導入されて以来最も大きな変化と評される、2011年のLeahy-Smith America Invents Act（AIA）による特許法改正も実現し、先発明主義からの大転換もありました。米国特許制度は生き物です。

　とりわけ、米国特許法101条の特許適格性の振れ幅は大きく、16年間で特許適格性の基準が世界一緩やかな国から世界一厳格な国に変わったといっても過言ではありません。101条は筆者の専門分野に深く関わる主題でもあり、第2章第6項で1960年代からの変遷を辿っています。

　本書執筆に当たっては、友人である多くの米国特許弁護士に直接間接の協力を仰ぎました。また、発明推進協会には、校正から装丁に至るまでご尽力いただきました。この場を借りて、本書刊行のためご教示ご協力いただいたすべての皆様に、深く感謝申し上げます。

　2021年4月

弁理士　小西　恵

凡 例

1. 判例の取り扱い

　本書には多数の米国判例が脚注に記載されています。本文の記載内容に対してできる限り根拠となる米国判例を明示しておきたいとの考えから、特に重要な判例については本文中で事案の説明も含めて解説していますが、その他の多数の判例については、脚注を付すに留めています。脚注番号が付された本文中の文章の内容を判示した判例が、脚注に記載された判例である、つまり、脚注が付された文章が脚注に記載の判例での規範の骨子であるという関係に立ちます。

2. 判例の引用形式

　本書では基本的に上級審である連坊巡回控訴審裁判所（United States Court of Appealsfor the Federal Circuit: CAFC）および連邦最高裁判所の判例を引用しています。CAFC の判例は、通常、連邦判決集（Federal Reporter）に収録されており、" XXX F.3d YYY, (Fed. Cir.ZZZZ)" と引用されていれば、連邦判決集の第 3 集、XXX 巻、YYY ページに収録された、ZZZZ 年に判決された CAFC の判例を意味します。連邦最高裁の判例は、合衆国最高裁判決集（U.S. Reports）に収録されており、" XXX U.S. YYY, (ZZZZ)" と引用されていれば、合衆国最高裁判決集の XXX 巻、YYY ページに収録された、ZZZZ 年に判決された連邦最高裁の判例を意味します。

3. 用語の選択と略語の使用

　本書は、通読していただいてももちろんよいのですが、米国特許実務に携わる上でのレファレンスとして活用していただくことを意図しています。このため、キーワードについては、英語併記して、原語のニュアンスを残しています。

4.「クレームをクレームする」？

　本書では、「クレーム（claim）」という用語を、動詞としても名詞としても

使用しています。日本語の言語感覚からすると違和感があるかもしれませんが、米国特許法§ 112（b）は、「明細書は、発明者又は共同発明者が発明とみなす主題を特定し、明白にクレームする1又は2以上のクレームで終わらなければならない。」と規定しており、「特許請求の範囲に記載する」という動詞と、「特許請求の範囲に記載されたもの」という名詞との双方が、「クレーム」の語で表されるからです。「クレーム発明（claimed invention）」とは、特許請求の範囲に記載された発明、ということになります。

　同様に、本書では、「特許（patent）」という用語を、「特許する」という動詞としても「付与された特許（＝特許権）」という名詞としても使用しています。日本語的には、付与された特許は本来、排他権である「特許権（patent right）」ということになりますが、本書では、英語の用語に倣い、特に特許権侵害の文脈以外では同じく「特許」と称しています。

目次

第4章　各種特許出願

第5章　出願後の手続き

第6章　特許後の手続き

第7章　守秘特権

第8章　クレーム解釈

第 1 章
米国特許制度の概要

（Outline of U.S. Patent System）

第 1 項　米国の法体系の特徴
(Characteristics of U.S. Legal System)

　米国の特許制度を理解する上においては、日本の法体系とは大きく異なる米国の法体系や裁判制度を概観しておくことが重要です。本項ではまず、特許制度を含む米国の法制度の概要と裁判制度の特徴を説明します。

1. 連邦法は憲法からの特別の委任に基づく

　米国は連邦制を採用しているので、各州（state）が、それぞれ立法、行政、司法の機関を持って、各州法（state law）に基づいて権力を行使します。連邦政府（federal government）は、憲法から委任（delegation from the Constitution）を受けた範囲内でしか権限を持つことができません。

　米国の特許制度を規律する特許法は連邦法の 1 つですが、連邦法で特許制度を規律できるのは、憲法が明示的に連邦議会に特許に関する権限を委任しているからです。

　米国憲法 1 条 8 節 8 項は、「著作者および発明者の著作および発見に対して、限られた期間、排他的権利を与えることによって、科学と有用な技術の進歩を推進すること[1]」を連邦議会に委任しています。特許権（patent）と著作権（copyright）の法的な根拠はともに、米国憲法のこの条項まで遡ることができます。

　例えば、この米国憲法条項は、2011 年に成立した Leahy-Smith America Invents Act（以下、「AIA」）まで堅持されていた米国に特有な先発明主義（first-to-invent system）の大きな拠りどころとなっていましたし、有用性（usefulness）を重視する考え方の源も、この条項にみることができます。他方、特許に関連する争いであっても、従業者発明など、特許権の帰属に関する争いは、連邦法ではなく、各州法によって規律されます。

---

[1]　"To promote the progress of science and useful arts, by securing for limited times to authors and inventors the exclusive right to their respective writings and discoveries;"

2. 判例法の重要性

　判例法（case law）とは、具体的な争訟（cases or controversies）を解決するために、裁判所によって形成されたルールを総称するものです。成文法が第一次的な法源（legal source）となる日本とは異なり、米国では、判例法が第一次的な法源として扱われているので、成文法で置き換えられない限り判例法が直接適用されます。特許に関する法理やルールについても、米国では、法的な根拠が成文法（written statute）には見当たらず、連邦裁判所（federal court）が形成した判例にしかないことがしばしばあります。

　また、上級審でされた最終的な判断（holding）は、先例（precedent）として下級審を拘束しますので、いったん形成された判例法は、基本的に上級審でしか、変更することができませんし、全般的に、裁判所は、事案に判例法を適用するとき、できるだけ先例と矛盾しないようにその先例を解釈します。

<table>
<tr><td>第 2 項</td><td>米国の特許付与制度の特徴
(Characteristics of U.S. Patent Prosecution System)</td></tr>
</table>

米国は、世界の特許制度の中でもユニークな特許制度を採用しています。2011 年に成立した Leahy-Smith America Invents Act (AIA) により、特許制度のグローバルスタンダードに近づいた部分もありますが、以下では AIA 改正前後を含めて概説します。

1. 先発明主義から先発明者先願主義へ

2011 年の AIA 改正前まで、米国では、先に出願した者に特許を与える先願主義 (First-to-File system) ではなく、先に発明をした者 (発明者) に対して特許を与えるという先発明主義 (First-to-Invent system) を採用していました。これは、米国憲法 1 条 8 節 8 項が、「発明者のした発見 (発明) に対して排他的権利を与える」ことを特許権付与の根拠としていることからも明らかなように、発明をした者 (inventor) をまず保護すべきだという考えに基づくものとされています。

ただし、先に発明をしていた、という事実は、同じクレーム発明[1]についての発明の先後が争いになった後で立証が必要になることで、通常は米国特許庁 (U.S.Patent and Trademark Office : USPTO) に特許出願をした日が発明の完成日であると推定されます。米国特許庁が発明のされた日を探索することはありません。米国特許庁での抵触審査 (インターフェアランス) や裁判によって、推定された発明の完成日である出願日より前の実際に発明を完成した日を、後になって立証することも可能でしたが、通常はたいへん困難でかつ費用も嵩むものでした。

2011 年の AIA 改正により、米国の特許制度創設以来堅持していた先発明主義から、いわゆる先発明者先願主義 (First-Inventor-to-File) に移行しましたが、この先発明者先願主義は、名称が示すように、米国以外で採用されてい

---

[1] クレーム欄に記載された発明、つまりクレームされた (特許請求された) 発明のことをいいます。

た純粋な先願主義を、先発明主義的要素で修正したものです（本章第 4 項で後述）。

2. グレースピリオド（Grace Period）

　米国では、この先発明主義がベースにあったため、いったん発明を完成させた発明者は、すでに発明を完成したことによって特許出願前でも保護されるべき状態にあることになります。このため、発明を完成させた発明者には、発明を完成してから米国で特許出願をするまでに 1 年間の猶予期間であるグレースピリオド（grace period）が与えられます。このグレースピリオドの間に、発明者自身が発明を開示したり、発明の実施品を販売などしても、その開示や販売などから 1 年以内に米国に特許出願をすれば、特許を取得することができます。

　AIA 改正により、グレースピリオドに関する米国特許法の規定も修正されましたが[2]、米国外で先願主義の下、いわゆる新規性喪失の例外規定として、例外的に認められているグレースピリオドとは異なり、米国のグレースピリオドは、先に発明を公表した発明者により広い保護を認めるものであり、例外というニュアンスは窺えません。

3. 発明者の義務

　米国憲法が特許による保護を受けられるとしているのは、上記のとおり発明者（inventor）なので、AIA 改正前は、特許出願は発明者がしなければならず（米国特許法旧 §102（f））、発明者が属する企業などの譲受人（assignee）が特許出願の際に直接の出願人となることはできませんでした。

　AIA 改正により、譲受人を出願人とする特許出願が認められるようになりましたが、米国憲法で特許による保護を与えられている発明者は、たとえ出願人ではなくとも、特許による保護を受ける代償としての義務を負います。

---

[2]　AIA 改正により 1 年のグレースピリオドの起算点は米国出願日ではなく有効出願日となりました。

　特許出願によって発明の保護を受けようとする発明者は、特許出願の際に、宣誓供述書（oath）または宣言書（declaration）により、自分自身がクレーム発明についての最初の発明者であり、クレーム発明についての情報開示義務（第5章第2項で後述）が自身に課されていることを認めることを陳述しサインすることが義務付けられています。

　後に、この宣言書等で陳述した内容に反した行動をすると、衡平法（equity）に違反したとして、重いペナルティが課され、最悪の場合、せっかく取得した特許での権利行使が一切認められなくなってしまいます。

4. 衡平法（Equity）に由来する制度

　衡平法（equity）とは、救済を受けようとする者はフェアでなければならないとする、クリーンハンドの原則とも称される一般法上の法理で、裁判所が、当事者間の衡平を図るために、当事者間の事情を比較衡量してアンフェアな事情が認められた場合に、アンフェアな行為をした当事者に厳しいペナルティを課すことで、他方の当事者を救済するものです。

　この衡平法に由来する制度として、情報開示義務（duty to disclose）、ベストモード開示要件、均等論によるクレーム解釈、審査経過禁反言（Prosecution History Estoppel：PHE）などが、特許制度中に織り込まれている点が、米国特許制度の大きな特徴です。発明者、出願人や特許権者は、これらの衡平法上の義務を負います。衡平法上の救済を得るためには、救済を求める当事者が、明瞭かつ確実な証拠（clear and convincing evidence）を示して立証する必要があります。

　衡平法に由来する義務を負うのは、発明者、出願人や特許権者だけではありません。いったん成立した特許権に基づいて特許権侵害であるとの警告（actual notice）を受けた第三者は、自己の製品等の実施行為が特許権侵害に該当するか否かについて確認するという相当の注意（due care）義務を負います。このため、侵害警告を受けた後に、特許弁護士等の鑑定（opinion）を取得するか、その他の侵害回避のための努力をしておかないと、この相当の注意義務を果たしていないとして、裁判で故意侵害（willful infringement）に問われてしまうおそれがあります。

5. 米国特許取得までのフロー

　適式な米国特許出願をすることによって、米国特許出願日が付与されます（③）。米国特許出願（non-provisional application）は、米国にした仮出願（provisional application）に基づく優先権（priority）を主張して 12 か月以内にすることができます（①）。外国にされた特許出願に基づいて、パリ条約（Paris Convention）で定める優先権を主張して 12 か月以内にすることもできます（②）。PCT（特許協力条約：Patent Cooperation Treaty）の国際特許出願に基づいてする場合には、国際特許出願日から 30 か月以内に米国への国内移行手続きをすることによって米国特許庁に審査係属します。米国出願日（優先権主張した米国特許出願については優先日）から 18 か月経過時に、特許出願の明細書、図面が公報によって出願公開されます（④）。

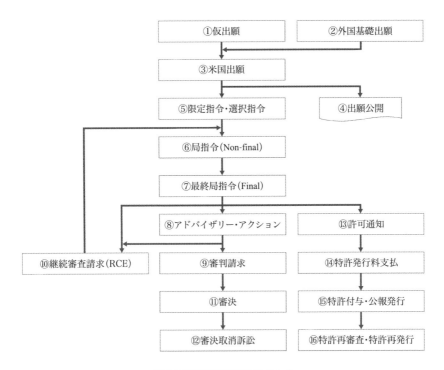

（図1：米国特許取得までのフロー）

7

　米国には出願審査請求制度がないため、米国特許出願がされた特許出願は、基本的に出願された順に審査に係属します。審査官はまず、特許出願中のクレームが発明の単一性（unity of invention）を満たしているかどうかを審査します[3]。1 つの出願に複数の発明が含まれていると判断された場合には、限定要求が出願人に通知され（⑤）、出願人は、1 か月以内（6 か月まで延長可能）に、複数のクレーム群（groups）から 1 つのクレーム群を審査対象として選択しなければなりません。

　審査対象となったクレームに対して拒絶を通知する局指令（non-final Office Action）に対して（⑥）、出願人は、3 か月以内（6 か月まで延長可能）にクレームの補正や意見書の提出などによって反論しますが、この反論によっても拒絶が解消しない場合には、最終局指令（final Office Action）が通知されます（⑦）。この最終局指令に対してした反論で、なお拒絶が解消しない場合には、反論によって拒絶が解消しないことを通知するアドバイザリー・アクションが通知されます（⑧）。出願人は、最終オフィス・アクションから 3 か月以内（6 か月まで延長可能）に、米国特許庁の審判部（Patent Trial and Appeal Board：PTAB）に対して拒絶査定不服審判を請求するか（⑨）、あるいは審査段階での継続審査請求（Request for Continued Examination：RCE）を請求（⑩）しなければ、特許出願の拒絶が確定します。継続審査請求をすると、最終拒絶の状態が解消するので、再度審査官による審査に付されることになります。拒絶査定不服審判の審決（⑪）に対しては、審決取消訴訟を提起（⑫）して争うことができます。

　一方、特許が許可可能であると審査官が判断した場合、特許の許可通知（Notice of Allowance：NOA）が出願人に通知されます（⑬）。この許可通知から 3 か月以内に特許発行料（issue fee）（出願公開の公報発行料も含みます）の支払いをする（⑭）と、特許が発行され、特許公報が公表されます（⑮）。特許が発行された後にクレームを訂正する手続きには、出願人自身が先行技術を回避するクレームの訂正をする目的で請求する再発行（reissue）、再審査（reexamination）などがあります。

---

[3]　PCT で規定している発明の単一性（PCT 規則 13）とは異なる米国独自の単一性基準です。

6. 出願公開制度

　1999 年の特許法改正（American Inventor Protection Act：AIPA）により、出願公開制度（18-month publication）が採用されました。なお、この AIPA 改正は、WTO の GATT TRIPS 協定（The General Agreement on Tariffs and Trade Uruguay Round, Agreement on Trade-Related aspects of Intellectual Property Rights）に適合するよう米国の国内特許法を整備することを主な目的として改正されたものです。他にも、この AIPA 改正によって、米国特許権の存続期間は、従前の特許付与から 17 年であったものが、いつ特許が付与されたかにかかわりなく TRIPS 協定で定められたとおり、出願日から 20 年に改正されました。

　出願公開制度は、本来、出願日（または最も早い優先日）から 18 か月後に、特許出願された内容を、特許出願が最終的に特許を取得できるか否かに拘わらず公報に掲載することによって公開する、という制度です。一方、米国は、AIPA 改正前まで、あくまで排他権である特許権を与える代償として発明の内容を公開させることで発明者を保護する、という考えに基づいて、最終的に特許権が取得できた場合に限って特許出願した内容が特許公報で公開されるというシステムを採用していたので、最終的に特許されることなく拒絶されてしまう出願も含めた全出願を一律に公開するという全面的な公開制度の導入には国内的に抵抗もありました。結局、AIPA 改正では、出願公開制度を持つ外国での関連出願を伴わず、米国だけでされる特許出願は、出願人の請求によって非公開とすることができるようになりました。ただし、出願公開制度導入後、多くの米国企業にとって、この非公開の請求をすることは比較的稀であるようです。自身の特許出願が出願公開されれば、この早期に公表された出願公開公報について、他の特許出願に対しての引用例としての効果が生じ、他の特許出願の権利化を阻むことができるからです（米国特許法§102 (a)(2)）。

　このような非公開請求を認める米国の出願公開制度は、AIA でも改正されませんでした。

第3項	米国の特許裁判制度
	（U.S. Patent Litigation System）

1. 特許権侵害訴訟

　特許権は、他人が特許発明を生産、使用、販売、販売の申し出、輸入する行為を排除（exclude）することのできる権利なので、特許権者は、こうした行為を権原なく行う第三者に対して特許権侵害を理由に金銭賠償や差止を求める訴訟を裁判所に提起することができます。

　一方、侵害訴訟の被告は、抗弁として、特許の新規性欠如や自明（2章5節で非自明性を説明）などを理由に、特許の有効性（validity）や権利行使不能（unenforceability）を裁判で直接争うことができます。

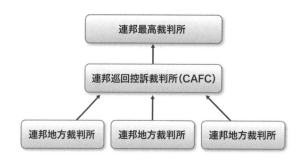

（図2：特許権侵害訴訟の管轄）

　米国に全部で 13 か所設置されている連邦地方裁判所（以下、「連邦地裁」）（Federal District Court）が、特許権侵害訴訟についての第一審（first instance）としての管轄（subject matter jurisdiction）を持ちます。毎年、数千件の特許権侵害事件が連邦地裁に提訴されている米国は、訴訟大国です。

　特許権に基づいて、関税法に定められた米国への輸入差止を請求する場合には、国際貿易委員会（International Trade Committee：以下、「ITC」）が専属管轄を持ちますので、ITC に提訴する必要があります。ITC には、特許専門の判事がいて、その審理手続きでは、特許権侵害の有無とともに、連邦地裁

で可能な抗弁はすべて認められますので、例えば特許権が無効であることを主張することもできます。

　第一審である連邦地裁では、陪審制度が採用されているので、事実問題（matter of fact）については、陪審（jury）による審理が行われます。一方、法律問題（matter of fact）については、裁判官（判事）（judge）が判断します。

　各連邦地裁の判決に対しては、さらに、連邦巡回控訴裁判所（Court of Appeal for Federal Circuit：以下「CAFC」）に控訴することができます。CAFC は、1982年、複数の連邦控訴裁判所の間でばらつきのあった特許事件の判例の統一性と審理の迅速化とを目的として設立されました[1]。

　CAFC は、米国特許庁のした審決に対する控訴事件、および連邦地裁のした特許権侵害事件判決の控訴事件についての専属管轄（exclusive jurisdiction）を持ちますので、すべての特許権侵害および審決取消の控訴事件は、CAFC が専属で審理することになります。なお、米国では、連邦地裁で、いったん差止の仮処分（preliminary injunction）が出されると、事件が控訴審である CAFC に係属中の間にも、差止の中止（stay）を求める請求（motion）が必ずしも認められるわけではないので[2]、控訴するにしても第一審の連邦地裁での差止の仮処分の決定は重要です。

　CAFC は、過去の先例を変更するためには、CAFC の常勤判事の過半数の賛成を以って、判事全員による大法廷（en banc）を開いて、事件を審理しなければなりません。

　CAFC の判決に対しては、さらに連邦最高裁判所（以下、「連邦最高裁」）に上告することができます。ただし、連邦最高裁への上告理由はごく限定されていて、連邦最高裁に上告（certiorari）を受理するかの広範な裁量があるため、連邦最高裁への上告はごく稀にしか認められておらず、たいていの特許権侵害事件については、事実上は、CAFC での判決が終局的な判決になります。

　ただし、近時、連邦最高裁は、より積極的に特許事件についての上告を受

---

[1]　ただし、CAFC では、特許訴訟の他、関税等に関する訴訟も管轄しています。

[2]　*Polaroid Corp. v. Eastman Kodak Co.*, 789 F.2d 1556（Fed. Cir. 1986）

理し、CAFC の先例を変更しています[3]。

2. 審決等についての不服申立訴訟

特許出願が最終的に米国特許庁での審決で拒絶された場合、出願人は特許庁長官に対して、米国特許庁が所在する区域を管轄するバージニア州東部地区連邦地裁（the Eastern District Court of Virginia）に控訴することができます（米国特許法 §145）。

この審決等についての不服申し立ては、行政訴訟（administrative action）です。

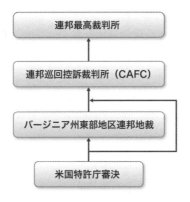

（図3：審決に対する不服申立訴訟）

第一審であるバージニア東部連邦地裁は、事実審であるため、米国特許庁で提出されなかった新たな証拠（例えば特許発明の自明（obviousness）を争う場合の新たな引用例など）を提出して米国特許庁での審決等を争うことができます。バージニア東部連邦地裁の判決に対しては、さらに、CAFC に控訴することができます。CAFC は、審決等取消事件の控訴事件についての専属管轄（exclusive jurisdiction）を持ちます。CAFC の判決に対しては、さらに

---

[3] 2007 年の米国特許法 §103 自明に関する KSR 最高裁判決（*KSR Int'l Co. v. Teleflex Inc.*, 550 U.S. 398 (2007)）、2014 年の米国特許法 §101 特許適格性に関する Alice 最高裁判決（*Alice Corp. v. CLS Bank International*, 573 U.S. 208 (2014)）、特許の消尽に関する Impression Products 最高裁判決（*Impression Products, Inc. v. Lexmark Intern., Inc.*, 137 S. Ct. 1523 (2017)）など、2000 年以降、多数あります。

連邦最高裁に上告することができます。

　なお、米国特許庁の審決等に対する控訴を、CAFC に対して直接すること
もできます（米国特許法 §141 (a)）。ただし、CAFC は、法律審であって事実
審ではないため、CAFC での審理で新たな証拠による主張は認められず、
CAFC が審理できる範囲はバージニア東部連邦地裁の場合より狭くなるとい
うリスクもあります。もっとも、連邦地裁を経由するとそれだけ訴訟コスト
が嵩むので、多くの場合には、審決等に対する控訴は、バージニア東部連邦
地裁をスキップし、直接 CAFC に対してされます。

3. レビュー・スタンダード（再審理基準）

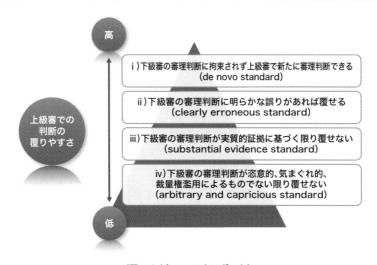

高

上級審での
判断の
覆りやすさ

i）下級審の審理判断に拘束されず上級審で新たに審理判断できる
（de novo standard）

ii）下級審の審理判断に明らかな誤りがあれば覆せる
（clearly erroneous standard）

iii）下級審の審理判断が実質的証拠に基づく限り覆せない
（substantial evidence standard）

iv）下級審の審理判断が恣意的、気まぐれ的、
裁量権濫用によるものでない限り覆せない
（arbitrary and capricious standard）

低

（図4：レビュー・スタンダード）

　レビュー・スタンダードとは、上級審が下級審の判断をレビュー（再審理）
する際にどの程度拘束されるか、についての基準です。

　一般に、上級審が下級審での判断を再審理するとき、以下の基準があります。

　ⅰ）. 下級審の審理判断に拘束されず、上級審で新たに審理判断できる
　　　（de novo standard）

　ⅱ）. 下級審の審理判断に明らかな誤りがあれば覆せる（clearly erroneous

standard）

iii）. 下級審の審理判断が実質的証拠に基づくものである限り覆せない
（substantial evidence standard）

iv）. 下級審の審理判断が恣意的、気まぐれ的、裁量権濫用によるものでない
限り覆せない（arbitrary and capricious standard）

上記の i ）. の de novo 基準が最も容易に下級審の判断を上級審が覆すこと
が容易であり、 ii ）. 以降順に、下級審の判断を上級審で覆すのが困難になり
ます。

（1）CAFC と米国特許庁審判部との間の取消訴訟でのレビュー・スタンダード

審決等取消訴訟は行政訴訟なので、行政手続法（Administrative Procedure
Act：APA）に規定されているレビュー・スタンダードが用いられます。CAFC
では、行政官庁である米国特許庁の審判部（Patent Trial and Appeal Board：以
下、「PTAB」ともいう）でした審決での事実判断（たとえば非自明性の有無
の判断）については、米国特許庁での事実判断が実質的な証拠に基づくもの
である限り、つまり証拠法に基づくものである限り、その判断を維持しなけ
ればならない（substantial evidence standard）という iii ）. の実質的証拠の基準
を採用しています（APA §706 (2)(e)）[4]。このため、控訴裁判所である CAFC
で米国特許庁のした事実判断を覆すことはかなり困難です。米国特許庁は専
門行政官庁であるので、特許性などについて米国特許庁がした事実判断は尊
重されるべきであるという考えに基づきます。

一方、米国特許庁のした法律問題についての判断のレビューには、 i ）. の
de novo 基準が用いられ、米国特許庁の審判部（PTAB）のした判断に拘束さ
れることなく、新たに審理判断することができます。

（2）CAFC と連邦地裁との間の特許権侵害訴訟でのレビュー・スタンダード

特許権侵害訴訟は、民事訴訟なので、連邦民事手続規則（Federal Rule of Civil
Procedure：FRCP）§ 52 (a) に規定されるレビュー・スタンダードが用いられます。

控訴審である CAFC は基本的に法律審なので、事実認定は行いません。事

---

[4] *In re Robert J. Gartside*, 203 F.3d 1305 (Fed.Cir. 2000); *Dickinson v. Zurko*, 527 U.S. 150 (1999)

実認定は、第一審の連邦地裁でのみ行います。このため、控訴審である CAFC
では、連邦地裁のした判断のうち、陪審のした事実判断については尊重しな
ければなりません。したがって、事実判断については ii）. の明らかな誤りの
基準が用いられ、CAFC は、連邦地裁での事実判断に「明らかな誤りがある」
（clearly erroneous standard）との確実な心証（firm conviction）を得ない限り、
連邦地裁での判断に拘束され、これを覆すことはできません。ただし、審決
取消訴訟の事実認定について用いられる iii）. の実質的証拠の基準よりは前審
判断の拘束力が弱いので、たとえ連邦地裁での事実認定が実質的証拠に基づ
くものであっても、CAFC でなお連邦地裁の事実認定が「明らかな誤りであ
る」としてその判断を覆すことが可能です。

　一方、連邦地裁の裁判官のした法律判断については、 i）. の de novo 基準が
用いられ、CAFC は、連邦地裁のした判断には拘束されることなく、新たに（de
novo）レビューすることができます。例えば、特許のクレーム解釈（claim
construction）自体は法律問題（matter of law）なので、連邦地裁のクレーム解
釈に拘束されることなく、CAFC が新たに異なる解釈をすることができます[5]。

4. 陪審制度

　米国憲法修正 7 条は、訴額が $20 を超える訴訟について、陪審審理（jury
trial）による裁判を受ける権利を保障しています。このため、特許権侵害訴
訟で、原告か被告のどちらかが陪審による審理を請求したら、事実問題（matter
of fact）は陪審によって審理判断されなければなりません。陪審は一般的に
特許権者に有利な判断を下す傾向があるといわれており、このため多くの場
合は特許権者である原告側から陪審審理が請求されます。実体審理（trial on
the merit）まで進んだ特許権訴訟全体の大多数で陪審審理が行われています。
ただし、陪審はごく平均的な米国市民の中から指名されるので、特許権侵害
訴訟の一方当事者が外国企業の場合、他方当事者の米国企業に有利な判断が

---

[5]　ただし、クレーム解釈をする際に付随する事実問題については、2015 年の Teva 最高裁判決により、前審の拘束力が高い
「明らかな誤り（clearly erroneous）」のレビュー基準で判断されます（*Teva Pharmaceuticals USA, Inc. v. Sandoz Inc.*,
574 U.S. 318（2015））

下される傾向もあるといわれています。米国では、特許訴訟でこの陪審制度が存在するため、特許明細書のクレームの記載を簡明にしたり、クレーム発明の重要性を、証人尋問を通じて説明したりという、高度に技術的な特許クレームや明細書の内容を、ごく平均的な米国市民である陪審員にも理解させやすくするための工夫が必要とされています。また、陪審審理の存在は、職業裁判官による審理より、特許権侵害の成否の予測可能性を低下させる傾向があります。

　陪審が審理する対象は特許権侵害の有無などの事実問題（matter of fact）に限られますので、その他の特許クレームの解釈などの法律問題（matter of law）や、情報開示義務違反などの衡平法上の問題（matter of equity）は、裁判官のみにより判断される専権事項です。

　なお、特許権侵害訴訟の当事者は、侵害の有無などの事実問題についても、陪審審理ではなく、裁判官によって審理・判断される略式判決（Summary Judgment）を請求することができます。ただし、この略式判決が認められるには、常識的な陪審員を基準（reasonable jury standard）として明らかに請求に理由があるという程度まで立証しなければならないため、略式判決を請求する側が高い立証責任を負います。

5. 特許権侵害訴訟での被告の抗弁と立証負担

　特許権者は、訴訟法上、被告が特許権を侵害していることを立証しなければなりません。

　一方、いったん特許権が成立すると、その特許権は有効であるとの推定が働きます（米国特許法 §282）。このため、特許権侵害を問われた場合の抗弁（defense）として特許権の無効を争う場合には、被告側が特許権が有効であるとの推定を覆す必要があり、民事訴訟一般で採用されている証拠の優越（preponderance of evidence）より高い基準である、明瞭かつ確実な証拠（clear and convincing evidence）の基準によって特許権が無効であることを立証しなければなりません。この明瞭かつ確実な証拠基準においては、民事訴訟一般で採用されている証拠の優越基準より高く、かつ刑事訴訟一般で採用されて

いる「合理的に疑いの余地がない（without reasonable doubt）」基準よりは低い立証負担（burden of proof）が課されます。

　具体的には、いったん被告が特許の無効についての一応の証明（prima facie case）を果たしたら、特許権者がこれに反証することになりますが、この場合も無効を立証する最終的な責任は被告側にあります[6]。なお、特許権の無効は、特許法上の特許性（patentability）に関する規定であれば、クレームや明細書の記載要件、新規性、自明などの規定に基づいても侵害訴訟の手続き中で争うことができます。ただし、米国特許法 §112（a）の記載要件のうち、ベストモード開示要件だけは、AIA 改正により、訴訟で抗弁として争うことが禁じられることとなりました。

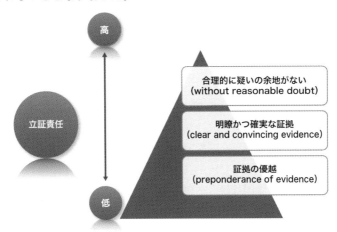

（図5：立証責任のレベル）

　特許権侵害を問われた被告は、このほか、特許権者の情報開示義務（duty to disclose）違反やミス・ユース（濫用）などを理由に、特許権が権利行使不能（unenforceable）であることを主張することができますが、これらの抗弁は法律問題（matter of law）とは別の衡平法上の問題（matter of equity）に属し、この場合も被告側が、明瞭かつ確実な証拠（clear and convincing evidence）によって原告側の特許権の権利行使ができないことを立証しなければなりません。

6　*Mas-Hamilton Group v. LaGard Inc.*, 156 F.3d 1206 (Fed. Cir. 1998)

第4項	**AIA による特許法改正** （AIA Patent Reform）

1. AIA 改正の背景

　Leahy-Smith America Invents Act（AIA）による特許法改正は、1836 年に米国特許法に権利付与前実体審査制度が本格的に導入されて以来、最も大きな変化と評されています。

　Leahy-Smith 法として施行された AIA の最初の法案は、2005 年に上程され、最終法案が署名され成立したのは 2011 年 9 月16日、約 6 年の年月を要しました。

　訴訟大国である米国での特許訴訟のリスクは、米国外とは桁違いに高いものです。米国特許庁での再審査（reexamination）制度はあったものの、米国で、付与された特許の有効性や不衡平行為（inequitable conduct）を争うフォーラムは専ら裁判所でした。大多数の特許権侵害訴訟で、特許の無効や不衡平行為が濫用的に抗弁され、特許訴訟の不確実性や訴訟コストの増大を不可避的に高めていました。

　また、他者から買い取った特許で多数の企業に対して濫用的な権利行使を行う、いわゆるパテントトロール（PAE（Patent Assertion Entity）とも呼ばれます）にとっては、米国は最も有利なフォーラムであり、パテントトロールを原告とする特許訴訟の数が、全体の相当割合に及んでいました。

　こうした濫用的特許訴訟を抑制し、安定性の高い特許を付与する特許制度のリフォームが希求されていた状況下で、立法的な解決として、AIA 改正は結実できたのです。

　AIA 改正のうち最も大きい変化は、先発明者先願主義（First-Inventor-to-File：FITF）への移行ですが、この先発明者先願主義への移行、主として米国特許法 § 102 の新規性に関する改正は、主観的なファクタの評価の必要をできる限りなくし、より客観的で透明性のある特許システムに移行しようとする目的を持ってなされました。主観的なファクタや公知でない情報を必要とすると、特許システム全体のコストを高めてしまうからです。

　客観的かつ透明性ある制度の一例として、AIA では、米国特許法中のすべての

条文から、「詐欺的意図なく（without deceptive intent）」という主観的要件を削除しました。こうした主観的要件は、衡平法（equity）が織り込まれた米国特許法には多く規定されていましたが、詐欺的意図の有無を立証することは困難であり、証拠収集のためのコストも増加しますし、訴訟での予測可能性も低下するからです。

2. 立法経緯

　AIA には様々な背景がありますが、特許の質（patent quality）の向上がキーワードの 1 つです。

　2003 年に公表された公正取引委員会（FTC）のレポート（"To Promote Innovation : The Proper Balance of Competition and Patent Law and Policy"）は、質の低い特許（questionable patents）がイノベーションを阻害することを懸念するもので、特許の質を高めるための施策として、米国特許法 § 103 非自明性基準の厳格化、付与後レビュー（異議申立て）の創設、すべての特許出願の 18 か月公開等を提言しました。

　2004 年に公表された国立科学アカデミー（NAS）のレポート（"A Patent System for the 21st Century"）は、FTC レポートと同様、非自明性基準の厳格化、付与後レビューの創設等のほか、訴訟での主観的要素の排除、各国特許制度間の冗長性や不一致の低減等を提言しました。特許の質の問題に加えて、濫用的特許訴訟や訴訟コスト・権利化コストの増大、特許システムのハーモナイゼーションが課題であったことを示すものです。

　立法過程で提案されたものの、最終法案まで残らなかったものも少なくありません。例えば、ハーモナイゼーションを目的としていたすべての特許出願の 18 か月公開は、専ら米国内のみで出願するため出願の非公開を最も享受していた個人発明家や小規模企業に反対されていました。また、裁判地（venue）として自分の有利な裁判所を選ぶいわゆるフォーラムショッピングを規制する提案がありましたが、2008 年の In re TS Tech. USA Corp. CAFC 判

決[1]が、事件の移送を適切と判断される場合のみに制限したことにより、立法による解決が不要とされて、AIA 改正から外れました。

3. AIA 改正の概要

（1）先発明者先願主義

　先発明者先願主義（First-Inventor-to-File：FITF）では、最初の発明者であって先に特許出願した者が、クレームされた主題の発明日にかかわりなく、特許を受けることができます。

　AIA 改正前まで堅持されてきた先発明主義からの転換が、AIA 改正がもたらした最も大きな変化です。

　先発明者先願主義は、先行技術の定義を、出願日を基準として大幅に単純化するものであり、AIA 改正前の先発明主義（First-to-Invent）に対しては、出願日を基準とする先願主義（First-to-File）の範疇に入ります。

　先願主義への移行は長年議論されてきましたが、単純に先に出願した者に特許を付与する制度は、「発明者」に排他権を与えるものと規定している米国憲法 1 条 8 節 8 項に抵触するとの反対論も根強くあり、過去から何度も議論されてきたものの改正までに至りませんでした。

　また、過去に先発明主義からの移行を阻んできたもう 1 つの理由が、先発明主義の方が、米国特許出願全体の約 1/3 を占める個人発明家や中小企業を厚く保護できるという根強い意見でした。しかし、訴訟大国である米国で、米国特許出願で後れを取ったにもかかわらず、後になって先に発明をしていたという事実を立証することはインターフェアランスや訴訟での複雑な手続きと巨額のコストを要するため、個人発明家やベンチャー企業が容易に行えることではなく、実は、先発明主義は、実際には、誰にとってもコストが嵩み、複雑なものでした。

　AIA で使用されている「先発明者」先願主義という名称は、長年慣れ親し

---

[1] *In re TS Tech. USA Corp.*, 551 F.3d 1315, 1319 (Fed. Cir. 2008).その後、2017年のT C Heartland最高裁判決（*T C Heartland LLC v. Kraft Foods Groups LLC*,137 S.Ct.1514 (2017)）は、特許権侵害訴訟の裁判管轄(venue)を、被告の設立された管轄地または、被告が侵害行為を行い、かつ常設で確立された事業拠点を有する管轄地に制限し、フォーラムショッピングをさらに困難にしました。

まれた先発明主義のマインドセットから先願主義へのジャンプを実現するために考案された名称ともいえるでしょう。

(2) 譲受人による出願 (Assignee Filing)

AIA 改正前は、特許出願は発明者がしなければならず、特許を受ける権利の譲受人である発明者の所属企業などの法人が出願人となることができませんでした。米国憲法1条8節8項が、排他権の付与を発明者のみに認めているという理由からでした。

AIA 改正により、クレーム発明の発明者として記載されている者以外でも出願人となれることとなり（米国特許法§118）、発明者に関する方式的負担が軽減されました。

(3) 米国特許庁での権利付与後手続き

AIA 改正により、米国特許庁での権利付与後の手続きが拡充されました。特許の有効性を争う特許訴訟の代替手段を提供しようとするものです。

AIA 改正前の当事者系再審査に替えて当事者系レビュー（Inter-Partes Review：IPR）が創設され、権利付与から一定期間の異議申立てを認める付与後レビュー（Post-Grant Review：PGR）が新設されました。

また、情報開示義務違反を訴訟で抗弁されることを未然に防止する手段として、補充審査（Supplemental Examination）が新設されました。

(4) ベストモード開示要件違反の抗弁禁止

米国特許法§112（a）には、発明者が発明の最良の態様であると信じるベストモードを明細書に開示しなければならないとする、米国特有のベストモード開示要件が規定されています。ベストモード開示要件は AIA 改正後も残されましたが、このベストモード開示要件違反を、特許訴訟で抗弁することが AIA 改正で禁じられました。

ベストモード開示要件は、特に主観的ファクタが多く、特許訴訟で抗弁された場合に証拠開示手続き（ディスカバリー）を大規模化し、原告被告の両当事者の負担を大幅に増すからです。ベストモード開示要件が出願係属中に審査されることはないので、事実上、ベストモード開示要件を争うことはできなくなりました。

(5) 先使用権の拡大

　AIA 改正前は、いわゆるビジネス方法発明の特許に対してのみ衡平法上の観点から認められていた先使用 (prior user right) の抗弁が拡大され、あらゆる分野の特許に対して先使用の抗弁が認められるようになりました。

Column 1.

直接侵害と間接侵害
（Direct Infringement and Indirect Infringement）

　米国には、様々な特許権侵害の類型があります。

　米国特許法 §271 は、判例法を成文化したものです。いわゆる間接侵害である、侵害を教唆する行為としての積極誘引（active inducement）（米国特許法 §271（b））、および、特許発明の専用部品を供給する行為である寄与侵害（contributory infringement）（米国特許法 §271（c））は、1952 年の米国特許法改正で新設されました。これら積極誘引および寄与侵害などの間接侵害は、いずれも、直接侵害が存在することが前提であると解されています。

　また、特許発明の部品の全部または主要部や、特許発明の専用部品を輸出して海外で組み立てさせる態様を侵害とみなす規定（米国特許法 §271（f）（1）（2））は、1984 年の米国特許法改正で導入されました。1972 年の *Deepsouth Packing Co. v. Laitram Corp.* 最高裁判決[1]が、特許発明に係るエビの背腸除去機のすべての部品を米国内で製造し、組み立てのための解説書付きで外国で装置組み立てを行う事業者向けに輸出したという侵害迂回行為を、米国特許法 §271（a）の規定する米国内での直接侵害を前提とする寄与侵害として認定できなかった事案を契機とし、こうした侵害迂回行為を新たに侵害行為として捕捉するためです。

　積極誘引を規定する米国特許法 §271（b）は単に、積極的に侵害を誘引すると侵害になる、としか述べておらず、また米国特許法 §271（a）の直接侵害と異なり、行為地を米国内に限定しているわけでもないので、どこまでが積極誘引として有責となり得るかが明確ではありません。

　DSU Med. Corp. v. JMS Co. CAFC 大法廷判決[2]は、積極誘引による侵害成立には、侵害を構成する他者の行為を生じさせる意図では足りず、他者による直接侵害を誘導する積極的意図の存在を必要とすると判示し、積極誘引の主観的要件のハードルを上げました。

　ところで、直接侵害が成立するためには、クレームに記載されたすべての構成要件を単一の侵害被疑者が実施していることが原則です（single entity rule）が、複数主体が侵害に関与する場合、侵害被疑者が方法発明の工程を実施する第三者に対して「管理または指示（control or direction）」を行っており、当該方法発明の全ての工程の実施が侵害被疑者に帰する（attributable）場合、侵害被疑者が直接侵害の責任を負うものとされています。

　2014 年の *Limelight Networks, Inc. v. Akamai Technologies, Inc.* 最高裁判決[3]は、上記の基準を適用して、侵害被疑者が方法発明の工程を実施する第三者に対して「管理または指示（control or direction）」を行っておらず、単一の侵害被疑者に米国特許法 §271（a）の直接侵害の責任を帰することができない場合には、直接侵害を前提とする米国特許法 §271（b）の積極誘引による侵害は成立し得ないと判示し、CAFC へ差し戻すとともに、複数主体が関与する米国特許法 §271（a）の直接侵害の基準の明確化を委ね

---

[1] *Deepsouth Packing Co. v. Laitram Corp.*, 406 U.S. 518 (1972)
[2] *DSU Med. Corp. v. JMS Co.*, 471 F.3d 1293, 1304 (Fed. Cir. 2006) (en banc)
[3] *Limelight Networks, Inc. v. Akamai Technologies, Inc.*, 572 U.S. 915 (2014)

ました。

　差戻審である 2015 年の *Akamai Technologies, Inc. v. Limelight Networks, Inc.* CAFC 大法廷判決 [4] は、方法クレームの複数工程の一部を第三者が実施する場合であっても、「侵害被疑者が、方法クレームの工程の実施に伴う第三者の参加または利益の受領を条件付け、および実施の方法またはタイミングを決定した場合 (when an alleged infringer conditions participation in an activity or receipt of a benefit upon performance of a step or steps of a patented method and establishes the manner or timing of that performance)」には、当該第三者の行為が侵害被疑者に帰する (attributable) ため、侵害被疑者が方法クレームの米国特許法 §271 (a) における単一の直接侵害者となると判示し、複数主体が関与する場合の直接侵害の成立要件が明確化されました。

---

[4] *Akamai Technologies, Inc. v. Limelight Networks, Inc.*, 797 F.3d 1020 (Fed. Cir. 2015)（en banc）

第2章
特許性要件 I
(Patentability Requirements I)

第 1 項 AIA 改正下の新規性
(Novelty under AIA)

　新規性要件とは、クレーム発明が新規である、つまりまだ公衆（public）に公開されていない（先行技術に属していない）ものでなければならないとする万国共通のユニバーサルな特許要件です。

　米国憲法 1 条 8 節 8 項に規定されるとおり、特許はそもそも有用な技術の進歩を促進するために与えられるものなので、クレーム発明は当然に、まだ先行技術（prior art）には存在しない、新規なものでなければなりません。公衆に対して、自身のした発明による恩恵をはじめてもたらした者だけに、排他的権利（exclusive right）を与える価値があるからです。

　以下では、AIA 改正後の先発明者先願主義（First Inventor to File：FITF）の下での新規性要件を主として説明します。

1. AIA 改正後の§102

　AIA 改正前の米国特許法旧§ 102 は、(a) から (g) までの規定を有し、先発明主義を採用しつつ、早期の特許出願を促すために出願日を基準として先発明主義を修正する規定も交じっており、非常に複雑な構造をしていました。

　AIA 改正により、先発明者先願主義が採用されたため、新規性を規定する米国特許法§102 は単純化されました。

　AIA 改正前の米国特許法の旧§ 102 (a)（先行技術）、旧§ 102 (b)（法定阻害事由（statutory bar））、旧§ 102 (e)（先願未公開出願の先行技術効果）が AIA 改正後の§ 102 に統合され、旧§ 102 (c)（発明の放棄）、旧§ 102 (d)（先行外国特許出願の特許（premature foreign patenting））、旧§ 102 (f)（冒認）、旧§ 102 (g)（他者の先発明）の各規定は基本的に廃止されました。もっとも、旧§ 102 (f) の冒認規定は新規性の条文としては廃止されましたが、冒認は AIA 改正後も米国特許法§ 100 (f) により無効と解されています。

2. 有効出願日（Effective Filing Date）

　AIA 改正前は先発明主義であり、発明日（date of invention）を新規性判断の基準日とするものでした。この発明日は、発明の完成日であり、発明の完成は事情によって発明の着想日（data of conception）や発明の実施品を製作した日（actual reduction to practice）まで遡及することもあり、出願人や特許権者にとって立証が困難であるとともに、第三者にとっても予測できないことが課題でした。

　AIA では、発明日に替えて、有効出願日（effective filing date）を統一した新規性判断の基準日として扱います。

　有効出願日は、通常の出願（nonprovisional application）の実際の出願日、または、先の外国出願や国内出願への優先権主張を伴う場合には優先日です（米国特許法§ 100 (i)(1)）。

　先の出願の出願日を有効出願日として認めるためには、先の出願は、クレーム発明の米国特許法§ 112 (a) に規定される記述要件および実施可能要件を充足する記載を含まなければなりません。有効出願日は、クレームごとに判断されます。

　AIA 改正前は発明日を基準としていましたが、特許出願で発明日を申告するわけではないので、米国特許庁の審査官は、出願日を発明日と推定し、出願日を基準として、新規性、非自明性等の特許要件を審査していました。このため、出願日より前の日付を持つ先行技術を引用された場合、出願日より前の発明日を立証することにより、特許性を判断する基準日を、出願日から発明日まで遡及させて先行技術を除外することができました（swearing behind）。

　AIA 改正後は発明日が特許性判断の基準日となることはないので、このような発明日までの遡及のオプション（swearing behind）はもはや利用できません。

　なお、発明の経過を記録するいわゆるラボノートは、AIA 改正前は、発明日立証のために重要な書類でしたが、AIA 改正後であっても、発明者認定のための証拠となるため、重要性は変わりません。

3. 絶対新規性

　AIA 改正前は、米国特許法旧 § 102 の先行技術のうち、刊行物公知以外の公知公用、例えば、販売（on sale）等の地理的範囲は、米国特許法旧 § 102 で「この国において（in this country）」と明記されており、米国国内に限られていました。このため、外国での販売や展示等は、米国特許法旧 § 102 の先行技術にはなりませんでした。

　AIA 改正により、こうした地理的な制限が撤廃され、公知公用についても、地理的範囲が全世界に拡張されて世界公知（global novelty）が採用されたため、外国での販売や展示等も、新たに米国特許法 § 102 の先行技術を構成するようになりました。絶対新規性（absolute novelty）ともいいます。

4. §102 先行技術のカテゴリ

　AIA 改正後の米国特許法 § 102 は、多数のカテゴリを規定していた改正前の旧 § 102 より単純化され、米国特許法 § 102 (a) で先行技術を定義し、米国特許法 § 102 (b) で先行技術の例外を規定しています。

　米国特許法 § 102 (a) は、以下の 2 種類の先行技術のみを規定しています。

　ⅰ). § 102 (a)(1) の先行技術：出願日に公知であった先行技術

　ⅱ). § 102 (a)(2) の先行技術：先願未公開出願（prior-filed later-published application）

　米国特許法 § 102 (b) で、それぞれの先行技術についての例外として、2 種類のグレースピリオド（grace period：以下、「GP」ともいう）である、固定グレースピリオド（fixed GP）と先公表グレースピリオド（first-to-disclose GP）を規定しています（米国特許法 § 102 (b)(1) / (2) のサブセクション（A）と（B））。

　サブセクション（A）の固定グレースピリオド（fixed GP）は、発明者由来の発明の開示を先行技術から除外します。一方、サブセクション（B）の先公表グレースピリオド（first-to-disclose GP）は、発明者由来の発明の公表をトリガに、その後独自にされた第三者の発明の開示を先行技術から除外する

ものであり、開示（§102（b）（2）は先願）の主体で区別されます。

　米国特許法§102（a）（2）の先願未公開出願についてはさらに、同一チーム（same team）の場合の先願未公開出願を先行技術から除く、発明者同一の例外に相当する規定がされています（米国特許法§102（b）（2）サブセクション（C））。

（図6：AIA改正後の§102先行技術）

第2項　§102（a）（1）の先行技術
（§102（a）（1）Prior Art）

　米国特許法§102（a）（1）の先行技術は、狭義の先行技術であり、クレーム発明の有効出願日前に、特許され、刊行物に記載され、公用され、販売され、または公衆に利用可能とされた技術をいいます。

1.§102（a）（1）の先行技術の範囲

　米国特許法§102（a）（1）の先行技術は、クレーム発明の有効出願日に、「特許され、刊行物に記載され、公用され、販売され、または公衆に利用可能とされた（patented, described in a printed publication, in public use, on sale, or otherwise available to the public）」あらゆる開示をいいます。

　「または公衆に利用可能にされた（otherwise available to the public）」は、公知となった技術一般をカバーする包括条項とも解されています。

　新規性判断の基準日は、クレーム発明の有効出願日（effective filing date）です。クレーム発明の有効出願日に公知であることが先行技術の要件なので、クレーム発明と同日に公知になったものは先行技術に該当しません。

　例えば守秘義務の下で実施された場合のように、公衆に教示のない、プライベートまたは秘密裡に実施されているに過ぎない技術（non-informing or secret knowledge／use）は、公衆がアクセス可能な状態にないので、米国特許法§102（a）（1）の先行技術にはなりません。

　また、当業者が実施できる（reduced to practice）程度に具体化されていない技術も、米国特許法§102（a）（1）の先行技術にはなりません[1]。

　AIA改正後の米国特許法§102（a）（1）には、米国特許法旧§102（a）にあった「他人による（by others/by another）」が規定されていないので、他人だけでなく発明者・出願人自身の開示も米国特許法§102（a）（1）の先行技術となります。

---

[1]　*Acme Flexible Clasp Co. v. Cary Mfg. Co.*, 101 F.269（2nd Cir. 1900）

2.「記載され（described）」とは

　米国特許法 § 102 の先行技術となるか否かを判断するため、「記載され（described）」は、以下の 2 ステップテストで判断されます。

　ステップ 1： クレーム発明のすべての構成要件（each and every element）が先行技術に明示的または本質的に（either explicitly or inherently）開示されていなければならず、また、構成要件がクレームと同様に構成または組み合わせられていなければならない[2]

　ステップ 2： 当業者が過度の実験を要することなく（without undue experimentation）、発明を生産する（make）ことができなければならない

　なお、上記ステップ 2 は、米国特許法 § 112（a）の記述要件および実施可能要件と同レベルではありません。

　米国特許法 § 102 の先行技術であるためのステップ 2 には「使用（use）」はないため、先行技術がクレーム発明の使用方法（how to use）を開示する必要はありません。また、米国特許法 § 112（a）を充足するには、クレーム発明の全範囲をサポートし実施可能とする明細書・図面の開示がなければなりませんが、一方、米国特許法 § 102 の先行技術であるためには、クレーム発明の範囲のうち、1 つの実施形態をサポートし実施可能とする記載があれば足ります[3]。

3.「刊行物（printed publication）」とは

　刊行物（printed publication）には、特許公報、特許公開公報、書籍、雑誌などの紙媒体の他、有形な形式で公衆にアクセス可能な（accessible to the public in tangible form）あらゆる媒体が含まれます。例えば、だれでもアクセス可能なインターネット上のウェブページに掲載された内容も米国特許法 § 102（a）（1）の先行技術となります。また、英語以外のいかなる言語であっても、米国特許法 § 102（a）（1）の先行技術となります。

---

[2]　*In re Gleave*, 560 F.3d 1331（Fed. Cir. 2009）

[3]　*Vas-Cath Inc. v. Mahurkar*, 935 F.2d 1555（Fed. Cir. 1991）

また、「刊行物（printed publication）」について、In re Klopfenstein CAFC 判
決 [4] は、専門家会議（professional conference）に展示されたポスターは、その
目的が完全に情報の公衆への伝達（public communication）であったという理
由で、刊行物に該当すると判示しました。一方、SRI International, Inc. v. Internet
Security Systems, Inc. CAFC 判決 [5] は、査読（ピアレビュー）委員会内のグルー
プのみに利用が限定された、インターネットに接続されたサーバに格納され
た情報については、有意な方法でカタログ化またはインデックス化されてお
らず、公衆への普及（dissemination to the public）を意図するものではないた
め、刊行物に該当しないと判示しました。

4. オンセールバー（On-sale Bar）

AIA 改正前の米国特許法旧 § 102（b）には、米国出願日より 1 年以上前に
米国内で販売（on sale）された場合に先行技術に該当する、つまり新規性を
喪失するものと規定されていました。これをオンセールバー（on-sale bar）と
いいます。

AIA 改正後の米国特許法 § 102（a）(1) にも、有効出願日より 1 年以上前の
販売は、先行技術となるオンセールバーとして規定されています。

AIA 改正前、発明者自身が秘密裡にした商業的使用（secret commercial use）
は、秘密裡であっても先行技術（オンセールバー）に該当すると解釈されてい
ました [6]。このような商業的使用を先行技術から除外すると、発明者が発明を独
占的に実施できる期間を実質的に延長させてしまい、妥当ではないからです。

AIA 改正後には、このような秘密裡の商業的使用が、米国特許法 § 102（a）
(1) の先行技術に該当するか、すなわちオンセールバーとなるか、が必ずし
も明らかではなく、AIA 施行当時の米国特許庁のガイドラインでは「公衆に
利用可能（available to the public）」に該当しないため先行技術とならないと取
り扱われていました。

---

[4]　*In re Klopfenstein*, 380 F.3d 1345 (Fed. Cir. 2004)

[5]　*SRI International, Inc. v. Internet Security Systems, Inc.*, 511 F.3d 1186 (Fed. Cir. 2008)

[6]　*Phaff v. Wells Elecs., Inc.*, 525 U.S. 55, 67 (1998)

　2019 年の Helsinn Healthcare S.A. v. Teva Pharmaceuticals USA Inc. 最高裁判決[7]（以下、「Helsinn 最高裁判決」）は、化学療法によって引き起こされる吐気や嘔吐を抑制するためのパロノセトロンに関する特許に関し、有効出願日より 1 年以上前に、ライセンスおよび購買契約の対象である発明について秘密保持契約（Non-Disclosure Agreement：NDA）が締結されており、ライセンスおよび購買契約自体が公表されていた事案で、発明の内容が NDA により秘密裡であっても特許発明が販売（on-sale）されたことが公になっていれば、米国特許法 § 102(a)(1) のオンセールバーに該当し特許が無効となると判示しました。

　Helsinn 最高裁判決は、発明の内容が秘密裡であっても販売の申し出がオンセールバーとして先行技術になると判断したもので、この Helsinn 最高裁判決以降、秘密裡の販売（secret commercial use）もオンセールバーを構成するとの解釈は AIA 改正前後で変わらないものと解されています。

　AIA 改正により絶対新規性（global novelty）が採用されたため、発明の内容を秘密保持契約（NDA）の対象にしていても、米国内だけでなく米国外での販売や販売の申し出がオンセールバーに該当することになりました。したがって販売契約締結から 1 年のグレースピリオド内に、有効出願日を確保しておくことが必要となります。

5. クレーム発明と引用例との対比手法

　新規性要件の判断では、クレーム発明のすべての構成要件（elements）が、1 つの引用例（single piece of prior art）に開示されていた場合にはじめて、新規性がない（anticipated）ものと判断されます[8]。

　ただし、クレーム発明の構成要件は、必ずしも引用例に明示的（expressly）に記載されている必要はなく、内在的（inherently）に記載されていると認められるものであっても記載されているとして扱われます（doctrine of

---

[7]　*Helsinn Healthcare S.A. v. Teva Pharmaceuticals USA Inc.*, 139 S.Ct. 628（2019）

[8]　*W.L. Gore & Assocs. v. Garlock, Inc.*, 721 F.2d 1540（Fed. Cir. 1983）; *RCA Corp. v. Applied Digital Data Sys.Inc.*, 730 F.2d 1440（Fed. Cir. 1984）

inherency）。

　また、複数の引用例の記載内容を組み合わせて新規性要件の引用例とすることはできませんが、ある引用例が他の刊行物の記載内容などを、文献の参照による引用（Incorporation by reference：IBR）により組み込んでいた場合には、その組み込まれた内容も含めて 1 つの引用例として新規性要件の引用例とすることができます[9]。

　なお、公知の化合物の新たな性質（property）は、新規性判断で先行技術との相違として考慮されません[10]。

6. 出願人により自認された先行技術（Applicant-Admitted Prior Art）

　たとえ、米国特許法§ 102（a）に規定される先行技術に実際には該当しないものであっても、いったん出願人が出願明細書や図面中、または意見書中などである技術をクレーム発明についての先行技術であると自認したと判断されてしまうと、審査官は、その技術を、クレーム発明に対する引用例として適法に拒絶することができます。これを、出願人により自認された先行技術（Applicant-Admitted Prior Art：AAPA）といいます。

　例えば、出願明細書中で「先行技術（prior art）」であると明記してある技術を記載したり、図面に「先行技術（prior art）」と明記した場合が該当します。いったんこうした出願人により自認された先行技術と認定されてしまうと、後になって審査官により引用された引用例が実際には米国特許法§ 102に規定される先行技術ではなかったと主張しても、その引用例を排除することはできません。つまり、後になって先行技術の自認を出願人自身が誤りであったと撤回することはできません。

7. §102（a）の拒絶に対する反論

　米国特許法§ 102（a）の拒絶で引用された引用例には、1 つの引用例中に

---

[9] *Advanced Display Sys. v. Kent State Univ.,* 212 F.3d 1272, 1282（Fed. Cir. 2000）

[10] *Titanium Metals Corp of America v. Banner,* 778 F.2d 775（Fed. Cir. 1985）

クレームされた発明のすべての構成要件（every limitation）が開示されていなければならない[11]ので、もし審査中のクレームの中で引用例にはない限定があるのであれば、それを主張して拒絶理由を解消することができます。

　また、米国特許法§ 102（a）の引用例は、当業者が実施可能な程度に発明を開示していなければならない（enabling disclosure）ので、もし引用例中の発明の開示が、当業者が実施できる程度に具体的ではない場合には、その旨を主張して拒絶理由を解消することも可能です[12]。

---

[11] *Verdegaal Bros. v. Union Oil Co. of California,* 814 F.2d 628, 631（Fed. Cir. 1987）

[12] *In re Hoeksema,* 399 F.2d 269（CCPA 1968）

§ 102（a）（2）の先行技術
（§ 102（a）（2）Prior Art）

　米国特許法 § 102（a）（2）の先行技術は、広義の先行技術であり、クレーム発明の有効出願日に未公開であった他人の特許出願をいいます。

　本来、審査対象であるクレーム発明の新規性や非自明性を失わせる先行技術とは、有効出願日にすでに公衆にアクセス可能であった、つまり公知・公用であった文献や技術をいいます（米国特許法 § 102（a）（1））。

　米国特許法 § 102（a）（2）は、審査対象である出願の特許性を失わせる先行技術の対象を、本願の特許出願時にはまだ公知ではなかった一定の文献、つまり本願より先に出願された米国特許出願にまで拡大しています。つまり審査官は、こうした先願未公開である特許出願で後に特許公報または公開公報として公表された明細書の記載を、本願発明を拒絶するための引用例として用いることができます。この米国特許法 § 102（a）（2）が規定する先行技術を、先願未公開出願（prior-filed later-published application）といい、クレーム発明の出願時にはまだ公開されていないことから未公表先行技術（secret prior art）ともいいます。

1. § 102（a）（2）の沿革

　1999 年 AIPA による米国特許法改正時まで、米国は、出願から 18 か月後に特許出願が公表されるという出願公開制度を採用していなかったので、米国に出願された特許出願は、審査官に特許査定がされた後はじめて特許公報として公表されていました。この状況で、出願時に公知である文献だけを先行技術として扱うと、競業他社より先に特許出願したにもかかわらず、特許公報として発行され、先行技術効果を持つ公知文献となるタイミングは出願人にはコントロールできず、競業他社の出願に対する引用例としての先行技術効果がいつ生じるかを知りえないという不都合が生じてしまいます。

　1926 年の Alexander Milburn Co. v. Davis Bournonville Co. 最高裁判決（以下、

「Milburn 最高裁判決」）[1] は、出願人が先に特許出願することによって発明を公衆に提供した以上、その出願人は先の発明者であるから保護されるべきであり、特許庁の審査での遅れによってその先の出願の先行技術としての効果の有無が影響されるべきではない、と判示しました。

米国特許法旧 § 102（e）（AIA 改正後の § 102（a）（2））は、この Milburn 最高裁判決を受けて、出願人がコントロールできない特許公報の公表日ではなく、出願人がコントロールできる米国出願日を基準として、つまり、実際に公知になった日より遡って、米国特許出願に先行技術効果を与えるべく特許法上に導入された規定です。

2. § 102（a）（2）の先行技術の基準日

米国特許法 § 102（a）（2）の先行技術（先願未公開出願）は、当該先行技術の公開日ではなく、当該先行技術の有効出願日を、先行技術の基準日とします。優先権を主張する場合は、優先権主張の基礎出願である外国特許出願や国内出願の出願日が有効出願日となります。

AIA 改正前の米国特許法旧 § 102（e）では、外国基礎出願に対する優先権を主張する米国特許出願であっても、優先日ではなく米国出願日が基準日とされていましたが、AIA 改正により、有効出願日に統一されました。

3. § 102（a）（2）の先行技術の対象文献

米国特許法 § 102（a）（1）の先行技術と異なり、米国特許法 § 102（a）（2）の先行技術は、「他人（another inventor）」の先行技術に限定されます。

発明者の構成（inventive entity）が少しでも相違すると、すなわち、共同発明者のうち一人でも先行技術である先願未公開出願と本願との間で増減すると、他人の先行技術となります（米国特許庁審査マニュアル（Manual of Patent Examining Procedure（以下、「MPEP」）） 2136.04（c））。このため、関連する別

---

[1] *Alexander Milburn Co. v. Davis Bournonville Co.*, 270 U.S. 390（1926）

出願で、共同発明者の構成を一人でも変えてしまうと、自社の先出願が米国特許法§ 102（a）（2）の先行技術として後出願の審査で引用されてしまいます。

　米国特許法§ 102（a）（2）の先行技術は、以下の 3 種類の米国特許文献（US patent documents）に限定されます。

ⅰ）. 米国特許公報

ⅱ）. 米国特許出願の出願公開公報

ⅲ）. 米国を指定する PCT 国際特許出願の WIPO 国際公開公報

　AIA 改正前の米国特許法旧§ 102（e）では、米国を指定する PCT 国際特許出願は、英語で公開されたもののみが先行技術となっていましたが、AIA 改正でこの言語の制約が撤廃されました。AIA 改正後は、英語以外の言語で公開された PCT 国際特許出願も、米国特許法§ 102（a）（2）の先行技術となります。

　なお、米国特許法§ 102（a）（2）の先行技術は、公開された時点で、同時に米国特許法§ 102（a）（1）の先行技術にもなり得ます。例えば、日本特許出願を優先権基礎出願とする他人の米国特許出願の場合、日本出願日（有効出願日）を先行技術の基準日として§ 102（a）（2）の先行技術となり、加えて、基礎出願である日本特許出願の出願公開日を先行技術の基準日として当該公開公報が§ 102（a）（1）の先行技術となります。

　なお、審査段階で、先願と本願とで発明者が一部共通する場合、先願がまだ出願公開前であっても、審査官は、米国特許法§ 102（a）（2）に基づく仮の拒絶（provisional rejection）を発行します。

4. 同一チーム（same team）の例外

　米国特許法§ 102（b）（2）サブセクション（C）は、§ 102（a）（2）の先願未公開出願のみに対する例外です。サブセクション（C）は、先願未公開出願が本願発明と、同一人に所有され（owned by the same person）、または同一人に譲渡される契約の義務の下にあった（subject to an obligation of assignment to the same person）場合に、当該先願未公開出願を先行技術から除外します。共同研究開発の下の同一チームによりされた先願を先行技術から除外するための規定で、同一チームの例外とも呼ばれます。いわゆる出願人同一の例外

に相当する規定です。この同一チームの例外は、米国特許法§ 102 (a)(1) の
公知の先行技術には適用されません。

この米国特許法§ 102 (b)(2) サブセクション（C）の例外は、AIA 改正前
には、米国特許法§ 103 の自明の先行技術についてのみの例外として規定さ
れており（米国特許法旧§ 103 (c)）、米国特許法§ 102 の新規性の先行技術
については適用されていませんでした。AIA 改正により、例外の範囲が拡大
され、米国特許法§ 102 (a)(2) の新規性の先行技術に対しても同一チーム
の例外が適用されるようになりました。

また、サブセクション（C）適用の基準時も、AIA 改正前は発明完成日で
したが、AIA 改正後は、有効出願日になりました。

5. ヒルマー・ドクトリン（Hilmer Doctrine）の廃止

AIA 改正前、米国特許法旧§ 102 (e) の先願未公開出願の先行技術効果に
は、ヒルマー・ドクトリンが適用されていました。

（図7：ヒルマー・ドクトリン）

ヒルマー・ドクトリン（Hilmer Doctrine）とは、優先権主張を伴う先願の
米国特許出願に与えられる後願排除効を、外国での特許出願日ではなく、あ
くまで米国特許出願日から以降にされた出願に対して認めるという法理で
す。米国以外では、こうした優先権主張を伴う先願未公開特許出願の後願を
排除する効果（以下、「後願排除効」）を、優先日から認める法制が大多数で
す。あくまで米国特許出願日からしか後願排除効を与えないとするこのルー

ルは、In re Hilmer CCPA 判決[2] と、In re Hilmer（Hilmer II）CCPA 判決[3] の一連の判例によって確立されたものです。

　優先日と後の出願日との間のイベントの存在によって不利な取り扱いをすることを禁止するパリ条約 4 条に抵触しそうなところですが、米国特許法旧 § 102（e）は、特許出願が公表されることによる先行技術効果を規定しているだけなので、審査対象の出願について優先日と後の出願日との間のイベントの存在によって不利な取り扱いをすることを禁止するパリ条約 4 条には違反しない、というのが米国で採用されていた解釈でした。このヒルマー・ドクトリンの存在によって、米国以外の出願人は、米国で他社の特許出願を拒絶するための後願排除効を早く得たいのであれば、1 年の優先期間の猶予を待つことなく、できるだけ早期に米国に特許出願しなければなりませんでした。

　AIA 改正で、米国特許法 § 102（d）の明文規定により、ヒルマー・ドクトリンは廃止されました。これにより、米国特許文献は、米国出願日ではなく、外国出願日等の有効出願日以降の特許出願に対して、米国特許法 § 102（a）（2）の先行技術効果を持つことになりました。

　例えば、日本特許出願を基礎として優先権を主張する米国特許出願は、日本語でされた日本特許出願日以降の特許出願に対して、先行技術として後願排除効を持ちます。

6. § 102（a）（2）の先行技術効果が及ぶ範囲

　米国特許法 § 102（a）（2）に規定される先行技術（先願未公開出願）は、米国特許法 § 102 の新規性についての引用例となるだけではなく、米国特許法 § 103 の非自明性についての引用例とすることもできます。

　米国特許法 § 103 の非自明性についての引用例としての後願排除効が認められるため、複数の先願未公開出願同士を組み合わせることによって、審査対象の出願を米国特許法 § 103 で拒絶することができます。他方、米国以外では、先願未公開特許出願の後願排除効はもっと制限されており、新規性の引用例と

---

[2]　*In re Hilmer,* 359 F.2d 859, 149 U.S.P.Q. 480（CCPA, 1966）

[3]　*In re Hilmer（Hilmer II）,* 424 F.2d 1108, 165 U.S.P.Q. 255（CCPA, 1970）

なるだけに限られ、進歩性（非自明性）の引用例とすることはできません。

　米国特許法§ 102 条（a）（2）（米国特許法旧§ 102（e））の先願未公開特許出願を米国特許法§ 103 の自明についての引用例とできるとの規定（米国特許法旧§ 103（c））は、Hazeltine Research, Inc. v. Brenner 最高裁判決[4]（以下、「Hazeltine 最高裁判決」）が、先願未公開出願の出願人は、特許出願によって自分のした発明を開示した以上、本来の先行技術（prior art）に対して自分のした開示を追加したのであり、新規性目的だけに引用例としての効果を限定すべきでないと判示したことに由来しています[5]。

7. 先願未公開出願と後願とで発明者が同一の場合

　米国特許法§ 102（a）(2) では、明確に、他人により（by another）なされた米国特許出願だけに後願排除効を与えているので、先願と後願とで発明者が同一の場合には、そもそもその先願を米国特許法§ 102（a）(2) の引用例として後願を拒絶することはできません。

　米国では、発明者自身の開示（disclosure）によって直ちに新規性が失われることはなく、1 年のグレースピリオドが与えられることとの整合上、まだ出願されただけで開示（公開）もされていない発明者自身の特許出願に先行技術効果を与えてしまってはバランスを欠くからです。このため、もし米国特許法§ 102（a）(2) の引用例として引用された特許出願が、本願と同じ発明者であれば、宣誓供述書または宣言書（米国特許法施行規則（以下、「規則」）§ 1.132）を提出し、引用発明は「他人により」されたものでないことを主張すれば、引用例を排除することができます。

　ただし、この場合の発明者同一とは、先願と後願とで発明者が完全に一致していることをいうので、たとえ両出願の発明者が共通していても一部で相違していれば米国特許法§ 102（a）(2) に該当します。たとえば後願で発明者が追加された場合などは、先願は米国特許法§ 102（a）(2) の引用例になります。

---

[4]　*Hazeltine Research, Inc. v. Brenner,* 382 U.S. 252（1965）

[5]　もっとも、この Hazeltine 最高裁判決では、審査対象のクレーム発明の米国特許法§ 103 の拒絶に用いられた基本引例は、本願出願時の公知文献（公報）であり、組み合わせに用いられた第2引例も、本願出願のわずか数日後に特許公報となったもので、限界事例といえます。

グレースピリオド
（Grace Period）

　米国特許法§ 102 では、発明の公表等のイベントがあっても、直ちに新規性を喪失するのではなく、それから 1 年間は新規性を喪失しない、特許可能な状態が持続することになりますが、この 1 年間は、米国特許出願を準備するための猶予期間と解されています。この 1 年間の猶予期間をグレースピリオド（grace period：以下、「GP」ともいう）といいます。

　米国特許法でいうグレースピリオドとは、このように、発明者自身が、発明を公表、実施するなどしても、その公表、実施から 1 年間は、特許出願が猶予されるという、先発明主義の下、発明完成により保護すべき状態にある発明者の当然の権利として認められていたものです。先願主義の国で採用されているような、学術的公表や展示会出展、第三者による漏洩など、ごく例外的に認められているような新規性の喪失例外規定よりはるかに幅広いものです。

1. グレースピリオドの 2 類型

　米国特許法§ 102（b）(1) に規定されるグレースピリオドは、米国特許法§ 102（a）(1) の先行技術に対する例外であり、一方、米国特許法§ 102（b）(2) に規定されるグレースピリオドは、米国特許法§ 102（a）(2) の先行技術（先願未公開出願）に対する例外です。

　米国特許法§ 102（b）(1) のグレースピリオドと米国特許法 102 条（b）(2) のグレースピリオドには、それぞれ、サブセクション（A）とサブセクション（B）が規定されています。

　米国特許法§ 102（b）(1) /（2) サブセクション（A）のグレースピリオドは、発明の開示から 1 年間です。一方、米国特許法§ 102（b）(1) /（2) サブセクション（B）のグレースピリオドは、発明者の先公表から特許出願までの最大 1 年間であり、必ずしも 1 年間ではなくこれより短くなり得ます。

2. §102 (b)(1) / (2) サブセクション (A) のグレースピリオド（固定 GP）

　米国特許法 § 102（b）（1）／（2）サブセクション（A）は、発明者由来（by / for / from the inventor）の発明の開示や先願を先行技術から除外する例外で、グレースピリオドの期間が 1 年と固定であるため、固定グレースピリオド（fixed GP）といいます。

　発明者由来とは、発明者自身の発明の開示、発明者のためにされた第三者による発明の開示、発明者から取得された発明の権限あるまたは無権限の第三者による開示をいいます。発明者の発明を窃取（冒認）した第三者の開示もサブセクション（A）のグレースピリオドでカバーされます。

　共同発明者の場合、「発明者による（by the inventor）」開示、すなわちサブセクション（A）のグレースピリオドで先行技術から除外される開示となるためには、開示の際の著者のすべてが特許出願の発明者として記載されていなければならず、また、著者として記載されていない発明者を追加しても同様にグレースピリオドを享受できます。

　他方、開示の際の著者のいずれかが特許出願の発明者として記載されていない場合、サブセクション（A）のグレースピリオドは適用されず、開示された発明は先行技術となります。これは、先に開示された発明が、特許出願に記載された発明者のみによりなされたとは限らないからです。この場合、発明開示の際の著者でかつ特許出願で発明者として記載されていない者はクレーム発明に貢献していないことを陳述する宣誓供述書または宣言書（規則§ 1.130（a））を提出することで、サブセクション（A）を適用し、先行技術を回避することができます。

3. §102 (b)(1) / (2) サブセクション (B) のグレースピリオド（先公表 GP）

　米国特許法 § 102（b）（1）／（2）サブセクション（B）は、発明者由来の発明の公表（publicly disclosed）をトリガに、その後独自にされた第三者の発明の開示を先行技術から除外する例外で、先公表グレースピリオド（first-to-disclose GP）といいます。具体的には、トリガとなる発明者による発明の公

表から有効出願日までの間に介在する、発明者とは独立してされた第三者の発明の開示（intervening art）や先願を先行技術から除外します。

発明者による発明の公表と同日にされた第三者の発明の開示には、サブセクション（B）のグレースピリオドが適用されないため、先行技術となります。トリガとなる発明者による発明の公表から有効出願日までは最大１年間かそれより短い可変の期間になります。

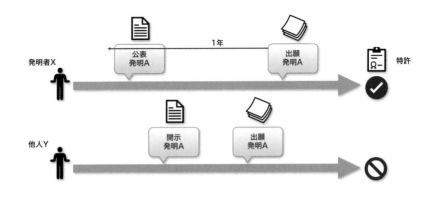

（図8：サブセクション（A）および（B）のグレースピリオド）

図８に示すように、発明者Ｘが発明Ａを公表し、公表から１年以内に発明Ａをクレームして特許出願したが、他人Ｙが、発明者Ｘの公表後であって発明者Ｘの出願前に発明Ａを開示し、かつ発明Ａをクレームして出願したものとします。この場合、発明者Ｘの後願は特許され、他人Ｙの先願は特許されません。

発明者Ｘによる発明Ａの公表は、米国特許法§ 102 (a)(1) の先行技術になりますが、発明者Ｘの出願に対しては、サブセクション（A）のグレースピリオドが適用されて先行技術から除外されます。他人Ｙによる発明Ａの開示および先願は、発明者Ｘの先公表がトリガとなり、サブセクション（B）のグレースピリオドが適用されて先行技術からいずれも除外されます。

第三者の発明の開示が先行技術として引用された場合、特許出願日から最大１年前までにされた、第三者の開示より前の発明者による発明の公表の写しを

宣誓供述書または宣言書（規則§ 1.130（b））で提出することで、サブセクション（B）を適用し、第三者の開示を先行技術から除外することができます。

4. 発明の同一性

　第三者の発明の開示が先行技術から除外されるためには、開示された第三者の発明が、先に公表されたトリガとなる発明者による発明と文言上完全に一致している（*ipsis-simis verbis*）必要はありませんが、実質的に同一（effectively identical）でなければなりません。

　このため、実質的に同一の範囲を超えて、公表された発明者の発明に対して自明な範囲で相違する発明は、例えば、実質的でないまたは些細な修正（insubstantial or trivial variation）であっても、グレースピリオドで除外されず、先行技術となります。

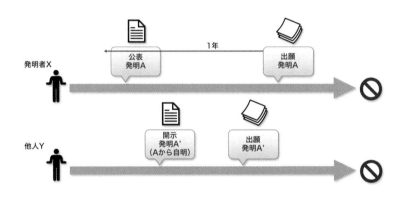

（図9：発明者が公表した発明と第三者が開示した発明が異なる場合）

　図 9 に示すように、発明者 X が発明 A を先に公表し、公表から 1 年以内に発明 A をクレームして特許出願したが、他人 Y が、発明者 X の公表後であって発明者 X の出願前に、発明 A´ を開示し、かつ発明 A´ を出願したものとします。ここで、発明 A と発明 A´ とは、特許性において区別できない（patentably indistinct）、つまり自明の範囲内とします。この場合、発明者 X の後願および

他人Yの先願はいずれも特許されません。

　発明者Xによる発明Aの先公表は他人Yの出願に対して米国特許法 § 102 (a)(1) の先行技術となります。一方、他人Yによる発明A´の後の開示は発明者Xの出願に対して米国特許法 § 102 (a)(1) の先行技術となり、また他人Yの先願は発明者Xの後願に対して米国特許法 § 102(a)(2) の先行技術となります。発明Aと発明A´とは実質的に同一（effectively identical）の範囲内でないため、他人Yによる発明A´の後の開示を、発明者Xの発明Aの先公表をトリガとするサブセクション（B）のグレースピリオドにより先行技術から除外することはできません。なお、発明者Xの出願が他人Yの出願より先であっても、双方蹴り合いの結論は変わりません。

　また、発明者が公表した発明が上位概念（genus）であり、その後第三者が開示した発明が下位概念（species）である場合、第三者が開示した発明はグレースピリオドで除外されず、先行技術となります。一方、発明者が公表した発明が下位概念（species）であり、その後第三者が開示した発明が上位概念（genus）である場合、第三者が開示した発明がグレースピリオドで除外されるので先行技術にはなりません。なお、対比されるのは、公表ないし開示された発明同士であり、後の特許出願のクレーム発明は、グレースピリオドで第三者の開示が除外されるか否かの判断には影響しません。

　第三者がどのように発明を開示するかは予測できないので、サブセクション（B）のグレースピリオドに過度に期待することなく、発明者が発明を公表したら、できるだけ早期に特許出願を終えるべきといえます。

5. グレースピリオドの手続き

　グレースピリオドを享受するのに申請は必要でないため、発明者の先公表を特許出願の際に申請する必要はありません。ただし、発明者自身の先公表は発明者が知っていたクレーム発明の特許性判断に重要な（material）情報であるため、情報開示義務の対象となり情報開示陳述書（Information Disclosure Statement：以下、「IDS」）で提出することになります。

6. 第三者による発明の冒認による公表および出願

　発明者の発明を第三者が冒認（窃取）した場合の、当該第三者の開示および特許出願は、米国特許法 § 102 (b)(1) / (2) サブセクション（A）のグレースピリオドが適用されて先行技術から除外されます。ただし、真の発明者（出願人）は、発明を冒認した第三者の出願公開がされたら、冒認認定手続き（derivation proceeding）を請求する必要があります。

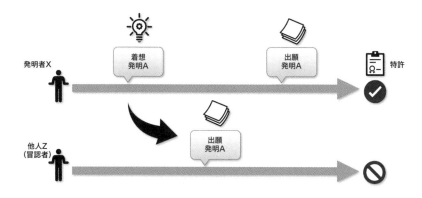

（図10：第三者による冒認の場合）

　図 10 に示すように、発明者 X が発明 A を出願したが、他人 Z が発明者 X から冒認して発明 A を発明者 X より先に出願したものとします。この場合、発明者 X の後願は特許され、他人 Z の先願は特許されません。他人 Z の先願は、発明者 X の後願に対する米国特許法 § 102 (a)(2) の先行技術になりますが、他人 Z が発明者 X から冒認したことが立証されれば、サブセクション（A）のグレースピリオドが適用されて、先行技術から除外されます。

　この場合、発明者 X は、他人 Z の先願が出願公開されたら、冒認認定手続き（derivation proceeding）を請求しなければなりません。

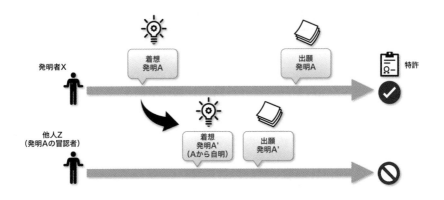

（図11：冒認された発明が自明である場合）

　また、図 11 に示すように、発明者 X が発明 A を出願したが、他人 Z が発明者 X から発明 A を冒認して改変した発明 A ´ を発明者 X より先に出願したものとします。ここで、発明 A と発明 A ´ とは、特許性において区別できない（patentably indistinct）、つまり自明の範囲内とします。この場合、発明者 X の後願は特許され、他人 Z の先願は特許されません。他人 Z の先願は、発明者 X の後願に対する米国特許法 § 102（a）（2）の先行技術になりますが、他人 Z が発明者 X から発明 A を冒認したことが立証されれば、サブセクション（A）のグレースピリオドが適用されて、先行技術から除外されます。

　この場合も、発明者 X は、冒認認定手続きを請求しなければなりませんが、冒認認定手続きでは、自明テスト（obviousness-type test）が採用されているため、他人 Z が発明者 X から発明 A を冒認した事実が立証されれば、他人 Z の出願が発明 A の自明なバリエーションである発明 A ´ であったとしても、冒認の認定は免れません。

第5項　非自明性（Non-obviousness）

　非自明性（non-obviousness）とは、クレーム発明が自明（obvious）でないこと、つまり先行技術を基礎として、当業者に自明なものであってはならない、とする特許要件で、米国特許法§ 103 に規定されています。非自明性は、進歩性（inventive-step）に相当する特許要件です。

　クレーム発明は、ある1つの先行技術（引用例）中にすべての構成が開示されている場合にだけ、新規性がないと判断されますが、クレーム発明がたとえ先行技術からみて新規性のあるものであったとしても、先行技術とクレーム発明との相違が当業者にとってあたりまえの設計変更や単に複数の先行技術を組み合わせることで簡単に得られてしまう場合、そうした発明にまで排他的権利（exclusive right）を与えても、特許制度の目的である技術の進歩を促進すること（米国憲法 1 条 8 節 8 項）に結びつかないからです。非自明性の特許要件は、真に技術の進歩の促進に役立つ発明だけに特許を認めるために必要となる要件です。

1. 非自明性要件の沿革

　非自明性の要件は、米国特許制度導入の当初から規定されていたわけではありません。現在の米国特許法§ 103 の規定は、1952 年の米国特許法改正で導入されたものです。

　それ以前は、判例法上、天才的なアイディアでない限り特許を与えるべきでないとする考えが支配的でした。1850 年の Hotchkiss v. Greenwood 最高裁判決[1]（以下、「Hotchkiss 最高裁判決」）は、たとえ新規で有用（utility）な発明であっても、さらに高度の発明性（inventiveness）が特許付与には必要である、との現在の非自明性の基となる考え方を示した最初の最高裁判決です。

　Hotchkiss 最高裁判決では、ドアノブの改良（ドアノブの材料を磁器に置き

---

[1]　*Hotchkiss v. Greenwood*, 52 U.S.（11 How.）248（1850）

換えたもの）に関する発明は、発明者の創作とはいえず、普通の機械工
（mechanic）の仕事（work）に過ぎないとして特許性を否定し、特許を受ける
「発明（invention）」であるためには、スキルと発明の才（ingenuity）が必要
であると判示しました。Hotchkiss 最高裁判決の非自明性についての考え方
は、その後判例法上受け継がれ、ついには、特許性を持つには、「創造的な天
才のひらめき」（flash of creative genius）が必要であるとまで判示され[2]、この厳
格な基準とアンチパテントの機運が相俟って、発明の特許性は非常に認めら
れにくくなりました。

　1952 年に、この Hotchkiss 最高裁判決にはじまる判例法を成文化した米国特許
法 § 103 が導入され、それまでの判例法上の「発明性（inventiveness）」と呼ばれ
ていたものについて、非自明性（non-obviousness）という用語が使われました。

　ただし、非自明な発明（特許性のある発明）であるためには、発明の才
（ingenuity）や天才のひらめきが必要であるとする非自明性の基準は、主観的
で曖昧であるだけでなく、すでに発明がなされた後になって評価すれば（つ
まりクレーム発明の出願審査の段階では）、たいていのものが自明に思えてし
まうため、特許が非常に認められにくくなってしまいます。

　1966 年の Graham v. Deere 最高裁判決[3]（以下、「Graham 最高裁判決」）によっ
て、これまでの主観的な非自明性の判断基準が改められ、現在用いられてい
る、より客観的な非自明性の判断基準が確立されました。

2. 非自明性の判断基準

　Graham 最高裁判決で示されたグラハムテスト（Graham test）と呼ばれる以
下のステップで、クレーム発明の非自明性が判断されます。

（図12：グラハム・テスト）

---

[2]　*Jungersen v. Ostby & Barton Co.,* 335 U.S. 560, 572（1949）

[3]　*Graham v. John Deere Co.,* 383 U.S. 1（1966）

ステップ１： 先行技術の範囲と内容（scope and content）を画定する

ステップ２： 先行技術とクレーム発明の相違点（differences）を画定する

ステップ３： 当業者の水準（level）を決定する

ステップ４： 自明か否かを判断（二次的考慮事項を参酌）

　先行技術とクレーム発明との相違点について、当業者を基準として、他の先行技術などを参酌して、クレーム発明をすることが自明であると評価されれば、米国特許法§103によって拒絶されます。

　なお、クレーム発明の非自明性は、クレームされた構成要件（element）ごとではなく、全体として（as a whole）判断されなければならない、と米国特許法§103に明文で規定されています。

　非自明性の判断基準日は、有効出願日（effective filing date）です（米国特許法§103）。AIA改正前は、発明日が基準でしたが、AIA改正により、有効出願日が基準となりました。

　たとえ出願後になって自明なものとなっても、それは後知恵（hindsight）としてクレーム発明の非自明性を失わせることにはなりません。その発明が完成してしまった後から評価すれば、たいていの発明は自明に思えてしまうからです。

　また、米国特許法§103は、明文で、特許性がその発明がされたときの態様によっては否定されないものとし、発明がされたプロセスや手法が非自明性の判断を左右しない旨を規定しています。

3. 非自明性を判断する主体的基準

　非自明性の判断では、クレーム発明が属する技術分野の当業者（a person having ordinary skill in the art）にとって先行技術からクレーム発明をすることが自明かどうか、を評価します。

　当業者の水準を決定するための考慮事項は、次のとおりです。

・その技術分野における解決すべき課題のタイプ

・課題に対する先行技術での解決手段

・その技術分野における技術進歩の速度

・技術がどの程度高度化しているか

・発明者や他の技術者の教育水準

4. 二次的考慮事項（secondary considerations）

　Graham 最高裁判決では、非自明性の判断で参酌できる考慮事項として、以下の二次的考慮事項（secondary considerations）を挙げています。
  ・商業的成功（commercial success）
  ・長年課題とされていたままで解決されていなかったニーズ（long felt but unsolved needs）
  ・他人の失敗（failed efforts of others）
  ・他人によるクレーム発明実施品の模倣（copying by others）
  ・発明への賞賛（praise for the invention）
  ・顕著な効果（unexpected results）
　これら二次的考慮事項は、上記のグラハムテストで非自明性を検討した後、非自明性の有無について最終的な法的判断をする前に、必ず考慮されなければならないことになっています[4]。
　ただし、二次的考慮事項は、非自明性を立証するには、より間接的な事実になるので、他の補強証拠の提出が必要です。たとえば、商業的成功があっても、必ずしもクレーム発明が優れていたからとは言えず、製品価格や営業努力など他の要因によって売上が向上する場合も多いからです。商業的成功によって非自明性を主張する場合には、マーケットシェアの増加などの商業的成功を示す証拠とともに、その商業的成功とクレーム発明との間の関連性（nexus）についても主張しなければなりません。

5. §103 の引用例の範囲

　米国特許法 § 102 に規定されるすべての引用例は、米国特許法 § 103 の自明の引用例としての適格があります（MPEP 2141.01）。米国特許法 § 102（a）

---

[4]　*Ruiz v. A.B. Chance Co.*, 234 F.3d 654（Fed. Cir. 2000）

（2）の先願未公開出願が、米国特許法 § 103 の自明の引用例ともなるのは、米国特有の制度です。

　さらに、出願人によっていったん先行技術であると自認された技術（Applicant-Admitted Prior Art：AAPA）は、たとえ真実は本願の先行技術ではないものであっても、米国特許法 § 103 の自明の引用例として適法に引用することができます（MPEP 2129）。

　例えば、明細書や図面に "先行技術（prior art）" と記載してしまった場合や、明細書や局指令（オフィス・アクション）への応答（意見書）中でした、先行技術であるとの記載が該当します。ただし、先行技術の自認とみなされるのは他人の発明や技術であり、自己の発明について先行技術の自認は働きません（MPEP 2129）。

　In re Nomiya CCPA 判決[5] では、パリ優先権の基礎出願である日本出願中に先行技術とのラベルを付した図面が、優先権主張出願である米国出願において出願人により自認された先行技術（AAPA）である、と認定されました。いったん先行技術であると自認してしまうと、後になって、実は先行技術ではなかった、と出願人が自認を撤回することは認められません。

6. 審査官の立証責任

　クレーム発明が自明であることについては、審査官が立証責任を負います。審査官は、クレーム発明が自明であるとの一応の立証（prima facie case）をすることによって、米国特許法 § 103 による拒絶理由を適法に通知することができ、これに出願人が反証しない限り、米国特許法 § 103 の自明の拒絶が維持されます（MPEP 2144.04）。

　審査官が一応の証明（prima facie case）をすることによって、立証責任が出願人の側に転換されるわけではないので、出願人は、自明の認定の根拠のいずれかが満たされていないことについて反証すれば、米国特許法 § 103 の自明の拒絶理由を解消することができます（MPEP2143）。

5　*In re Nomiya,* 509 F.2d 566, 571（CCPA 1975）

7. KSR 最高裁判決による非自明性要件の厳格化

2007年のKSR Int'l Co. v. Teleflex Inc.最高裁判決[6]（以下、「KRS最高裁判決」）は、クレーム発明が自明か否かの基準を厳格化し、自動車に用いられるペダル位置可変部品に関する特許発明を無効としました。

KSR最高裁判決前、クレーム発明が自明であると認定するためには、先行技術を変更する、または組み合わせることについての教示（Teaching）、示唆（Suggestion）、または動機付け（Motivation）が存在しなければならないとされていました。これを、TSMテストといいます。これらの教示、示唆、または動機付け（TSM）は、先行技術の開示、解決すべき課題の性質、または当業者の技術水準に存在することが必要です。

KSR最高裁判決は、このTSMテスト自体を否定したわけではありませんが、TSMテストは自明と認定するための唯一のテストではなく、下記のA〜Gの根拠（rationales）のいずれかにより、自明を認定することができると判示しました。

A. 公知の構成要件の組み合わせで予想可能な結果を生じさせるもの
   （Combining known elements to yield predictable results）

B. ある公知の構成要件の単純な置き換えで予想可能な結果を得るもの
   （Simple substitution of one known element for another to obtain predictable results）

C. 公知の技術を使用して同様な装置または方法を同じ方法で改良するもの
   （Use of a known technique to improve a similar device or method in the same way）

D. 公知の技術を適用して、改良が期待されている同様な装置または方法を改良して予想可能な結果を生じさせるもの
   （Applying a known technique to improve a similar device or method ready for improvementt to yield predictable results）

E. 試みることが自明（Obvious to try）－合理的な成功の見込みをもって有限な数の特定され予想可能な解決手段から選択すること
   （Choosing from a finite number of identified, predictable solutions with a

---

[6] *KSR Int'l Co. v. Teleflex Inc.*, 550 U.S. 398（2007）

reasonable expectation of success）

F. ある技術分野における公知の作業が、市場のプレッシャーおよび設計選択
に基づき同一または異なる分野におけるその予想可能な修正を促すこと
（Known work in one field of endeavor may prompt variations of it in either the
same field or different field based on market pressures and design choices if
variations would have been predictable）

G. TSM テスト

8. 出願人の反証

　出願人は、例えば次の反証をすることによって、米国特許法§ 103 の拒絶
理由を解消することができます。

・本願クレームのすべての構成要件（all limitations）がいずれの引用例にも
開示されていない
・審査官が示した引用例の変更または組み合わせによって、先行技術が意図
していた機能が果たせなくなってしまう[7]（destroy the intended function of
the prior art）
・審査官が示した引用例の変更または組み合わせによって、先行技術の動作
原理が変更されてしまう（change the principle of operation）、
・先行技術の記載中に、先行技術を変更することまたは組み合わせること
とは逆の教示がある[8]（teaching away from such modification or combination）、
・クレーム発明の課題自体が本願ではじめて発見されたものである
・引用例は本願とは類似する技術分野（analogous art）のものでない

　これらについての証拠を、規則§ 1.132 の宣誓供述書または宣言書（affidavit
or declaration）として提出した場合、審査官は必ず提出された証拠を考慮しな
ければなりません。

---

[7]　*In re Gordon,* 733 F.2d 900（Fed. Cir. 1984）では、引用例中のオイルフィルタ（oil filter）を天地逆向きにして
血液フィルタ（blood filter）として用いることは、オイルフィルタが意図していた機能自体を果たせなくなっ
てしまう、として、米国特許法§ 103 による拒絶を破棄しました。

[8]　*U.S. v. Adams,* 383 U.S. 39（1966）

第 6 項　特許適格性 (Patent Eligibility)

　クレーム発明は、特許要件（patentability）を充足するものであれば特許が付与されます。この広義の特許要件を規定する米国特許法の条文は、米国特許法§ 101 の特許適格性（patent eligibility）の他、§ 102 の新規性、§ 103 の非自明性、§ 112 の記載要件などに分類できますが、特許適格性を充足しない限り、他の特許要件について審査されることなく特許出願が米国特許法§ 101 違反で拒絶されることになります[1]。特許適格性のハードルを越えることができなければ、他の特許要件に進めず、特許を取得できないという意味で、特許適格性はゲートキーパー（門番）の役割を果たすとされています。

　そもそも、米国憲法上、発明者に特許権を付与する目的は、有用な技術の進歩を促進することにあると規定されている[2]ので、特許適格性（patent eligibility）とは、有用な技術の進歩にまったく役立たないものを特許付与の対象から除外するために課される特許要件です。

1. 米国特許法上の特許適格性の規定

　特許適格性の米国特許法上の根拠条文は、米国特許法§ 101 で、「新規かつ有用な方法、機械、製造物、もしくは組成物、またはこれらの新規かつ有用な改良を発明または発見した者は、だれでもこの法律の要件に従って特許を取得することができる。」と規定しています[3]。実体審査制度が本格的に導入される前の 1793 年米国特許法からほぼ変わらない規定です。米国特許法§ 101 は、「有用な」（useful）ものでなければ特許を与えないと規定しているので、特許適格性とともに、有用性の特許要件についての根拠条文になっています。

---

[1]　MPEP 2106 Appendix

[2]　米国憲法 1 条 8 節 8 項 "to promote the progress of the useful arts,".この憲法に規定される"useful arts"の解釈について、*In re Waldbaum,* 457 F.2d 997（CCPA 1972）は、"useful arts" とは"technological arts"（科学技術）を意味すると判示しています。

[3]　"Whoever invents or discovers any new and useful process, machine, manufacture, or composition of matter, or any new and useful improvement thereof, may obtain a patent therefore, subject to the conditions and requirements of this title."

　この米国特許法§ 101 の規定ぶりからすると、「新規かつ有用な方法、機械、製造物、もしくは組成物」に該当すれば、特許適格性があることになります。

　一般に、発明のカテゴリーは、方法（process）の発明と物（product）の発明とに分類できますが、米国特許法§ 101 に規定される「機械、製造物もしくは組成物」はいずれも物の発明に属し、しかも、判例上、製造物（manufacture）は包括的に定義されていて、人間が作ったもので機械でも組成物でもないものはすべて製造物に分類される[4] ので、結局、米国特許法§ 101 は、有用な（useful）もので人間が作ったものあれば特許適格性があると言っているに過ぎず、何に特許適格性があって何に特許適格性がないのか、についての明確な判断基準を読み取ることはできません。

2. 司法上の例外（Judicial Exceptions）

　判例法上、米国特許法§ 101 の特許適格性の解釈として、以下の 3 つの主題（subject matters）が、特許適格性のない例外として確立されてきました（司法上の例外）。

　i ）. 自然法則（laws of nature）

　ii ）. 自然現象（natural phenomena）

　iii）. 抽象的アイディア（abstract idea）

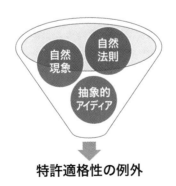

（図13：特許適格性の司法上の例外）

---

[4]　*Riter-Conley Mfg. Co. v. Aiken*, 203 F. 699（3d Cir. 1913）

　これら自然法則、自然現象、および抽象的アイディアはいずれも、科学技術の基本的なツール（basic tools）であり、公衆に占有（pre-empt）されていて、つまり公衆のものになっていて、誰にも独占権（exclusive right）を与えるべきではないというのが、特許の保護対象から除外する実質的な理由です[5]。

　この司法上の例外の歴史は150年以上あるとされており[6]、古い英国のNeilson v. Harford 判決[7]が端緒とされています。

3. 特許適格性に関する判例法の変遷

（1）Benson 最高裁判決前　－メンタルステップ理論（mental step doctrine）の否定

a）. In re Prater 判決

　1960年代、米国特許庁では、確実に増えてくることが予想されるコンピュータ・プログラム関連発明に対して、当該分野の審査能力の不足を理由に、米国特許法§101に規定される特許適格性の枠外に置く取り扱いをしてきました。このとき米国特許庁が根拠として用いたのが、人間の思考に基づくステップ（メンタルステップ）はプロセスとしての特許適格性がないとするメンタルステップ理論（mental step doctrine）です。米国特許庁は、あらゆるコンピュータ・プログラム関連発明はメンタルステップに該当するために特許適格性がないと判断していました。

　一方、当時の特許事件の控訴裁判所であるCCPA（the Court of Customs and Patent Appeals）では、米国特許庁と異なり、コンピュータ・プログラム関連発明を特別扱いする必要がありませんでした。CCPAが、最初にこのメンタルステップ理論が特許適格性の例外となるかどうかを判断したのが1968年のIn re Prater 事件です。CCPAは当初、メンタルステップを含むクレームがそれだけを理由に特許性を排除されることはなく、メンタルステップにより実行される有用なプロセスは、プロセス発明としての特許適格性を持つ余地

---

[5]　*Le Roy v. Tatham,* 55 U.S. 156, 175（1852）

[6]　*Alice Corp. v. CLS Bank Int'l,* 573 U.S. 208（2014）

[7]　*Neilson v. Harford,* Web. Pat. Cases 295, 371（1844）

があると判示しました（Prater I 判決）[8]。しかし、この判決は、当時の米国特許庁長官によって再審理が請求され、結局、米国特許法§ 112 ¶ 2（現在の§ 112 (b)）の明確性欠如を理由に特許性がないと結論されました（Prater II 判決）[9]。

b). In re Bernhart 判決 [10]

この In re Bernhart 判決では、三次元のオブジェクトを二次元で描画するようにプログラムされた汎用コンピュータ（general purpose computer）の特許適格性について、「もし、機械（machine）が新規で非自明にプログラムされていれば、その他の機械とはそのメモリ要素が異なるように配置されているために物理的に異なる」ということを理由に、特許適格性を認めました。

c). In re Mahony 判決 [11]

この In re Mahony 判決では、「ビット」や「ビット列（bit stream）」を含むプロセスクレームは、たとえクレームが明示的にコンピュータにより実行されるプロセスであると明示していなくとも、メンタルステップにはあたらないとして、メンタルステップ理論の適用を避け、クレーム発明の特許適格性を認めました。

d). In re Musgrave 判決 [12]

この In re Musgrave 判決では、特許法のそもそもの目的に言及し、米国特許法§ 101 にいう特許適格性の有無を判断するには、ただ、クレームされたプロセスが「有用な技術（useful art）の進歩を促進するという憲法の目的に沿うような科学技術分野（in the technological arts）にあれば足りる」と判示し [13]、メンタルステップ理論によってコンピュータ・プログラム関連発明の特許適格性を否定するべきでないとしました。

---

[8] *In re Prater*(Prater I), 415 F.2d 1378（CCPA 1968）

[9] *In re Prater*(Prater II), 415 F.2d 1393（CCPA 1969）

[10] *In re Bernhart,* 417 F.2d 1395（CCPA 1969）

[11] *In re Mahony,* 421 F.2d 742（CCPA 1970）

[12] *In re Musgrave,* 431 F.2d 882（CCPA 1970）

[13] *In re Foster,* 438 F.2d 1011（CCPA 1971）は、この判決と同じ理由によって、「もしクレーム方法が、科学技術（technological art）に属するなら、クレームがメンタルステップを含むかどうかは重要ではない」と判示しました。

（2）数学的アルゴリズム（mathematical algorithm）理論による特許適格性の否定
a）. Gottschalk v. Benson 最高裁判決[14]（以下、「Benson 最高裁判決」）

　前審である CCPA は、In re Benson CCPA 判決[15] で、純粋なデータ処理に属する 2 進化 10 進数を 2 進数に変換するアルゴリズムのプロセスをクレームした発明について、アルゴリズムは一般的にメンタルステップに属することを理由に出願を拒絶した米国特許庁の審決を覆し、特定のハードウエア（shift register）を必要とするクレームの特許適格性を認めました。

　この In re Benson CCPA 判決は、「実用的応用（practical application）」というキーワードに初めて言及し、米国特許庁でのメンタルステップ理論の適用を否定し、プロセスに実用的応用（practical application）がある限り、科学技術（technological art）に属し、米国特許法 § 101 の特許適格性を持つ、という、後の State Street Bank CAFC 判決（（5）で後述）に通じる裁判所の考えを示すものでした[16]。

　ところが、In re Prater 判決に始まる一連の CCPA の判決は、米国特許庁でのメンタルステップ理論によりコンピュータ・プログラム関連発明を拒絶する実務を否定するものだったので、当時の米国特許庁長官 Gottschalk が In re Benson CCPA 判決に対して連邦最高裁に上告したのが、1972 年の Benson 最高裁判決です。

　Benson 最高裁判決では、米国特許庁側の審査能力の問題や、コンピュータ・プログラムは著作権で保護できるとの考え方についての主張を認め、コンピュータ・プログラム関連発明は新たな技術分野（new category of technology）に属するので、立法議会での議論を待たなければならないとしました。そして、クレームされた数式（mathematical formula）には、デジタルコンピュータとの関連以外、何の実用的応用（practical application）もなく、そうしたクレームに特許を付与することは、その数式を占有（pre-empt）させることになるのであって、アルゴリズム自体に特許を付与することになる、と判示して、クレームに特許適格性がないとしました。

---

[14] *Gottschalk v. Benson,* 409 U.S. 63（1972）

[15] *In re Benson,* 441 F.2d 682（CCPA 1971）

[16] In re Benson CCPA 判決と State Street Bank 判決のオピニオンは、ともに、Rich 判事により書かれました。

　この Benson 最高裁判決自体は、従来からあった、数式のような抽象的アイディアには特許適格性がないという考えに再度言及しただけでしたが、この Benson 最高裁判決以降、米国特許庁は、クレーム発明に数学的アルゴリズムが含まれているかどうかによってクレーム発明の特許適格性を判断する基準を採用しました。

b). Parker v. Flook 最高裁判決[17]（以下、「**Flook 最高裁判決**」）

　前審の Flook CCPA 判決は、触媒変換プロセスでのアラームリミットの計算に関する方法発明についてのもので、クレームされたステップはアラームリミットを計算するアルゴリズムの他、計算されたアラームリミットで実際のアラームリミットを更新するという後処理（post-solution activity）を含んでいました。こうした計算後の後処理がクレームされていた場合にも、Benson 最高裁判決での「数式の占有」を理由として特許適格性を認めないという実務が認められるのかを問題とした当時の米国特許庁長官 Parker が、Flook CCPA 判決に対して最高裁に上告したのが、Flook 最高裁判決です。

　この Flook 最高裁判決では、クレーム方法（クレームに記載された方法発明）がアルゴリズムだけでないとしても、その後処理は発明の主要部分を構成しないため特許適格性の判断には影響しないとし、さらに、「クレーム方法のアルゴリズムが先行技術に属したら、クレーム方法には特許性がない」と判示しました。こうした考え方は、特許適格性に発明概念（inventive concept）を要求するものであり、米国特許法 § 101 の特許適格性の問題と、先行技術との関係から相対的に決定される米国特許法 § 102 の新規性の問題とを混同するものともいえます。一方、この Flook 最高裁判決では、「クレーム方法が自然法則や数学的アルゴリズムを含んでいるからというだけで、クレーム方法が特許性を欠く（unpatentable）ものになるわけではない。」とも判示されました。

（3）特許適格性肯定への方向転換

a). Diamond v. Chakrabarty 最高裁判決[18]（以下、「**Chakrabarty 最高裁判決**」）

　1980 年、Chakrabarty 最高裁判決は、それ以前には米国特許法 § 101 の特許

---

[17] *Parker v. Flook*, 437 U.S. 584（1978）

[18] *Diamond v. Chakrabarty*, 447 U.S. 303, 305（1980）

適格性がないとされていた、原油の成分を分解することができる遺伝子工学で人造されたバクテリアの特許適格性を肯定しました。

　Chakrabarty 最高裁判決は、立法過程での 1952 年の米国特許法改正に伴う委員会レポート（committee report）を参酌し、「議会は、太陽の下、人間により作られたあらゆるものに特許適格性があることを意図していた[19]」とし、米国特許法§ 101 の特許適格性は広く解釈されることを予定していたと判示しました。

　その上で、Chakrabarty 最高裁判決は、人造微生物は他と区別可能な有用性があれば特許適格性があるとの基準を示しました。

b). Diamond v. Diehr 最高裁判決[20]（以下、「Diehr 最高裁判決」）

　この Diehr 最高裁判決は、当時の米国特許庁長官 Diamond が Diehr CCPA 判決に対して、コンピュータ・プログラム関連発明の特許適格性に関して、連邦最高裁に上告したものです。しかし、このときにはすでに、裁判所以外でもプロパテントの機運が高まっていました。米国政府は、CAFC の創設に着手しており、また、Chakrabarty 最高裁判決で、合成微生物の関連発明について、米国特許法§ 101 の特許適格性についての広い解釈が認められたばかりでした。

　1981 年、Diehr 最高裁判決は、Flook および Benson の両最高裁判決が、議会が予定していなかった分野に特許の対象を拡張するのに消極的だったのに対し、Chakrabarty 最高裁判決と同じく、1952 年の改正特許法は「太陽の下、人間により作られたあらゆるもの」を特許適格性があるものとして含んでおり、「裁判所は、議会が意図していなかった限定や条件を特許法に読み取るべきでない」と路線を変更しました。

　まず、Diehr 最高裁判決では、先例である Flook および Benson の両最高裁判決は、単に、永年で確立された「自然法則（laws of nature）、自然現象（natural phenomena）、および抽象的アイディア（abstract idea）」の司法上の明示的な例外を述べたに過ぎない、と先例を狭く解釈しました。この考えに従えば、これら 3 つの司法上の例外に該当しない限り、広く特許適格性が認められることになります。

---

[19] "Congress intended statutory subject matter to include anything under the sun that is made by man."

[20] *Diamond v. Diehr*, 450 U.S. 175（1981）

　そして、Diehr 最高裁判決は、合成ゴムの加工プロセスのクレームについて、「クレームの特許適格性は、全体として（as a whole）判断されなければならならず、クレームの構成要件（element）を新規な構成要件と公知の構成要件とに分け、公知の構成要件を判断の対象から除外する手法[21]を特許適格性の判断で用いるのは適当でない。」と判示しました。

c). Arrhythmia Research Technology, Inc. v. Corazonix Corp. 判決[22]（以下、「Arrhythmia 判決」）

　1982 年に創設された CAFC は、Arrhythmia 判決で、方法と装置に関するコンピュータ・プログラム関連発明についての特許適格性を認めました。クレームは、心臓の鼓動から生成される心電計シグナルを分析するプログラムされたデジタルコンピュータと方法に関するもので、頻脈（脈が早くなる不整脈の１つ）の有無を示す出力を伴うものでした。Arrhythmia 判決では、クレーム発明での出力は、抽象的な事項ではなく、頻脈や心臓治療の有無を知るための分析に関するもので、特許適格性があると判示しました。

（4）特許適格性ある主題の拡大

a). In re Alappat 判決[23]（以下、「Alappat 判決」）

　1994 年、CAFC は、全員法廷（en banc）でされた Alappat 判決で、ほぼ 20 年間にわたり、米国特許庁がコンピュータ・プログラム関連発明の特許適格性の判断に用いてきた Freeman-Walter-Abele テスト（本項 5. で後述）に替えて、より緩やかなテストを確立しました。Alappat 判決が確立したのは、「クレーム発明を全体として判断し、クレーム発明に有用な応用（useful application）があるか、それとも単なる数学的概念、自然法則や抽象的アイディアに向けられたものか」というテスト（基準）です。Alappat 判決ではまた、「有用、具体的かつ有形の結果（a useful, concrete and tangible result）」があるかどうかが、コンピュータ・プログラム関連発明に特許適格性があるかどうかの判断基準となると判示されました。

---

[21] この手法は、"Point of Novelty"と呼ばれます。

[22] *Arrhythmia Research Technology, Inc. v. Corazonix Corp.*, 958 F.2d 1053（Fed.Cir. 1992）

[23] *In re Alappat*, 33 F.3d 1526（Fed.Cir. 1994）. なお、この Alappat 判決で争われたクレームは、ミーンズ・プラス・ファンクションクレームとして記載されていました。

63

b). In re Lowry 判決 [24]（以下、「Lowry 判決」）

　コンピュータ・プログラム関連発明が、コンピュータ装置や方法ではなく、ハードウエアである汎用コンピュータとは独立にソフトウエアとしてクレームされた場合には、特許適格性について、さらに別の問題が生じます。Lowry 判決では、データ構造（data structure）のクレームの特許適格性が問題となりました [25]。

　判例法上、印刷物（printed matter）は、米国特許法 § 101 の製造物（manufacture）に該当しないので特許適格性がないとされており [26]、米国特許庁での実務は、ソフトウエア製品（software product）自体は特許適格性のない印刷物に該当する、というものでした。

　データ構造をクレームした発明について争われた Lowry 判決では、コンピュータメモリに存在するある種のデータ構造（data structure）は、メモリに物理的変化（physical transformation）、つまり、メモリ効率向上をもたらす機能を持つものであり、特許適格性がある、と判示しました。

c). In re Beauregard 判決 [27]（以下、「Beauregard 判決」）

　プログラム製品クレーム（program product claim）の特許適格性が争われた Beauregard 判決では、最終的に米国特許庁が請求を取り下げたので、先例としての拘束力はありませんが、ここで CAFC は、当時の米国特許庁長官と他方の当事者である Beauregard の合意内容を意見（opinion）として、「フロッピーディスクのような有形の媒体（tangible medium）に記録されたコンピュータ・プログラムには特許適格性があり、印刷物であることを理由とする拒絶（printed matter doctrine）は、コンピュータ・プログラムをクレームした発明には適用すべきでない。」と述べました。

（5）ビジネス方法発明の特許適格性の肯定

a). State Street Bank v. Signature 判決 [28]（以下、「State Street Bank 判決」）

---

[24] *In re Lowry,* 32 F.3d 1579（Fed.Cir. 1994）

[25] *In re Warmerdam,* 33 F.3d 1354（Fed. Cir. 1994）では、データ構造のクレームが構造ではなく、印刷物と同様のデータに過ぎないとして、printed matter exception により特許適格性が否定されています。

[26] *In re Miller,* 418 F.2d 1392（CCPA 1969）

[27] *In re Beauregard,* 53 F.3d 1583（Fed. Cir. 1995）

[28] *State Street Bank & Trust Co. v. Signature Financial Group, Inc.,* 149 F.3d 1368（Fed. Cir. 1998）

1998 年の State Street Bank 判決以前、クレーム発明がビジネス方法を主題とする場合には特許適格性がないという、ビジネス方法の例外（business method exception）が永年適用されてきました[29]。

State Street Bank 判決では、投資信託に関するデータ処理システムについてのクレーム発明に関し、このビジネス方法の例外ルールを明確に否定しました。つまり、クレーム発明がビジネス方法を主題としているかどうかで特許適格性についての判断は変化しないということが明らかにされました。State Street Bank 判決は、Alappat 判決を踏まえ、再度、ビジネス方法発明の特許適格性を判断するテストは、クレーム発明が単なる抽象的アイディアではなく、実用的応用（practical application）があるかどうか、つまり「有用、具体的かつ有形な結果（useful, concrete and tangible result）」が得られるかどうか、であると判示しました。

b). AT&T v. Excel 判決 [30]（以下、「AT &T 判決」）

AT&T 判決では、ビジネス方法に関するクレームが方法クレームであった場合にも、装置クレームであった場合と特許適格性の判断が変わることはない、と判示されました。また「物理的変化（physical transformation）が生じるというのは、数学的アルゴリズムの実用的応用（practical application）の一例である」として、物理的変化が生じないからといって、特許適格性がないとはいえないことを明らかにしました。

4. その後の特許適格性の厳格化

（1）In re Bilski CAFC 大法廷判決 [31]（以下、「Bilski CAFC 判決」）

2008 年、CAFC は、全員法廷による Bilski CAFC 判決で、特許適格性の基準を厳格化しました。その背景には、いわゆるパテントトロールによる、ビジネス方法やコンピュータ・プログラム関連発明の特許の濫用的な権利行使が激増しており、米国特許法§ 101 の特許適格性を厳格化することで特許を

---

[29] *Hotel Security Checking Co. v. Lorraine Co.*, 160 F. 467（2nd Cir. 1908）によって確立されたとされています。

[30] *AT&T Corp. v. Excel Communications, Inc.*, 172 F.3d 1352（Fed. Cir. 1999）

[31] *In re Bilski*, 545 F.3d 943（Fed. Cir. 2008）（en banc）

無効としたいとの要請があったとされています。

　CAFC は、特許適格性について過去に用いられてきたテストを否定し、新たな基準として、"Machine-or-Transformation（以下、「MOT」）" テストを確立しました。この MOT テストは、方法発明が特許適格性を有するためには、特定の機械（particular machine）に関連付けられるか、または特定の物品を異なる状態または物に変換するものでなければならないとするものです。CAFC は、この MOT テストを適用して、市場における商品の購入者と販売者が価格変動のリスクを回避するためのリスクヘッジ方法を主題とするクレーム発明の特許適格性を否定しました。

　この MOT テストによれば、純粋なビジネス方法の特許適格性は否定されます。

（2）Bilski v. Kappos 最高裁判決 [32]**（以下、「Bilski 最高裁判決」）**

　この Bilski CAFC 判決に対して、特許出願人 Bilski らが連邦最高裁に上告したのが、Bilski 最高裁判決です。

　連邦最高裁は、CAFC が確立した MOT テスト自体を否定したわけではありませんが、米国特許法 § 101 の文言から導ける基準とはいえず、特許適格性を判断する唯一の基準ではないと判示しました。

　その上で、Bilski 最高裁判決は、米国特許法 § 101 は、新規で予見できない発明を含むよう規定された柔軟な規定であり、議会が言及していない不当な制限を課すべきでなく、過去 150 年間の最高裁判例が「自然法則、自然現象、および抽象的アイディア」の 3 つを司法上の例外としてきたことから、リスクヘッジ方法のクレーム発明は、判例法上の「抽象的アイディア」に該当するため、特許適格性がないと判断しました。

（3）Mayo v. Prometheus 最高裁判決 [33]**（以下、「Mayo 最高裁判決」）**

　2012 年、Mayo 最高裁判決は、司法上の例外のうち「自然法則（laws of nature）」を適用して、自己免疫疾患を治療するためのチオプリン（thiopurine）薬剤の投与量を調整する方法を主題とするクレーム発明の特許適格性を否定しました。

---

[32] *Bilski v. Kappos*, 561 U.S. 593（2010）

[33] *Mayo v. Prometheus*, 566 U.S. 66（2012）

　前審の CAFC は、MOT テストを適用して、薬剤の投与工程において体内で薬剤が代謝され変化することから、「変換（transformation）」を充足するため、特許適格性を肯定しました。

　これに対して、連邦最高裁は、クレーム発明は、投与後の薬剤の代謝物の量と、薬剤による効果およびリスクの見込みとの相関関係を規定するものであって、司法上の例外である「自然法則そのもの（laws of nature itself）」であると判示しました。

　また、自然法則に関するクレーム発明の特許適格性の判断において、自然法則の真の応用（genuine application）を確実に具現化する追加的特徴（additional features）をクレームに記載しない限り特許適格性がなく、クレームに記載された追加的ステップが、従来からの、またはそこから自明な活動に過ぎない場合には特許適格性がないとの基準が示されました。

（4）Molecular v. Myriad 最高裁判決 [34]（以下、「Myriad 最高裁判決」）

　Mayo 最高裁判決の翌年の 2013 年、Myriad 最高裁判決は、司法上の例外のうち「自然現象（natural phenomena）」を適用して、乳がんおよび卵巣がんのリスクの増加と相関する、ヒト単離 DNA 分子を主題とするクレーム発明の特許適格性を否定しました。

　連邦最高裁は、Myriad が、天然に存在する BRCA 遺伝子にコードされる遺伝子情報を作成も変更もしておらず、何も創出していないから、これらの遺伝子を周囲の遺伝子材料から単離することは発明行為ではない、また、天然に存在する DNA 断片は、「自然の産物（product of nature）」であり、単離したからといって特許適格性を有するわけではない、と判示して、単離 DNA の特許適格性を否定しました。

（5）Alice Corp. v. CLS Bank 最高裁判決 [35]（以下、「Alice 最高裁判決」）

　続く 2014 年、Alice 最高裁判決は、司法上の例外のうち「抽象的アイディア（abstract idea）」を適用して、当事者間の金融取引において契約の締結時と実際の履行時がずれることに起因するリスクを第三者を介在させることで緩和する方法を主題とするコンピュータ・プログラム関連クレーム発明の特許

[34] *Molecular Pathology v. Myriad Genetics, Inc.*, 569 U.S. 576（2013）
[35] *Alice Corp. v. CLS Bank*, 573 U.S. 208（2014）

適格性を否定しました。

　連邦最高裁は、特許適格性を判断するため、2 ステップテストを基準として示しました。この 2 ステップテストは、Mayo 最高裁判決および Alice 最高裁判決で確立されたため、Alice / Mayo テストともいわれています。

　この 2 ステップテストでは、まず、クレーム発明が司法上の例外（自然法則、自然現象、抽象的アイディア）のいずれかに向けられた（directed to）ものか、を判断し、次に、司法上の例外に向けられたものである場合、クレーム発明が発明概念（inventive concept）を含むことによって、クレームの性質（nature）を司法上の例外の特許適格性ある応用（application）に変換させているか、を判断します。ステップ 1 で司法上の例外に向けられていなければ特許適格性を有しますが、司法上の例外に向けられている場合は、クレーム発明が発明概念（inventive concept）を含むものでない限り特許適格性は否定されます（本項 5.（4）図 16 参照）。

5. 判例法上の特許適格性のテストの変遷

（1）Freeman-Walter-Abele テスト

　特許適格性の判断テストとして、1980 年前後まで、CCPA は、In re Freeman 判決[36]、In re Walter 判決[37]、In re Abele 判決[38] の一連の判例によって確立された、Freeman-Walter-Abele テストと呼ばれる判断基準を用いていました。

　この Freeman-Walter-Abele テストは、以下の 2 ステップで特許適格性を判断します。

ステップ 1：数学的アルゴリズムがクレーム中に直接または間接的に言及されているか？

ステップ 2：ステップ 1 で数学的アルゴリズムがクレームで言及されている場合、クレームを全体としてみて、数学的アルゴリズムそのものではないか？つまり言及されている数学的アルゴリズムが、プロセス中の 1 ま

---

[36]　*In re Freeman,* 573 F.2d 1237（CCPA 1978）

[37]　*In re Walter,* 618 F.2d 758（CCPA 1980）

[38]　*In re Abele,* 684 F.2d 902（CCPA 1982）

たは 2 以上のステップ、または装置の 1 または 2 以上の物理的要素に応用されているか？

この Freeman-Walter-Abele テストでは、数学的アルゴリズムのクレームでの言及を問題にするので、専ら、コンピュータ・プログラム関連発明に適用されていました。数学的アルゴリズムがクレーム中で言及されている場合、その数学的アルゴリズムがプロセスのステップや装置の物理的要素に応用されていなければ、特許適格性がないと判断されることになります。

この Freeman-Walter-Abele テストは、1994 年の Alappat 判決で、特許適格性のテストとして否定されました。

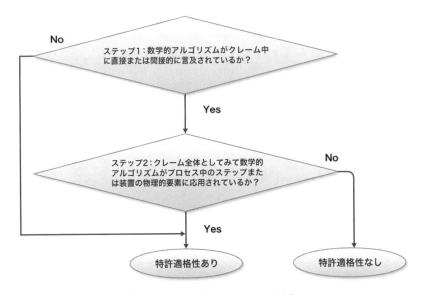

（図14：Freeman-Walter-Abeleテスト）

（2）実用的応用テスト

1994 年の Alappat 判決は、数学的アルゴリズムを問題とする Freeman-Walter-Abele テストに替えて、より緩やかに特許適格性を認める実用的応用テストを採用しました。

この実用的応用テストは、クレーム発明に全体として（as a whole）、実用的応用（practical application）があれば、特許適格性を肯定するというテスト

で、その後の 1998 年の State Street Bank 判決もこれに追従しました。具体的には、クレーム発明が、「有用、具体的かつ有形の結果（useful, concrete and tangible result）」をもたらすものであれば、実用的応用が認められます。この実用的応用テストは、1971 年の In re Benson CCPA 判決ですでに言及されており、これに回帰するものでした。

なお、クレーム発明によって物理的変形（physical transformation）が生じるかどうかは、「有用、具体的かつ有形の結果」が得られる場合の一態様で、物理的変形が得られないからといって特許適格性がないことにはなりません。この実用的応用テストの下では、もはや、「数学的アルゴリズム」も「ビジネス方法」も、特許適格性の例外とはなりませんでした。

（3）"Machine-or-Transformation（MOT）"テスト

2008 年の Bilski CAFC 判決は、実用的応用テストを否定し、MOT テストを採用して、特許適格性の基準を厳格化しました。

（図15：MOTテスト）

MOT テストでは、以下のいずれかの場合に、特許適格性が肯定されます。

ⅰ）. クレーム発明が特定の機械に関連付けられている（tied to a particular machine）、または、

ⅱ）. クレーム発明が特定の物品を異なる状態または物に変換する（transforms a particular article into a different state or thing）

この MOT テストの下では、特定の装置に関連付けられず、また物理的変形も伴わない純粋ビジネス方法は、特許適格性が否定されることになります。ただし、この MOT テストが、プロセスクレームだけでなく、物のクレームにも適用されるか否かは明らかではありませんでした。

（4）Alice / Mayo テスト

　2010 年の Bilski 最高裁判決は、MOT テストを否定まではしないものの、唯一の特許適格性のテストではないとし、司法上の例外である「抽象的アイディア（abstract idea）」そのものを特許適格性の判断基準とする、より抽象化、一般化されたテストを採用しました。

　その後の 2012 年の Mayo 最高裁判決および 2014 年の Alice 最高裁判決を経て確立されたいわゆる Alice / Mayo テストは、以下の 2 ステップで特許適格性の有無を判断するので、2 ステップテストとも呼ばれています。

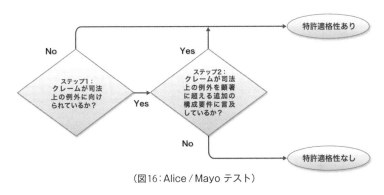

（図16：Alice / Mayo テスト）

　ステップ 1：クレーム発明が司法上の例外（自然法則、自然現象、抽象的アイディア）に向けられている（directed to）か？

　ステップ 2：クレーム発明が司法上の例外を顕著に超える（significantly more）追加の構成要件に言及しているか？

　Alice / Mayo テストでは、いったんクレーム発明が、司法上の例外のいずれかに向けられていると判断されると、それを顕著に超える（significantly more）追加の構成要件がない限り、特許適格性が否定されます。

　この Alice / Mayo テストは、判例法が永年、特許適格性なしとしてきた類型である司法上の例外（自然法則、自然現象、抽象的アイディア）に原点回帰し、この司法上の例外自体を判断基準にしようとするものでした。

　ステップ 2 で、顕著に超える（significantly more）追加の構成要件が認められるためには、追加の構成要件が、発明概念（inventive concept）を含むものでなければならないとされています。

　この「発明概念（inventive concept）」は、伝統的に、米国特許法 § 102 の新規性や § 103 の自明などで用いられてきた概念であり、先行技術との対比で相対的に存否が決定する相対的特許要件の判断基準を特許適格性に持ち込むものでした。

　なお、Alice / Mayo テストが適用されるクレーム発明は、バイオ関連発明やコンピュータ・プログラム関連発明には限定されません。2020 年の American Axle & Mfg., Inc. v. Neapco Holdings LLC CAFC 判決[39] は、駆動系プロペラシャフトの製造方法に関する機械分野のクレーム発明に対して、Alice / Mayo テストを適用して、単なる自然法則（フックの法則）の適用に過ぎないと判断して、特許適格性を否定しました。

6. 米国特許庁での取り扱い

（1）米国特許庁での 2 ステップテスト

　米国特許庁では、次々と変遷する判例法上の特許適格性のテストに都度追従して、審査ガイドライン等を改訂してきました。

　米国特許庁は、Alice 最高裁判決以降、Alice / Mayo テストに、その後の判例法を反映して、特許適格性の判断手順の具体化を試みてきました。最高裁が依拠する司法上の例外テストは、包括的ではありますが、米国特許庁での日々の審査に適用するには抽象的過ぎて予測可能性が低いからです。ただ、多数の判例を組み込んでいるため、全体としてテストが複雑化していることは否めません。

　現在、米国特許庁が採用している Alice / Mayo テストに従った 2 ステップテストは、以下のとおりです。（なお、以下の図 17、18 は理解の便宜のため米国特許庁の審査ガイドライン等のチャートを単純化しています。）

　ステップ 1：クレーム発明が米国特許法 § 101 の法定カテゴリに該当するか？

　ステップ 2A：クレーム発明が司法上の例外に向けられているか？

　ステップ 2B：クレーム発明が司法上の例外を顕著に超える追加の構成要件

---

[39]　*American Axle & Mfg., Inc. v. Neapco Holdings LLC,* No.18-1763（Fed. Cir. 2020）

に言及しているか？

ステップ 2A およびステップ 2B が、Alice / Mayo テストの各ステップに相当します。

ステップ 2A で、クレーム発明が、技術的課題に対する特定の解決手段（specific implementation of solution to a technical problem）であると認められれば、クレーム発明は司法上の例外である抽象的アイディアに向けられたものではないとされ、ステップ 2B に進むことなく、特許適格性が肯定されます[40]。

ステップ 2B で、追加の構成要件に「発明概念（inventive concept）」が含まれていれば、司法上の例外を顕著に超えて（significantly more）、特許適格性が肯定されます。審査官は、追加の構成要件に「発明概念（inventive concept）」がないことを示すためには、当該構成要件が、明細書の開示や判例を摘示して、「周知、慣用、または従来どおりのもの（well-understood, routine, or conventional）」であることを根拠づける必要があります[41]。

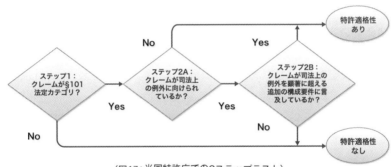

（図17：米国特許庁での2ステップテスト）

なお、「発明概念（inventive concept）」は、必ずしも構成要件自体が新規である必要がなく、公知の構成要件の新たで一般的でない組み合わせ（non-conventional and non-generic arrangement of known, conventional elements）にも

---

[40] *Enfish, LLC v. Microsoft Corp.*, 822 F.3d 1327（Fed. Cir. 2016）; *Finjan, Inc. v. Blue Coat Systems, Inc.*, 879 F.3d 1299（Fed. Cir. 2018）. なお *Koninklijke KPN N.V. v. Gemalto M2M GmBH*, 942 F. 3d 1143（Fed. Cir. 2019）は、既存の技術的プロセスにおける課題を解決する特定の手段または方法をクレームしていれば、データ処理に関するクレーム発明も抽象的でない改善(non-abstract improvement)であるため司法上の例外である抽象的アイディアに当たらないと判示しました。

[41] *Berkheimer v. HP Inc.*, 881 F.3d 1360（Fed. Cir. 2018）

見出せるとされています[42]。

（2）2 ステップテストのステップ 2A の明確化

　2019 年、米国特許庁は、2 ステップテストのステップ 2A「クレームが司法上の例外に向けられているか（directed to）」を、抽象的アイディアの場合について、さらに 2 段階に詳細化して明確化する目的で、審査ガイドラインを改訂しました（2019 特許適格性改訂ガイダンス）。

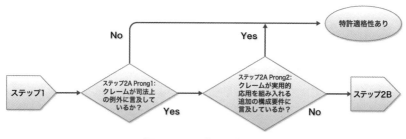

（図18：ステップ2Aの詳細化）

ステップ 2A Prong 1：クレーム発明が司法上の例外である抽象的アイディアに言及しているか？

ステップ 2B Prong 2：クレーム発明が実用的応用（practical application）を組み入れる追加の構成要件に言及しているか？

　ステップ 2A の Prong1 では、クレーム発明が抽象的アイディアに言及している場合を、以下のようにグルーピングしています。

ⅰ）. 数学的概念（mathematical concepts）

ⅱ）. 人間の活動を組織化する方法（certain methods of organizing human activity）

ⅲ）. メンタルプロセス（mental process）

　この詳細化されたテストによれば、上記のいずれにも該当しなければ、原則的には後続するステップを経ることなく、特許適格性が肯定され、また、いずれかに該当するとしても、追加の構成要件に抽象的アイディアの実用的応用（practical application）が認められれば、特許適格性が肯定されることになります。

---

[42] *Bascom Global Internet Services v. AT&T Mobility LLC*, 827 F.3d 1341（Fed. Cir. 2016）

Column 2.

差止請求
（Injunction）

米国では、特許権侵害が認定されても、必ずしも差止請求（injunction）が認められるわけではありません。

特許権は排他権なので、特許発明の第三者の実施を禁止する差止請求権は、特許権の中核です。永久的差止命令（permanent injunction）を法定する米国特許法 §283 は、衡平の原則（principles of equity）に従って裁判所（判事）が裁量で差止命令を発行することができると規定しています。かつては米国でも、特許権侵害が認定されれば、ほぼ自動的に差止請求権の行使も認められるものと理解されてきました[1]。

ところが、2006年のeBay Inc. v. MercExchange, L.L.C. 最高裁判決[2]は、こうした自動的な差止命令を否定し、特許権侵害が肯定された場合であっても、差止命令を発行するか否かは衡平法（equity）上の原則が適用されるべきであり、特許権者が差止請求権を行使するためには、以下の4つを立証しなければならないと判示しました。

　i）特許権者が回復不能な損害を被っていること（irreparable injury）

　ii）その損害を補償するのに金銭的損害賠償では不十分であること

　iii）原告と被告との不利益（困難）を比較考量して（balance of hardships）差止が正当化されること

　iv）差止によって公共の利益が害されないこと

上記は eBay ファクタと呼ばれていますが、eBay 最高裁判決が新たに確立した基準ではなく、衡平法の適用において裁判所が伝統的に用いてきた基準です。差止命令は衡平法上の救済であるため、衡平法の原則どおりであれば、差止命令は、金銭賠償では不十分な場合に補完的に認められるべき救済ということになります。eBay 最高裁判決は、これら4つのファクタが、特許法の下で特許権侵害が肯定された場合の差止命令の可否にも同様に適用されることを確認したのです。

当時、買い集めた特許権で多数の事業者に濫用的に権利行使するいわゆるパテントトロールは、差止請求を仄めかしてロイヤリティ額を吊り上げるのを常套手段としていました。また、1つの製品に対して多数の特許権者の多数の特許が錯綜している特許の藪（patent thicket）の状況下では、差止命令の対象が製品全体である以上、特許権者の差止請求権は過度なバーゲニングパワーを持ってしまいます。

eBay 最高裁判決は、こうした状況の司法的解決として、差止請求権行使のハードルを上げました。

この eBay 最高裁判決以降、特許権者が侵害者と競業関係にない場合、特許権者が特許発明を実施していない場合、および対象特許が製品のごく一部にしか関連しない場合などには、特許権侵害が肯定されても、eBay ファクタが立証されずに差止請求が認められないことが多くなり、濫用的な権利行使に一定の歯止めがかけられたとされています。

---

[1] W.L. Gore Assocs., Inc. v. Garlock, Inc., 842 F.2d 1275 (Fed. Cir. 1988)
[2] eBay Inc. v. MercExchange, L.L.C., 547 U.S. 388 (2006)

第3章
特許性要件 II
（Patentability Requirements II）

第 1 項　記述要件
（Written Description Requirement）

　記述要件とは、クレーム発明が、明細書に記述されていなければならない、という発明の開示に関する特許要件の 1 つです。記述要件は、クレームに何を記載したかとの関係で決定される、明細書が何を開示しなければならないかの記載要件をいいます。

　米国特許法 § 112（a）は、発明の開示に関する 3 つの要件として、記述要件（written description requirement）、実施可能要件（enablement requirement）、ベストモード要件（best mode requirement）を規定しており、記述要件とはこの 3 つの開示要件のうち、「明細書は、発明の記述（written description of the invention）を含むものでなければならない」とする箇所です。

　なお、これらの 3 つの要件は、当然関連はするものの、それぞれ独立に判断される別個（separate and distinct）の特許要件であって、記述要件が充足されていても、必ずしも他の実施可能要件、ベストモード要件が充足されるわけではありません[1]。

1. 記述要件の沿革

　米国特許法 § 112（a）に規定される記述要件の萌芽は、1832 年の Grant v. Raymond 最高裁判決[2]（以下、「Grant 最高裁判決」）まで遡ることができます。Grant 最高裁判決は、「特許の不十分な記述（insufficient description）は、特許訴訟の防御の根拠となる」と、特許明細書に権利を請求する発明の十分な記述を求めました。1836 年の米国特許法改正で、特許出願にクレーム記載が義務付けられる前から、記述要件は明細書の記載要件とされていたことになります。

---

[1]　*Vas-Cath Inc. v. Mahurkar*, 935 F.2d 1555（Fed. Cir. 1991）

[2]　*Grant v. Raymond*, 31 U.S. 218（1832）

2. 記述要件の意義

　米国憲法 1 条 8 節 8 項は、「発明者の発見（発明）に対して、限られた期間、排他的権利」を与えるものとされており、排他的権利（exclusive right）である特許権を得る代償として、発明者は自身のした発明を社会に開示しなければなりません。発明が社会に開示されないと、米国憲法 1 条 8 節 8 項が特許制度の目的としている「科学と有用な技術の進歩を推進」することにならないからです。つまり、自身がした（possess）発明を公衆に示せない者は、そもそも特許を付与するべき原因である発明をしていないことになり、排他権である特許権を付与すべきでないからです。

　米国特許法 § 112（a）は、クレームに記載された排他的権利の範囲が、明細書に記載された発明者の科学技術分野に対しての貢献の範囲と適正にバランスすることを目的として、発明者が自身のした発明をどこまで開示しなければならないかを規定しています[3]。このため記述要件は、実施可能要件と相俟って、明細書の開示に対して広すぎる発明を不当にクレームすることを抑制する機能を持ちます。

　いったん、出願当初の明細書、図面にクレーム発明をサポートする開示がないと認められてしまうと、発明者は後からその開示を追加しなければなりません。しかし、こうした新たな開示を追加することは新規事項（new matter）を明細書、図面に追加することになり、認められません（米国特許法 § 132（a））。このため、記述要件を満たすようなクレーム発明に対応する開示は、出願当初の明細書ですでにされていなければなりません。

3. 記述要件の判断基準

　記述要件を充足するためには、以下が認められる程度に、クレーム発明をサポートする開示が出願当初明細書になければなりません[4]。

　・当業者を基準として、

---

[3]　*In re Gosteli*, 872 F.2d 1008（Fed. Cir. 1989）

[4]　*Vas-Cath Inc. v. Mahurkar*, 935 F.2d 1555（Fed. Cir. 1991）

・クレーム発明の出願時に、

・発明者がクレーム発明をすでに保有していた（in possession of the invention）

（1）クレーム発明をサポートできる開示の範囲

　米国特許法§ 112（a）の文言上は、単に明細書（specification）がクレーム発明に関する記述（description）を含まなければならない、と規定されていますが、クレーム発明をサポートできる開示は、出願当初のクレーム（original claim）だけにあってもよいとされています。出願当初のクレーム自体も発明の開示の一部を構成するというこの法理を、オリジナル・クレーム・ドクトリン（original claim doctrine）と呼びます[5]。このため、出願当初に多様なクレームを記載しておけば、それ自体が発明の開示の一部となるので、有効です。このオリジナル・クレーム・ドクトリンによって、出願当初のクレームは、自身によってサポートされるので、記述要件が問題となるのは、ほとんどにおいて、出願後の補正や継続出願の段階です。

　また、同様に、図面だけにある記載も、クレーム発明をサポートできる開示となります[6]。

（2）クレーム発明をサポートできる開示の程度

　クレーム発明をサポートする明細書中の開示とは、クレーム中の文言どおりに（in ipsis verbis）記載されている必要はありません[7]。クレームされたすべての限定が、明示的または内在的に（explicitly or inherently）、明細書等に開示されていると当業者が認めることができる程度に記載されていれば足ります。

　ただし、開示された記載によって当業者が容易にクレーム発明を作ることができる（makes it obvious）程度の開示では不十分で[8]、あくまで、当業者からみて、発明者が出願時にすでにクレーム発明を保有（完成）していた（in

---

5　*In re Gardner,* 475 F.2d 1389（CCPA 1973）; *Hyatt v. Boone,* 146 F.3d 1348（Fed. Cir. 1998）

6　*Vas-Cath Inc. v. Mahurkar,* 935 F.2d 1555（Fed. Cir. 1991）

7　*Fujikawa v. Wattanasin,* 93 F.3d 1559（Fed. Cir. 1996）

8　当事者が容易にクレーム発明を作ることができる程度に発明を開示しなければならないということは実施可能要件に属します。このように、記述要件は実施可能要件とは異なる範囲のものであるといえます。明細書の記載が実施可能要件を充足しても、なお記述要件違反になる場合があるということです。*Tronzo v. Biomet, Inc.,* 156 F.3d 1154（Fed. Cir. 1998） possession of the invention）と認めることのできる記載の開示が必要です[9]。

　2010 年、Ariad Pharm., Inc., v. Eli Lilly Co. CAFC 大法廷判決[10]は、記述要件を充足するためには、出願当初の開示が、クレームされた主題を発明者が発明したことを当業者に明瞭に認識させる（clearly allow persons skilled in the art to recognize that [he] invented what is claimed）ものでなければならず、また、記述要件と実施可能要件とは、相互に異なる記載要件であり、その範囲も相違すると判示しました。

4. 立証責任

　特許出願の審査段階では、審査官が審査対象の特許出願に特許性がないことについての一応の証明責任（prima facie case of unpatentability）を負います。このため、審査官は、米国特許法 § 112（a）の記述要件違反の拒絶理由を発するためには、当業者がなぜ、クレーム発明をサポートする記述を認識することができないか、の証拠または理由を示さなければなりません[11]。

　一方、特許権侵害訴訟などで米国特許法 § 112（a）の記述要件違反を理由に特許の無効を争う場合には、侵害訴訟の被告など、無効を争う者が、米国特許法 § 102、§ 103 などの先行技術を理由とする無効と同様、明瞭かつ確実な証拠（clear and convincing evidence）をもって無効を立証しなければなりません。いったん特許となった後には、特許は有効なものであるとの推定が働き（米国特許法 § 282）、米国特許法 § 112（a）の記述要件違反はこの推定の覆滅事由になるため、より高い立証負担が課されるからです。

5. 本質的構成要件テスト（Essential Element Test）

　上記のとおり、クレーム発明として記載されたすべての構成要件（element）は、明細書の開示にサポートされている必要がありますが、他方、もちろん、

---

[9]　*Lockwood v. American Airlines Inc.,* 107 F.3d 1565（Fed. Cir. 1997）

[10]　*Ariad Pharm., Inc., v. Eli Lilly Co.,* 598 F.3d 1336, 1351（Fed. Cir. 2010）（en banc）

[11]　*In re Alton,* 76 F.3d 1168（Fed. Cir. 1996）

明細書に記載された発明の新規な要素（component）が、すべてクレームされている必要はありません。

　ただし、明細書中の発明についての開示があまりに限定的な記載となっていると、発明者が保有していたとされる発明の開示範囲が狭く認定され、結果としてその範囲を超える広いクレームが、米国特許法 § 112（a）の記述要件違反となる可能性が生じます。

　Gentry Gallery, Inc. v. Berkline Corp. CAFC 判決[12]（以下、「Gentry Gallery 判決」）は、2 つのリクライニングシートと、コンソール（console）と、特に設置場所の限定のないリクライニングシートのコントローラとを備えるユニット式のソファーをクレームしていたのに対して、唯一の実施例中ではコントローラはコンソールに設けられており、しかも、明細書中の記載は、コントローラの設置場所としてはコンソールが「唯一の場所」であり（the only possible location）、他のバリエーションでは「発明の目的を達成しない」（outside the stated purpose of the invention）などとの限定的な記載となっていた事案です。出願当初のクレームではコントローラはコンソールに設けられているという限定があったのですが、出願経過中にこの限定は補正で削除されました。つまり、クレームの範囲が拡大されました。

　この Gentry Gallery 判決では、「クレームの範囲が実施例に限定されないのは当然だが、クレームによる排他的権利の範囲は、狭い開示によって限定されうる（in a given case, the scope of the right to exclude may be limited by a narrow disclosure.）」と判示しています。

　この Gentry Gallery 判決以降、「クレーム発明にとって本質的な（essential）構成要件が明細書に開示されていた場合、後からその本質的な構成要件をクレームから削除することは許されない」とするルールが確立されたと言われています。これを本質的構成要件テスト（essential element test / omitted element test）といいます。明細書中の記載が限定的なあまり、いったんそれがクレーム発明にとって本質的（必要不可欠）な構成要件であるとして明細書に開示されていると認定されてしまうと、その構成要件はクレームに記載されてい

[12] *Gentry Gallery, Inc. v. Berkline Corp.*, 134 F.3d 1473（Fed. Cir. 1998）

なければならず、その構成要件を限定として含んでいないクレームは、明細書の開示に対して広すぎるとして記述要件違反の対象となってしまうというわけです[13]。

　上記のとおり、出願当初のクレーム（original claim）もクレーム発明をサポートする開示の一部を構成する以上、通常、出願当初のクレームについて、記述要件違反とされることは稀ですが、明細書中の発明の構成要件がいったん本質的（essentialt / critical）であると認定された場合には、たとえ出願当初のクレームであっても記述要件違反となる場合が生じます（MPEP 2163.05）。

　クレーム発明をサポートするための実施例やバリエーションはできる限り複数記載するのが望ましく、さらに、ある構成要件についての特別の作用効果を強調することは避けることが、記述要件違反を避ける観点からは肝要です。

6. 記述要件と補正

　記述要件が充足されているかどうかの判断基準時は、特許出願時です。クレーム発明が記述要件を充足するようにする新たな開示を補正によって明細書に追加することは新規事項（new matter）を明細書、図面に追加することになりますので、一部継続出願（continuation-in-part : CIP）でその新規事項を追加しない限り、認められません。

　ただし、出願当初のクレームも、明細書の開示の一部を構成するので、出願当初のクレームだけに記載された事項を明細書の詳細な説明に追加する補正は、新規事項を追加するものとはならず、認められます。また、明細書中で他の文献を参照により引用（Incorporation by Reference : IBR）（第 5 章第 1 項で後述）する記載をすれば、その引用元である文献も原則として明細書の開示の一部を構成しますので、参照された被引用文献の記載も、クレーム発明をサポートする開示となります。

---

[13]　*ICU Medical v. Alaris Medical System,* 558 F.3d 1368（Fed. Cir. 2009）

7. 記述要件と継続出願

　継続出願の場合、クレーム発明は、そのクレームを含む継続特許出願の出願時の開示にサポートされていれば米国特許法§ 112（a）の記述要件を充足するので、継続出願のクレーム発明が継続出願の基礎となる親出願の開示にサポートされていないからといって、拒絶や無効とされることはありません。

　ただし、この場合、当初の出願日（親出願日）の優先権の利益を失うことになってしまいますし、親出願の出願日から繰り下がった継続出願自体の出願日までの間に引用例がある場合には、その引用例によって新規性や非自明性を失ってしまいます[14]。パリ条約に基づく外国特許出願を基礎とする優先権主張出願の場合も同様です。

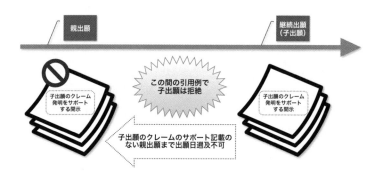

（図19：継続出願とクレーム発明をサポートする開示）

---

[14] *Anascape, ITD v. Nintendo of America, Inc.*, 601 F.3d 1333（Fed. Cir. 2010）

第2項　実施可能要件（Enablement Requirement）

　実施可能要件とは、クレーム発明が、当業者がその発明を生産および使用することができる（enabling to make and use）程度に明細書に開示されていなければならないという、発明の開示（disclosure）に関する 3 つの特許要件の 1 つで、記述要件（written description requirement）、ベストモード要件（best mode requirement）と同様に、米国特許法 § 112（a）に規定されています。クレームに何を記載したかとの関係で決定される、明細書で何を開示しなければならないかの記載要件をいいます。

1. 実施可能要件の意義

　実施可能要件も、記述要件と同様、米国憲法 1 条 8 節 8 項に基礎を置きます。排他的権利である特許権を得る代償（in turn of exclusive right）として、発明者が、自身のした発明を、第三者、特に当業者がその発明を実施（生産および使用）できる程度に社会に開示しないと、米国憲法 1 条 8 節 8 項が特許制度の目的としている「科学と有用な技術の進歩を推進」することにならないからです。

　つまり、実施可能要件は、クレームされた発明を第三者に実施させることを可能とし、社会に技術の進歩という利益をもたらすことを目的としています[1]。記述要件と同様、開示された発明の内容とバランスのとれた範囲のクレーム記載を求めることによって、広すぎるクレームを抑制する機能を果たします。

2. 実施可能要件の拒絶

　米国特許庁の審査官は、クレーム発明が実施可能要件を満たしていないと

---

[1]　*National Recovery Techs., Inc. v. Magnetic Separation Sys.*, 166 F.3d 1190（Fed. Cir. 1999）

いう拒絶理由を発するためには、当業者がクレーム発明を生産および使用できないことについて理由を示して一応の証明（prima facie case）をしなければなりません。このため、審査段階で実施可能要件が問題となることは稀で、むしろ、特許侵害訴訟での抗弁として実施可能要件違反が争われます。

　いったん出願当初の明細書、図面にクレームを実施可能にする開示がないと認められてしまうと、発明者は後からその開示を追加しなければなりません。しかし、こうした新たな開示を追加することは新規事項（new matter）を明細書、図面に追加することになり、認められません（米国特許法§ 132(a)）。このため、実施可能要件を満たすようなクレーム発明に対応する開示は、出願当初の明細書ですでにされていなければなりません。

3. 実施可能要件の判断基準

　実施可能要件をサポートできる開示とは、当初の明細書中にされた実際の開示プラス特許出願時での当業者の知識です。実施可能要件が充足されているかどうかは、当業者が、クレーム発明を生産および使用するために、過度の実験（undue experimentation）を要するかどうかによって判断されます。判断基準時は、特許出願時です。

　つまり、過度の実験を行わなければクレーム発明を生産・使用できない場合は、実施可能要件違反になります。ただし、当業者が明細書の開示だけに基づいてクレーム発明を生産および使用できるまでの開示は不要で、過度の実験といえない程度の追試等をクレーム発明の生産および使用のために必要とする開示があれば、実施可能要件は充足されたものとなります。

(1) 過度の実験（undue experimentation）とは

　過度の実験を要するかどうかは、クレーム発明の技術分野がどの程度予測可能性（predictability）のある分野かによって相違します。例えば、少なくともコンピュータ分野で、クレーム発明を実現するためのコンピュータプログラム自体が開示されておらず、プログラムを製作するのに数年を要する場合、過度の実験に属し、実施可能要件は充足されていないと裁判所で判断された

事案があります[2]。

（2）出願時に公知だった事項

　実施可能要件を判断する基準となる当業者は、出願時にすでに公知となっている（publicly available）技術であればクレーム発明を生産および使用するために利用することができるので、この出願時にすでに公知となっている事項は、たとえ明細書中に開示されていなくとも、実施可能要件をサポートすることができます[3]。

　このため、もしすでにクレーム発明の実施品（working example）が完成している場合、その実施品を公表（public knowledge）しておけば、（米国特許法§ 102（b）で規定するグレースピリオドでカバーされるよう公表から 1 年以内に出願することを要しますが、）その実施品自体で実施可能要件をサポートすることができます。

（3）実施可能要件違反となる過度の実験

　明細書の開示に基づいて当業者がクレーム発明を生産および使用するのに過度の実験を必要とする場合には、実施可能要件が充足されていないと判断されます。具体的には、過度の実験を必要とするか否かは、以下のファクタで判断されます。

- ・必要な実験の量（the quantity of experimentation necessary）
- ・開示されている方向性やガイダンスの量（the amount of direction or guidance presented）
- ・クレーム発明の実施品があるかどうか（the presence or absence of working examples of the invention）
- ・発明の性質（the nature of the invention）
- ・従来技術のレベル（the state of the prior art）
- ・当業者のスキル（the relative skill of those in the art）
- ・技術分野の予測可能性（the predictability or unpredictability of the art）
- ・クレームの広さ（the breadth of the claims）

---

[2]　*White Consol. Indus. v. Vega Servo-Control*, 713 F.2d 788（Fed. Cir. 1983）; *Northern Telecom., Inc. v. Datapoint Corp.*, 908 F.2d 931（Fed. Cir. 1990）

[3]　*Genentech Inc. v. Novo Nordisk A／S*, 108 F.3d 1361（Fed. Cir. 1997）

　前記の判断ファクタは、ワンズ・ファクタ（Wands Factors）と呼ばれています[4]。

　上記の複数のファクタを比較衡量するバランシング・テスト（balancing test）によって過度の実験かどうかが判断されるので、単に実験量が多い、または時間を要する（merely quantitative）ことだけでは、必ずしも過度の実験とは認定されません。例えば、実験量が多くとも、それらの実験が単にルーティン的に処理できるものであれば、実験量の多さは重要なファクタとはいえません。

　また、クレームの広さが実施可能要件を充足するかの判断ファクタになっているので、広いクレームはそれだけ実施可能要件違反となる可能性が高まることになります。

　バイオや化学のような予測可能性の低い技術分野の場合には、機械や電気などの予測可能性の高い技術分野と比較して、クレーム発明をどのように生産および使用するかについてのより多くの記載が必要となります。たとえば、クレームが上位概念の広い属クレーム（generic claim）であるのに対して、明細書には下位概念のある種（species）についての開示しかなかった場合には、他の多くの種についての開示を欠くとして実施可能要件違反とされる可能性が高まることになります。

　Trustees of Boston University v. Everlight Electronics Co. CAFC 判決[5] は、クレーム発明が明細書に開示された複数の実施形態を含む場合、すべての実施形態が実施可能な程度に明細書に開示されていない限り、実施可能要件は充足されないと判示しました。

4. 実施可能要件充足に必要な開示

　明細書は当業者に向けて記載されているものなので、クレーム発明に属する技術分野の当業者にとって出願時にすでに明らかな事項は、当業者がすでに自分の知識として用いることができるため、明細書に明示的に記載されて

---

[4]　*In re Wands*, 858 F.2d 731, 737（Fed. Cir. 1988）

[5]　*Trustees of Boston University v. Everlight Electronics Co.*, 896 F.3d 1357（Fed. Cir. 2018）

いる必要はありません。

　また、明細書の開示に基づいて当業者がクレーム発明を生産および使用することができる程度の開示があればよく、例えば、発明の実施品の仕様（production specification / production details）まで開示されている必要はありません。

　一方、発明の新規な点（novel aspects of invention）が、明細書に明示的に開示されておらず、当業者の推論（inference）を必要とするようでは、過度の実験を必要とすることとなり、実施可能要件を充足することは困難です。Crown Operations International Ltd. v. Solutia Inc. CAFC 判決[6]では、クレームされたガラス中のソーラーフィルムの組織（texture）強化の指標となる "wave index" を計算するために、平均振幅（average amplitude）と平均ピッチ（average pitch）を用いると記載されていたにもかかわらず、発明の特徴に関わる「平均振幅」という用語についての定義が明細書中になかったために、実施可能要件を充足しないと認定されました。

　発明の新規な点に関する開示は、少なくとも明示的に明細書に記載されていなければならず、当業者の推論（inference）を要するようでは実施可能要件違反となることになります。出願時に公知である技術をベースとする当業者の知識は、少なくとも発明の新規性のある部分について、実施可能要件に関する明細書の開示をサポートする基礎とすることはできません[7]。

　なお、記述要件と同様、実施可能要件でも、クレーム発明をサポートできる開示は、出願当初のクレームだけにあってもよいとされています。また、同様に、図面だけにある記載も、クレーム発明をサポートできる開示となります[8]。

5. 立証責任

　特許出願の審査段階では、審査官が審査対象の特許出願に特許性がないこ

---

[6] *Crown Operations International Ltd. v. Solutia Inc.*, 289 F.3d 1367（Fed. Cir. 2002）

[7] *Genentech Inc. v. Novo Nordisk A／S*, 108 F.3d 1361（Fed. Cir. 1997）

[8] *Vas-Cath Inc. v. Mahurkar*, 935 F.2d 1555（Fed. Cir. 1991）

とについての一応の立証責任（prima facie case of unpatentability）を負うので、審査官は、米国特許法 § 112（a）の実施可能要件違反の拒絶理由を発するためには、記述要件の場合と同様、当業者がなぜ、クレーム発明を生産および使用することができないか、の証拠または理由を示さなければなりません。このため、米国特許庁での特許出願審査中に実施可能要件が問題となることは稀です[9]。

　一方、特許権侵害訴訟などで米国特許法 § 112（a）の実施可能要件違反を理由に特許の無効を争う場合には、侵害訴訟の被告など、無効を争う者が、米国特許法 § 102、§ 103 などの先行技術を理由とする無効と同様、明瞭かつ確実な証拠（clear and convincing evidence）をもって無効を立証しなければなりません。いったん特許となった後には、特許は有効なものであるとの推定が成立し（米国特許法 § 282）、米国特許法 § 112（a）の記述要件違反はこの推定の覆滅事由になるため、より高い立証負担が課されるからです。

　なお、実施可能要件が充足されているかどうか自体は、事実認定（factual finding）に基づいて決定される法律問題（a question of law）であるとされています[10]。

　ひとたび審査中や侵害訴訟などで実施可能要件が争われた場合、宣誓供述書または宣言書（規則 § 1.132）や専門家証言（expert witness）によって実施可能要件が充足されていたことを立証することが可能です。ただし、実施可能要件をはじめ、米国特許法 § 112（a）の記載要件は、あくまで出願時を基準に判断されるので、このように、後になってから、出願時にすでに当業者がクレーム発明を「生産および使用（make and use）」することが可能であったという事実を立証するのは困難です。出願後の技術の発展は、実施可能要件の問題とは無関係であるとされています[11]。

---

[9] *In re Alton,* 76 F.3d 1168（Fed. Cir. 1996）

[10] *PPG Indus., Inc. v. Guardian Indus., Corp.,* 75 F.3d 1558（Fed. Cir. 1996）

[11] *Philips Petroleum Co. v. U.S. Steel Corp.,* 865 F.2d 1247（Fed. Cir. 1989）

6. 営業秘密と実施可能要件との関係

　実施可能要件違反が争われた場合に、営業秘密（trade secret）であることを理由に、実施可能要件充足が認められることはありません。かえって発明者が意図的に（intentionally）発明を生産および使用するための情報を記載しなかったとされて、実施可能要件違反となる可能性が高まります。Union Pacific Resources v. Chesapeake Energy CAFC 判決[12] では、石油および天然ガスを採掘するための水平ボーリング方法に関する発明で、クレームに記載されたボアホール（borehole）の場所を決定するための再測定（rescaling）および比較（comparing）プロセスを実行するためのコンピュータプログラムが、営業秘密に属することを理由として意図的に開示されなかったとして、比較的予測可能性が高い技術分野であるにも拘らず実施可能要件違反とされました。

　つまり、ある情報がクレーム発明を生産および使用するために必要であれば、特許を取得するのであれば開示しなければならず、営業秘密を理由に開示を回避することはできません。いったん開示し、それが出願公開または特許化されれば営業秘密として保護されることはない[13] ので、出願時に営業秘密として保持すべきかどうかを決定する必要があります。

7. 寄託（deposit）による実施可能要件のサポート

　実施可能要件は、基本的に特許出願時に充足されていなければならないので、出願時に必要な開示を明細書でする必要がありますが、実施可能要件をサポートするための情報（例えば微生物やコンピュータ・プログラム・コードなど）を寄託する（deposit）と、特許が発行されるまで寄託された情報が公開されることはありませんが、その寄託された情報も実施可能要件をサポートする開示の一部として取り扱われます。

　さらに、寄託された情報は、特許が発行されるまで公開されることはありませんので、特許出願したものの拒絶を解消できずに特許取得できなかった

[12]　*Union Pacific Resources v. Chesapeake Energy,* 236 F.3d 684（Fed. Cir. 2001）

[13]　*Scharmer v. Carrollton Mfg. Co.,* 525 F.2d 95, 99（6th Cir. 1975）

場合には、出願公開される明細書中に記載した場合と異なり、秘密保持できるという利点があります。

8. 動作しない実施形態

クレーム発明が、文言上、明細書に記載された、実際には動作しない実施形態（inoperative embodiment）を含んでいるからといって、必ずしもそれだけでは実施可能要件に違反することにはなりません [14]。

9. 実施可能要件と補正

クレーム発明が記述要件を充足するようにする新たな開示を補正によって明細書に追加することは、新規事項（new matter）を明細書、図面に追加することになりますので、一部継続出願（continuation-in-part：CIP）でその新規事項を追加しない限り、認められません。

10. 実施可能要件と継続出願

継続出願の場合、クレーム発明は、そのクレームを含む当該継続出願の出願時の開示にサポートされていれば、米国特許法 § 112（a）の実施可能要件を充足するので、継続出願の基礎となる親出願の開示にサポートされていないからといって、拒絶や無効とされることはありません。ただし、この場合、当初の出願日の利益を失うことになってしまいますし、親出願の出願日から繰り下がった継続出願自体の出願日までの間に引用例がある場合には、その引用例によって新規性や非自明性を失ってしまいます [15]。

パリ条約に基づく外国特許出願を基礎とする優先権主張出願の場合も同様です。

---

[14] *Atlas Powder Co. v. E.I. du Pont de Nemours & Co.*, 750 F.2d 1569（Fed. Cir. 1984）

[15] *Reiffin v. Microsoft Corp.*, 214 F.3d 1342（Fed. Cir. 2000）

第3項　ベストモード要件
（Best Mode Requirement）

　ベストモード要件とは、クレーム発明について、発明者がその発明の最良の実施態様であると信ずる実施態様（best mode contemplated by the inventor of carrying out his invention）を明細書に開示しなければならないという、発明の開示（disclosure）に関する3つの特許要件の1つで、記述要件（written description requirement）、実施可能要件（enablement requirement）と同様、米国特許法§112（a）に規定されています。クレームに何を記載したかとの関係で決定される、明細書で何を開示しなければならないかの記載要件です。

　ベストモード要件は、他国の特許制度には見られない、米国特許法に特有の特許要件ですが、AIA改正により、訴訟で抗弁することが禁止されました。

1. ベストモード要件の意義

　何がクレーム発明のベストモードかは、主観的な判断です。つまり、当業者の視点ではなく、発明者の主観を基準として決定される[1]ので、第三者の発明の円滑な利用を目的とするよりはむしろ、「特許という排他的権利を得ようとするのに、発明者にとっての最良の実施態様を隠す（concealment）のは許されない」という、衡平法（equity）上の規範に基づくものといえます。言い換えれば、発明者は、自分の利益となる特許を求める際に公正（fair and square, clean hands）でなければならず、実際に明細書に開示したものより、さらに好ましいと思われる態様をあえて隠してはならない、という衡平法上の考えに由来するものです[2]。これが、ベストモードが米国固有の記載要件である理由です。

　発明者の公正さを記載要件として求めるのがベストモード要件であるため、クレーム発明を実現するベストモードが何であるかは、発明者の主観によるものでよいとされています。

---

[1]　*Dana Corp. v. IPC Ltd. P'ship* 860 F.2d 415（Fed. Cir. 1988）

[2]　*Amgen, Inc. v. Chugai Pharmaceutical Co., Ltd.*, 927 F.2d 1200（Fed. Cir. 1991）

　さらに、明細書中にはどの実施形態がベストモードに相当するものであるかを明示する必要はありません。このため、特許出願手続き中に審査官が、クレーム発明がベストモード要件を満たしていないということについて一応の証明（prima facie case）をして拒絶をすることはほぼ不可能です。このため、ベストモード要件は専ら特許侵害訴訟での抗弁として機能していました。

2. AIA 改正による訴訟での抗弁の禁止

　特許侵害訴訟でのベストモード要件違反の抗弁は、主観的な要素が多いため、特に証拠開示手続き（ディスカバリー）などにより訴訟コストを増大させ、訴訟の帰趨を不確実なものとする要因となっていました。

　AIA の立法過程では、濫用的なベストモード要件違反の抗弁の弊害を解消しようと、ベストモード要件の撤廃も議論されていました。

　ベストモード要件を記載要件の 1 つとして規定していたのは世界で米国のみであったため、ハーモナイゼーションの視点からベストモード要件の削除を望む意見も多くありましたが、維持すべきという意見も根強かったため、妥協の結果、特許訴訟での抗弁を禁じつつ、米国特許法 § 112（a）に特許付与のための記載要件として残ることになりました。

　ただし、優先権（米国特許法 § 119、§ 120）を主張する基礎出願の出願日の利益を享受するためには、ベストモード要件の充足は要求されません。また、特許付与後には、ベストモード要件違反を理由に、特許無効や権利行使不能を抗弁することは、裁判所において禁じられます。

　米国特許庁は、AIA 改正によってベストモード要件の審査実務は変えておらず、特に証拠が示されなければベストモードが開示されているものと推定して審査を行います（MPEP 2165）。

　たとえば、裁判所から米国特許庁に差戻し後の審査中に、隠ぺいの具体的証拠が示された場合にはベストモード要件を審査する可能性もあります。

　一方、米国特許法 § 112（a）のベストモードの情報は、情報開示義務を負う発明者、出願人、代理人等が知っている情報である限り、情報開示義務に規定される、クレーム発明の特許性判断に重要な情報（material information）

を構成するので、特許出願係属中に IDS で提出し、情報開示義務を果たす必要があるでしょう。

3. ベストモード要件の取り扱い

ベストモード要件は、米国特許法 § 112（a）に規定される明細書の記載要件の 1 つなので、ベストモード要件違反があるかどうかは、クレームごとにその有効性（validity）が判断されます。

ただし、ベストモードを隠蔽した行為が極端に不公正であると認定されると、不衡平行為（inequitable conduct）として、特許に含まれるクレームすべてが権利行使不能（unenforceable）という重いペナルティを課されてしまうこともありました。

4. ベストモード要件の判断基準

ベストモード要件が充足されていたかどうかは、次の 2 ステップでテストされます[3]。

ステップ 1：発明者は出願時にクレーム発明を実現するためのベストモードを知っていたか？

ステップ 2：もし発明者がベストモードを知っていたら、そのベストモードは、当業者が過度の実験を要することなく（without undue experimentation）クレーム発明を実施できる程度に明細書に開示されているか？（ベストモードと知っていながら隠蔽（concealment）していないか？）

ステップ 1 は、発明者がどの実施態様をベストモードと信じていたか、を判断するもので、主観的なテスト（subjective test）です。例えば、発明者がある実施態様をベストモードと信じていたらそれがその特許出願でのベストモードであり、たとえ客観的にはその実施態様がベストモードとはいえなくとも構いません[4]。発明者ただ一人だけがある実施態様をベストモードと信じ

3　*United States Gypsum Co. v. National Gypsum Co.*, 74 F.3d 1209（Fed. Cir. 1996）

4　*Engel Indus., Inc v. Lockformer Co.*, 946 F.2d 1528（Fed. Cir. 1991）

ていれば、発明者の属する企業自身が別の実施態様を最良だとしていても、発明者にとってのベストモードがベストモードになります[5]。米国特許法 § 112（a）は、あくまでも発明者を基準に「発明者がベストモードと信じたもの（best mode contemplated by the inventor）」を開示することを要件としているからです。このため、明細書中の開示がたとえ当業者にとっては実施可能要件（enablement）を充足するものであっても、ベストモードが適切に開示されているとは限りません。

　一方、ステップ2は、そのベストモードが適切に開示されているかどうかを判断するもので、発明者ではなく、当業者を判断基準とする客観的なテスト（objective test）です。ステップ1で認定されたベストモードが明細書中に当業者が実施できる程度に適切に開示されていないと判断されると、ベストモード要件違反となります。

　ベストモード要件が充足されていたかどうかの判断基準時は、特許出願時です。このため、出願後にさらにクレーム発明を実施するためのより好ましい実施形態が得られた場合に、これを明細書に追加して開示しなくとも、原則として、ベストモード要件違反にはなりません。また、特許出願前にすでにクレーム発明の実施品（working embodiment）があった場合にベストモード要件が問題となります。実際に、出願前に市販されたクレーム発明の実施品がベストモードに相当する実施態様として、明細書に開示されているかが争われることが多くありました。

5. ベストモード要件を充足する開示の程度

　上記のテストのステップ1で、どの実施態様がクレーム発明のベストモードであるかが判断されると、次に、発明者がクレーム発明のベストモードと信じていた実施態様と明細書中の開示内容とが比較され、開示内容が当業者にとってそのベストモードを実施するのに適切（adequate）であったかどうかが判断されます。ベストモードに関する記載が、当業者が判断して客観的

5　*Glaxo Inc., v. Novopharm. Ltd.*, 52 F.3d 1043（Fed. Cir. 1995）

に、ベストモードを事実上隠蔽（concealment）したと認められる程度に不適切であるとされる場合[6]に、ベストモード要件違反となります[7]。この隠蔽とは、意図的な（intentional）隠蔽の他、意図せず結果的に（accidental）隠蔽された場合も含みます。もちろん、ベストモードとは、クレーム発明を実施するための最良の実施態様をいうので、クレーム発明とは関係のない事項（実施品の製品仕様など）を開示する必要はありません[8]。

　明細書中に開示された実施態様のうち、どの実施態様がベストモードに相当するかを明細書中で明示する必要はありません。

　また、ベストモード要件をサポートできる明細書中の開示とは、明細書中にされた実際の開示プラス特許出願時での当業者の知識です。

6. ベストモード要件の立証責任

　特許出願の審査段階では、審査官が審査対象の特許出願に特許性がないことについての一応の立証責任（prima facie case of unpatentability）を負うので、審査官は、米国特許法§ 112（a）のベストモード要件違反の拒絶理由を発するためには、なぜ明細書中にベストモードの開示がないか、の証拠または理由を示さなければなりません。ただし、何がベストモードに相当するかを決定するのは、発明者の出願時における主観（内心）（state of mind）を探索することになるので、審査官は知りえず、特許庁での特許出願審査中にベストモード要件が問題となることはまずありません。

　また、特許権侵害訴訟で、ベストモード要件違反を理由として抗弁することは、AIA 改正で、米国特許法§ 282（b）(3)(A) により明文で禁止されました。

7. 営業秘密とベストモードの隠蔽

ベストモードとして開示しなければならない情報は、実施可能要件の場合

---

[6]　"if the disclosure of the best mode is so objectively inadequate as to effectively conceal the best mode from the public"

[7]　*United States Gypsum Co. v. National Gypsum Co.,* 74 F.3d 1209（Fed. Cir. 1996）

[8]　*Eli Lilly & Co. v. Barr Labs,* 222 F.3d 973（Fed. Cir. 2000）

と同様、営業秘密（trade secret）であるからという理由で開示の対象外として免責されることはありません。発明者は、ベストモードとして開示すべき情報を自分で保有している場合、それが営業秘密であったとしても、特許を取得するために特許出願をするという選択をしたのであれば、開示しなければなりません。また、ベストモードとして開示しなければならない情報が自分ではなく、他人が保有する情報であった場合には、少なくともその情報が属する出所（source）を、メーカー名や商標名などとして記載する必要があるでしょう。

8. 企業の持つ技術情報と発明者の知識

　企業内にいる発明者は、必ずしもその属する企業が保有している技術情報や製品情報のすべてを知っているとは限りません。

　米国特許法 § 112（a）は、明示的に「発明者」がベストモードであると信じたものを「ベストモード」と規定しているので、企業としては保有していた技術情報であっても発明者自身が知らなかった情報が、ベストモード要件における「ベストモード」となることはありません[9]。

---

[9]　*Glaxo Inc., v. Novopharm. Ltd.,* 52 F.3d 1043（Fed. Cir. 1995）

第4項　明確性要件
（Definiteness Requirement）

　明確性要件とは、「クレームは、特許出願人が自己の発明とみなす主題（subject matter）を特定し、明確に請求（claim）したものでなければならない」という、クレームについての記載要件をいいます。米国特許法§ 112（b）に規定されています。

1. 明確性要件の意義

　クレームは、排他権（exclusive right）である特許権の範囲（scope）を示すものなので、第三者にとってどこからが特許権侵害となるのかの境界（meta and bound）が明確に理解できるようなクレームでなければならず、これを担保するため明確性要件が規定されています。つまり、米国特許法§ 112（b）の明確性要件は、第三者に、排他権の範囲、何が特許権侵害となるのか、を通知する（notifying the public of the patentee's right to exclude）機能を持ちます[1]。

　なお、米国特許法§ 112（a）が、クレームの記載との関係で明細書の記載要件を定めているのに対して、§ 112（b）の明確性要件は明細書の記載要件ではなく、あくまでクレームが明確に記載されていることを要求するものです。

　クレームの記載が不明確（indefinite）であるとする明確性要件違反は、しばしば特許出願の拒絶理由となります。さらに、特許侵害訴訟での被告の抗弁としての無効理由にもなります。

2. 明確性要件の判断基準

　米国特許法§ 112（b）は、2 つの独立したクレームの記載要件を規定しています。

　ⅰ）. クレームは、発明者が自己の発明であるとみなした主題（claiming the

---

[1]　*Solomon v. Kimberly-Clark Corp.*, 216 F.3d 1372（Fed. Cir. 2000）

subject matter which the inventor regards as the invention）を記載したもの
であること

ii ）.クレームは、発明者が自己の発明とみなす主題を特定し明確に請求
（particularly pointing out and distinctly claiming）したものであること

上記 i).の要件は、出願人が何を自己の発明とみなしたかを問題とするもの
なので、主観的な要件であり、ほとんど拒絶理由となることはありません。

上記 ii).の要件が、明確性（definiteness）要件で、発明者（出願人）の主
観ではなく、当業者を基準とする客観的な要件です。

明確性要件は、当業者が、

ステップ 1： 明細書の記載に照らしてクレームを解釈したとき（when
reading the claims in light of the supporting specification）、

ステップ 2： クレームの範囲（the scope of the claim）が理解できる、場合に
充足されます[2]。

ステップ 1 で、クレームに記載された文言（以下「クレーム文言」）を明細
書中の対応記載を参酌して解釈し、ステップ 2 で当業者の視点からみてステッ
プ 1 で解釈されたクレームの範囲が明確に理解できるか、が判断されます。

クレーム文言がそれ自体では何を意味するのか明確ではないことは、往々に
してあるので、クレーム発明の新規な特徴に関連するクレーム文言について
は、明細書中でクレーム文言に対応する定義を記載しておくことが重要です。

明確性要件は、明細書の開示内容が明確かどうかではなく、クレームの記載
が明確であるかどうかの問題なので、たとえクレームに対応する明細書中の記
載が、当業者にとってクレーム発明を実施することができない程度の記載しか
なく、米国特許法 § 112（a）の実施可能要件を充足しないものであっても、ク
レーム文言に対応する定義（記載）が明細書中にされており、当業者がその明
細書中の定義を参酌してクレームを解釈したときにクレームの範囲が明確と
いえれば、米国特許法 § 112（b）の明確性要件違反とはなりません[3]。

---

[2] *North Am. Vaccine, Inc. v. American Cyanamid Co.,* 7 F.3d 1571（Fed. Cir.1993）; *Beachcombers Int'l, Inc. v. Wildewood Creative Prods., Inc.,* 31 F.3d 1154（Fed. Cir. 1994）

[3] *Personalized Media Communications, L.L.C. v. ITC,* 161 F.3d 696（Fed. Cir. 1998）

3. 裁判所での明確性要件のテストの変遷

　特許訴訟では、明確性違反を抗弁する侵害被疑者が、明瞭かつ確実な証拠（clear and convincing evidence）で、クレーム文言が、「解釈するのに適さない（not amenable to construction）」または「解決できないほど不明瞭（insolubly ambiguous）」であると立証できた場合にのみ、クレームが明確性要件違反とされていました。

　2014 年、Nautilus Inc. v. Biosig Instruments Inc. 最高裁判決[4]（以下「Nautilus 最高裁判決」）は、従前のテストはクレームの公示機能（notice function）を損なうものであるとし、クレームに記載された「離隔する関係で（in spaced relationship）」の用語を、解決できないほど不明瞭とはいえないとして明確性違反でないとした前審の CAFC 判決を棄却し、より厳格な明確性要件のテストとして、「クレームが、明細書および審査経過を参酌して解釈した場合、当業者に合理的確実性を以って発明の範囲を告知できていない（if its claims, read in light of the specification delineating the patent, and the prosecution history, fail to inform, with reasonable certainty, those skilled in the art about the scope of the invention）」場合に、明確性違反となると判示しました。

　この「合理的確実性（reasonable certainty）」テストは、従前の「解決できないほど不明瞭（insolubly ambiguous）」テストより明確性違反となる基準を緩和するものであるため、この Nautilus 最高裁判決以降、裁判所でより明確性違反が認定されやすくなりました。

4. 明確性要件判断におけるクレーム用語の解釈

　上記のとおり、米国特許法 § 112（b）では、まず、クレームに記載された文言の意義が、明細書中の記載を参酌して解釈されます。もちろん、クレーム文言とまったく同じ文言どおり（*ipsis verbis*）を明細書に再度記載する必要はなく[5]、クレーム文言と明細書中の記載の対応が当業者にとって理解できれ

---

[4]　*Nautilus Inc. v. Biosig Instruments Inc.*, 572 U.S. 898（2014）

[5]　*Ex-parte Holt*, 19 USPQ2d 1211, 1213（B.P.A.I. 1991）

ば問題ありません。

　発明者は、自分の発明をクレームするにあたり、クレーム文言の辞書編集者（his own lexicographer）となれるとされている[6]ので、特許出願時に、クレーム文言についての出願人が望む定義を明細書中に記載しておけば、たとえ、辞書などにあるその用語の通常の意味とは異なる定義が明細書中にされていたとしても、明細書中に出願人によってされた定義が優先されて用いられ、クレーム文言が解釈されるものとされています。たとえば、辞書中の専門用語（terminology）は、必ずしも最先端技術にキャッチアップしているものとはいえず、新規なクレーム発明で用いられるクレーム文言をすべてカバーできるわけではないからです[7]。

　ただし、クレーム文言の定義が明白に明細書中にされていなければなりません。対応記載がないか、明細書中のどこが対応記載に相当するのか明白でないと、明確性要件違反となってしまいます。クレーム文言を解釈するのに用いられる辞書の中でも、学術辞典（scientific dictionary）でない通常の辞書は、特定の技術分野での用語と異なる場合があり、技術分野に即した学術辞典での定義が優先されます[8]。

　なお、特許出願審査中は、クレームは、明確性要件を判断する場合であっても、合理的に最も広い範囲で解釈されます（Reasonably Broadest Interpretation：BRI）[9]。出願人には、クレームを補正する機会が認められているからです。

5. 明確性要件違反を理由とする拒絶理由の類型

（1）先行記述（Antecedent Basis）のない場合

　クレーム中では、ある構成要件について、最初には、"a"、または "an" を用い、次からその構成要件を記載する際には、"the"、または "said" でその

---

[6] *Lear Siegler, Inc. v. Aeroquip Corp.,* 733 F.2d 881（Fed. Cir. 1984）

[7] *Fromson v. Advance Offset Plate, Inc.,* 720 F.2d 1565（Fed. Cir. 1983）

[8] *AFG Industries, Inc. v. Cardinal IG Company, Inc.,* 239 F.3d 1239（Fed. Cir. 2001）

[9] *In re Zletz,* 893 F.2d 319（Fed. Cir. 1989）

構成要件を参照する必要があります。逆に、最初に出てきた構成要件に "the" や "said" を用いることはできません。

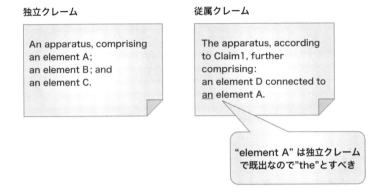

独立クレーム

An apparatus, comprising an element A;
an element B; and
an element C.

従属クレーム

The apparatus, according to Claim1, further comprising:
an element D connected to an element A.

"element A" は独立クレームで既出なので"the"とすべき

（図20：クレーム間の先行記述）

　審査官は、クレームを読んだだけでこの先行詞についてこのチェック（先行記述（antecedent basis）の有無）をすることができるので、実務上はこの先行記述欠如が、米国特許法§ 112（b）の明確性要件違反としてもっとも頻繁に理由とされます。

　この先行記述のルールは、同じクレームの中でも適用されますし、独立クレームとその独立クレームに従属する従属クレームの間でも適用されます。

（2）機能的限定（Functional Limitation）を用いた場合

　機能的限定とは、クレーム発明についてのある限定（element）を、「それが何か（どのような構造か）（what it is)」ではなく、「何をするか（どのような機能を果たすか）（what it does)」について記載した限定をいいます。もちろん、ある限定を構造で特定するか、機能で特定するか、は出願人の自由なので、機能的限定をしたからという理由だけで直接明確性要件違反とされることはありません [10]。

　ただし、こうした機能的限定は、米国特許法§ 112（f）の、いわゆるミー

---

[10] *In re Swinehart*, 439 F.2d 210（CCPA 1971)

ンズ・プラス・ファンクション・クレーム（means plus function claim）（第8章第3項で後述）に相当すると判断される場合が多く、いったんこのミーンズ・プラス・ファンクション・クレームと判断されると、米国特許法§ 112（f）に明文で規定されているとおり、明細書中に記載されたその機能を果たす構造およびその均等物（structure and equivalent thereof）に限定してクレームが解釈されなければなりません。

米国特許法§ 112（f）は、出願人に広範な表現（generic means expression）を認めるかわりにクレームの解釈に限定を付加したものだからです。このため、機能的限定が、ミーンズ・プラス・ファンクション・クレームと判断されてしまうと、その機能的限定に相当する構造は、常に明細書中に明示的に記載されている必要があります。機能的限定に相当する構造が記載されていないと、たとえ、当業者にとっては機能的限定の意味するところが理解できるものであっても、つまり、ミーンズ・プラス・ファンクション・クレーム以外の場合には明確性要件違反とはならない場合であっても、明確性要件違反となってしまいます[11]。このため、ミーンズ・プラス・ファンクション・クレームは、明確性違反と認定されやすいクレームの記載方法といえます。

（3）相対的表現の場合

クレーム中に、「約（"about"）」、「実質的に（"substantially"）」、「〜に近い（"close to"）」などの相対的表現を用いた場合、明確性要件違反の理由とされることがよくあります。ただし、当業者が、明細書中の対応記載を参照して、先行技術とクレームされた主題とを区別できる程度に（distinguish the claimed subject matter from the prior art）明確といえれば、明確性要件違反とはなりません[12]。

6. 立証責任

特許出願の審査段階では、審査官が審査対象の特許出願に特許性がないことについての一応の立証責任（prima facie case of unpatentability）を負うので、審査官は、米国特許法§ 112（b）の記述要件違反の拒絶理由を発するために

---

[11] *In re Donaldson Co.*, 16 F.3d 1189 (Fed. Cir. 1994) (en banc)

[12] *Ecolab Inc. v. Envirochem Inc.*, 264 F.3d 1358 (Fed. Cir. 2001)

は、当業者が、明細書の記載に照らしてクレームを解釈した場合に、クレームの範囲が明確とはいえないことについての一応の立証責任を負い、その証拠または理由を示さなければなりません[13]。

　一方、特許権侵害訴訟などで米国特許法§ 112（b）の明確性要件違反を理由に特許の無効を争う場合には、侵害訴訟の被告など、無効を争う者が、米国特許法§ 102、§ 103 などの先行技術を理由とする無効と同様、明瞭かつ確実な証拠（clear and convincing evidence）をもって無効を立証しなければなりません。いったん特許となった後には、特許は有効なものであるとの推定が働き（米国特許法§ 282）、米国特許法§ 112（b）の明確性要件違反はこの推定の覆滅事由になるため、より高い立証負担が課されるからです。

　なお、明確性要件を争い、クレームの範囲が明確であると主張立証するためには、規則§ 1.132 の宣誓供述書または宣言書で専門家証言（expert testimony）などを提出することができます。単なる反論では、明確性要件違反を覆すことは困難です。

7. 明確性要件違反の拒絶（rejection）とオブジェクション（objection）

　Festo 最高裁判決（第 8 章第 2 項で後述）以来、米国特許法§ 112（f）の明確性要件違反の拒絶に対応してした補正であっても、クレームを狭める補正（narrowing amendment）は、審査経過禁反言（Prosecution History Estoppel : PHE）が適用され、均等論（Doctrine of Equivalence）の適用が除外されてしまいます。特に Festo 最高裁判決以降、クレームの記載が不明確である場合に、これを理由とする米国特許法§ 112（b）違反の拒絶理由が発せられるのではなく、クレームの補正を示唆するオブジェクションが発せられることがあります。オブジェクションに対応してされた補正であれば、審査経過禁反言の適用外となりうるものとされています。ただし、明確性について拒絶理由を発するかオブジェクションを発するかは、審査官の裁量なので、拒絶理由とされたことについて反論することはできません。

---

[13]　*In re Alton*, 76 F.3d 1168（Fed. Cir. 1996）

第5項 ダブル・パテント
（Double Patenting）

　特許権は、一人の発明者だけに与えられる排他権なので、当然に、1つのクレーム発明について与えられる特許権は1つだけでなければなりません。ダブル・パテントの法理（doctrine of double patent）とは、クレーム発明同士を対比し、同じ発明者に対して、1つのクレーム発明について、複数の特許が付与されるのを排除するための法理です。そして、同じ発明者に対してのダブル・パテントを禁ずるためにされるのがダブル・パテントの拒絶です。一人の特許権者が、同じ発明またはその自明な改良（same invention or an obvious modification thereof）について再び特許を得ることを許せば、実質的にその特許権者に特許の存続期間を延長することを認めることになってしまうからです[1]。

1. ダブル・パテントの拒絶とダブル・パテントの引用例

　審査対象のクレーム発明と、同一か又は自明なクレーム発明を有する特許出願または特許であって、同じ発明者（出願人）がした先願がある場合に、ダブル・パテントの拒絶を受けることになります。出願日が同日でもダブル・パテントとなります。

　先願が米国特許法§102や§103の先行技術（prior art）に該当しなくても、審査対象のクレーム発明と同一か自明なクレーム発明を有している特許出願または特許であれば、ダブル・パテントの拒絶の引用例になります。

2. ダブル・パテントによる拒絶の種類

　ダブル・パテントには、次の2種類があります。
（1）法定のダブル・パテント（statutory double patenting）
　同じ出願人または譲受人の先願の特許出願または特許のクレーム発明が、

---

[1] *In re Longi*, 759 F.2d 887 (Fed. Cir. 1985)

審査対象のクレーム発明と同一発明（same invention）である場合です。

　米国特許法 § 101 は、「新規かつ有用な発明をした者が特許（a patent）を得ることができる」旨規定しており、この米国特許法 § 101 の "a patent" が単数形であることが、法定のダブル・パテントの根拠とされています。同一発明である、とは、双方のクレーム発明が、実質的に同一の主題（substantially identical subject matter）の発明であることを意味します。

（2）判例法上のダブル・パテント（judicially created double patenting）

　米国特許法 § 101 は、同一の発明については規定していても、自明な範囲にある複数のクレーム発明についても 1 つしか特許を付与しない、とは規定していません。

　米国特許法上に規定はありませんが、審査対象のクレーム発明が、同じ出願人または譲受人の先願の特許出願または特許のクレーム発明と、同一とはいえなくとも自明な改良（obvious modification）に過ぎない場合には、判例法上のダブル・パテントが適用されます。法定のダブル・パテントと異なり、米国特許法上に明文の根拠はなく、法定のダブル・パテントの法理が拡張されたものです[2]。

　ある発明から派生する自明な改良についてした次々にする特許出願に、先願の特許とは別に特許を付与したのでは、実質的に、同じ特許権者が、1 つの発明について本来の特許の存続期間を超えて排他権を与えることになってしまうからです。自明タイプのダブル・パテント（obviousness-type double patenting）とも呼ばれます。自明であるとは、審査対象のクレーム発明が、先願のクレーム発明からみて、特許性がない（not patentably distinct）ことを意味します。非自明性の特許要件を規定する米国特許法 § 103 の「自明（obvious）」と同義ですが、審査対象のクレーム発明と対比されるのは、先願の明細書および図面の開示全体ではなく、先願のクレーム発明だけです。

---

[2]　*In re Goodman*, 11 F.3d 1046（Fed. Cir. 1993）

3. ダブル・パテントの判断基準

（1）法定のダブル・パテントの判断基準

　先願のクレーム発明の範囲と後願のクレーム発明との範囲が一致する場合に、同一の発明であると認定され[3]、法定のダブル・パテントの拒絶を受けます。どちらかのクレーム発明の範囲が他方より広い場合には、法定のダブル・パテントは成立しません。

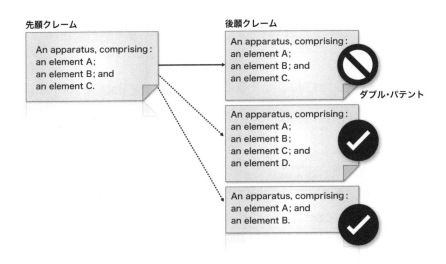

（図21：法定のダブルパテント）

（2）判例法上のダブル・パテントの判断基準

　後願のクレーム発明が、先願のクレーム発明からみて特許性がない（not patentably distinct）場合に、自明な発明であると認定され、判例法上のダブル・パテントの拒絶を受けます。

　特許性があるかどうかの判断基準は、審査官が限定要求（restriction requirement）を出す場合に用いられるもの、つまり 1 つの特許出願が、特許

---

[3]　*In re Vogel,* 422 F.2d 438（CCPA 1970）

性がある程度に区別可能な（patentably distinct）複数の発明を含むかどうか、と同様です。要するに、先願のクレーム発明を引用例として後願のクレーム発明が自明（obvious）であるかどうかの認定なので、自明であることを示すために、審査官は他の先行技術などと先願のクレーム発明を組み合わせることもできますし、米国特許法 § 103 の非自明性の判断で考慮される二次的考慮事項（secondary consideration）を参酌することもできます。

　どちらかのクレーム発明の範囲が他方より広い場合であっても、自明タイプのダブル・パテントは成立します。

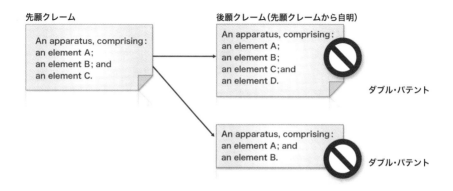

（図22：判例法上のダブル・パテント）

4. 発明者の共通

　先願の発明者と審査対象の後願の発明者とが同じ場合に、ダブル・パテントの拒絶を受けます。さらに、発明者が完全に同じである場合の他、発明者が異なっても譲受人（assignee）が同じである場合、発明者が一部共通する場合にも、ダブル・パテントが適用されます。

5. ターミナル・ディスクレイマー（terminal disclaimer）

　ターミナル・ディスクレイマーとは、発明者自身またはその譲受人が持つ

先願発明（同一発明者の先願発明）を引用例として、ダブル・パテントを理由に出願が拒絶された場合に、後願の特許の存続期間を、先願の特許の存続期間に合わせて終了させる宣言をいい、自明タイプのダブル・パテントの拒絶を受けた場合の対処です（米国特許法 § 253）。

このターミナル・ディスクレイマーを宣言すると、先願の特許の存続期間満了時に後願の特許も失効することになります。ただし、先願が同一クレーム発明を有する場合に受ける法定ダブル・パテントの拒絶の場合には用いることはできず、先願クレーム発明から自明なクレーム発明であると認定された自明タイプのダブル・パテントの場合にだけ、ターミナル・ディスクレイマーを宣言することによってダブル・パテントの拒絶を解消することができます。ダブル・パテントが禁止される趣旨は、同一発明について、実質的に特許の存続期間を延長することを防止する点にあり、後願の特許が先願の特許とともに存続期間が満了するのであれば、存続期間の延長は生じないからです。

このターミナル・ディスクレイマーは出願全体について宣言するもので、クレーム単位で宣言することはできません（規則 § 1.321（b）、MPEP 1490）。このため、自明タイプのダブル・パテントの拒絶を受けた場合には、ダブル・パテントで拒絶されたクレームだけを分割出願によって別出願とし、その分割出願についてだけターミナル・ディスクレイマーを宣言すれば、同じ特許出願中の拒絶されていないクレームについては、本来の存続期間満了までの保護を享受することができます。

また、ターミナル・ディスクレイマーは、同じ発明者、譲受人が先願の特許と後願の特許出願を持っている限りで有効な手続きです。ターミナル・ディスクレイマーをすることによって拒絶を解消し、受けた特許が、後になって、先願の特許か後願の特許のどちらかだけが他人に譲渡された場合には、後願の特許は権利行使不能（unenforceable）になってしまいます。

Column 3.

損害賠償

（Damage Compensation）

米国の特許権侵害訴訟では、非常に高額な損害賠償額が認められて耳目を集めることが少なくありません。

米国特許法 §284 は、損害賠償のフレームワークとして、いわゆる逸失利益（lost profit）を規定するとともに、最低額として合理的ロイヤリティ（reasonable royalty）の額を保証しています。

さらに、米国特許法 §284 は、裁判所に、懲罰的賠償として実際の損害の 3 倍までの賠償額を認定する裁量を与えています。条文には限定がありませんが、主に故意侵害の場合に問題となります。米国には特許権侵害の刑事罰がありませんが、特許権侵害の民事訴訟で懲罰的賠償を認めることで特許権侵害への抑止力を高めています。逸失利益と合理的ロイヤリティは併せて請求することができます。

逸失利益に基づく損害賠償請求は、特許権者が特許製品を販売していただけでは足りず、Panduit ファクタと呼ばれる以下の 4 つを立証しなければなりません。

ⅰ）特許製品への需要が存在すること

ⅱ）非侵害の代替品が存在しないこと

ⅲ）需要を満たすための製造能力、営業力があること

ⅳ）特許製品の販売によって得られたであろう利益の額

合理的ロイヤリティの額を算定するには、Georgia-Pacific ファクタと呼ばれる 15 のファクタが考慮されます。15 ものファクタは、コラムの枠では挙げきれませんが、既存のライセンス料率、類似特許のライセンス料率、ライセンスの内容・範囲、侵害被疑者との競合関係、特許発明の性質などの他、仮想的ネゴシエーション（hypothetical negotiation）で想定されるロイヤリティを含むもので、事案に応じて該当するファクタが使用されます。

米国には、ロイヤリティを算定するためのロイヤリティベースを製品全体の価格とする Entire Market Value（EMV）ルールがあり、この EMV ルールで算定された合理的ロイヤリティは部品ベースで算定された場合より当然に高額化します。AIA 改正前には EMV ルールの適用を禁止する米国特許法 §284 の改正も議論されました。

2012 年の LaserDynamics Inc. v. Quanta Computer Inc. CAFC 判決[1] は、合理的ロイヤリティは、原則、「販売可能な最小単位（Smallest Salable Patent-Practicing Unit：SSPPU）」をベースに算定されるべきであり、製品全体の価格をロイヤリティベースにできるのは、特許技術で実現される機能が実際に需要を喚起する唯一の根拠となっている場合に限定されると判示し、合理的ロイヤリティの算定における EMV ルールの適用を制限しました。

一方、2018 年の WesternGeco L.L.C. v. Ion Geophysical Corp. 最高裁判決[2]（以下、「WestenGeco 最高裁判決」）は、米国特許法 §271（f）（2）に規定される、外国で侵害品として組み合わされることを意図しつつ、「米国内ま

---

[1] *LaserDynamics Inc. v. Quanta Computer Inc.*, 694 F.3d 51 (Fed. Cir. 2012)
[2] *WesternGeco L.L.C. v. Ion Geophysical Corp.*, 138 S.Ct. 2129 (2018)

たは米国から特許発明の専用部品を供給ないし
輸出する行為」に基づく侵害が立証された場合、
米国内での逸失利益だけでなく、海外で逸失し
た利益も含めて損害賠償することができると判
示しました。WesternGeco 最高裁判決が米国
特許法 §271（f）(2) に規定される部品供給によ
る侵害行為以外にも適用され得るかは明らかで
はありませんが、海外で行われた特許発明の実
施行為によって生じた海外での逸失利益を損害
賠償に含めることが認められたことで、逸失利
益に基づく損害賠償額の高額化の要因が増えた
ことになります。

第4章
各種特許出願
(Various Types of Patent Application)

第 1 項　AIA 改正後の特許出願
（Application Filing under AIA）

AIA 改正は、実体的特許要件だけでなく、手続的、方式的要件も大きく緩和しました。

最も大きな改正点は、発明者から特許を受ける権利を譲受した譲受人（assignee）による出願を認めたことです。

1. 譲受人による出願（assignee filing）

（1）発明者 ≠ 出願人

AIA 改正前は、発明者が出願人でなければなりませんでした。

米国で、発明者にのみ特許出願を認めていたのは、米国憲法 1 条 8 節 8 項で「発明者に排他権を与える」と規定されていたことと、米国特許法 § 101 に「発明をした誰もが特許を取得することができる（whoever invents… may obtain a patent therefor）」と規定されていたことを厳格に解釈していたことによります。

AIA 改正により、クレーム発明の発明者として記載されている者以外でも出願人となれることとなりました（米国特許法 § 118）。

特許出願の出願人は、発明者が発明を譲渡した、または譲渡する義務を有する者、そうでなければ出願についての十分な所有利益を示した者（person who otherwise shows sufficient proprietary interest in the application）、と定義されています（米国特許法 § 118）。出願人は法人でもよく、これにより発明者が所属する企業が出願人として特許出願できるようになりました。米国特許法 § 118 の出願人としての適格を証明する書類（譲渡証書等）は、必ずしも出願時に提出する必要はなく、特許発行料支払いまでに提出します（規則 § 1.46 (b)(1)）。

（2）出願データシート（Application Data Sheet：ADS）

発明者および出願人は、出願データシート（Application Data Sheet：ADS）に記載されます。出願データシートに出願人の記載がない場合、記載された

発明者が出願人とみなされます。

　出願データシートは常に必要とされるわけではありませんが、発明者以外の出願人 (non-inventor applicant) を特定する場合や、外国優先権や国内先出願に対する優先権を主張する場合 (規則 § 1.55)、出願データシートを提出しなければなりません。なお、PCT 国際特許出願について、出願データシートは必須ではありません。

2. 通常の出願 (non-provisional application)

　通常の出願は以下の 3 種類です。

ⅰ). 米国特許庁にされる米国特許出願 (米国特許法 § 111 (a))

ⅱ). 米国特許法 § 371 の国内移行手続きを経て米国に係属する PCT 国際特許出願

ⅲ). PCT バイパス出願

　PCT バイパス出願とは、米国特許法 § 371 の国際移行手続きをバイパス (迂回) して、PCT 国際特許出願への優先権を主張して継続出願 (米国特許法 § 120) としてされる米国特許出願です。

　PCT バイパス出願は、新たな米国特許出願として取り扱われるため、PCT 規則に制約されません。このため、PCT バイパス出願の単一性は、PCT 規則 13 に規定される単一の一般的発明概念 (single general inventive concept) の単一性基準ではなく、米国の単一性基準で判断されて、限定要求が発行されます。

　PCT バイパス出願は、PCT 国際特許出願の開示に対して新規事項を追加することができ (Continuation-in-Part : CIP)、新たな宣言書を提出することにより発明者の構成を変更することもできます。また、PCT バイパス出願は新たな米国特許出願なので、英語以外の言語でされた PCT 国際特許出願の逐語訳である必要もありません。

　特許法条約 (Patent Law Treaty : PLT) は、特許出願手続きの簡素化を目指す条約です。米国はこの PLT を国内法に反映させる PLT Implementation Act (PLTIA) を 2012 年に立法しました。AIA 改正後は、出願日認定のため、クレームを出願とともに提出することは要しないとされ、出願後の提出が認め

られるようになりました（米国特許法§ 111 (a)(3)）が、これは PLT の規定を受けたものです。クレームなしで出願された特許出願に対しては、少なくとも 2 か月の期間内にクレームの提出を求める通知が発行されます。

PLTIA はまた、先の出願を参照することにより行う参照出願（reference filing）を可能にしました（米国特許法§ 111 (c)、規則§ 1.57 (b)、MPEP 608.01 (p) I (a)）。

参照される先の出願は、外国特許出願、PCT 国際特許出願、仮出願、または通常の米国出願を含みます。参照出願をすることにより、参照される先の出願の明細書および図面は適法に参照出願に組み込まれます。出願用の明細書や図面を準備する時間がない緊急の場合に有効です。先の出願の明細書および図面（並びにその翻訳）は所定期間内に提出が求められます。

3. スモールエンティティ（small entity）

出願人がスモールエンティティ（small entity）である場合、ほぼすべての米国特許庁料金が 50% 減額になります。

米国特許庁料金の 50% 減額を享受できるスモールエンティティとは、個人、従業員数 500 人以内の小規模企業、大学等の非営利団体（nonprofit organization）です。小規模企業か否かを判断するための従業員数は、関連会社を含めてカウントされます。

証明書等の提出は不要で、申請は出願データシート（ADS）のチェックボックスにチェックを入れるだけです。

ただし、共同出願の場合は、すべての出願人がスモールエンティティの要件を満たさなければなりません。また、ライセンサーがスモールエンティティであったとしても、ライセンシーがスモールエンティティの要件を満たさなければ適法ではありません。

スモールエンティティであるとの不正な申告は、不衡平行為（inequitable conduct）の理由となりえます[1]。

---

[1] *Ulead Sys., Inc. v. Lex Computer & Mgmt. Corp.*, 351 F.3d 1139 (Fed. Cir. 2003)

　マイクロエンティティは、主要な米国特許庁の料金を 75% 減額する制度であり、AIA で導入されました。マイクロエンティティでの料金減額を利用するには、出願人がスモールエンティティの要件を満たすことに加えて、以下の要件が課されます。

　ⅰ). 過去に発明者として記載された米国特許出願の件数が 4 件までであること、

　ⅱ). 昨年の総収入が米国特許庁の定める上限値を超えないこと

4. 宣誓供述書または宣言書（oath or declaration）

（1）発明者の陳述

　特許出願は、発明者の氏名を含まなければならず（米国特許法§ 115 (a)）、宣誓書または宣言書（oath or declaration）が提出されなければならない（米国特許法§ 115 (b)）ものとされています。

　宣誓書または宣言書は、出願時に提出される必要はありませんが、許可通知（notice of allowance）の際に指定された期間内に提出されていなければ、特許出願は放棄されたものとみなされます（規則§ 1.53 (f)(1),(3)）。

　宣誓書（oath）は公証人の面前で発明者により署名されなければならず、宣言書（declaration）はこのような公証が不要であるため、実務上は専ら宣言書が使用されます。

　AIA 改正後も、発明者は、宣誓書または宣言書に署名して出願時に提出しなければなりません。この宣言書は、自身がオリジナルの発明者または共同発明者である旨の発明者の陳述を含みます。この宣誓書または宣言書は、譲渡証書（assignment document）中に含めて署名することもできます。

　宣誓書または宣言書で、発明者は下記の事項について宣誓または宣言する義務を負います（規則§ 1.63）。

　ⅰ). 自身がクレーム発明のオリジナルの発明者または共同発明者であること

　ⅱ). クレームを含む出願の内容をレビューし理解したこと

　ⅲ). 規則§ 1.56 に規定される情報開示義務（duty to disclose）を確認すること

　なお、AIA 改正後は、後者ⅱ). およびⅲ). は規則上、宣誓書または宣言書の項目としては規定されていませんが、これらの 2 点は宣誓書または宣言書

に署名する条件とされているため（規則§ 1.63（c））、実質的に変更はなく、実務上は、多くの宣言書のフォーマットに確認的に含まれています。

（2）発明者の陳述内容の訂正

　宣誓書または宣言書の陳述内容については、訂正が認められており（米国特許法§ 115（h）（1））、この米国特許法§ 115（h）（1）に従って宣誓書または宣言書の瑕疵が治癒された場合、特許はその宣誓書または宣言書の瑕疵によって無効または権利行使不能にされることはありません（米国特許法§ 115（h）（3））。

　一方、宣誓書または宣言書における故意の虚偽陳述（willful false statement）は、罰金や懲役の可罰対象となります（米国特許法§ 115（i））。

　特許出願の発明者記載に誤りがあった場合、発明者記載の訂正（correction of inventorship）（米国特許法§ 116）が認められています。

　AIA 改正前は、発明者記載を訂正するには、発明者記載の誤りに「詐欺的意図がないこと（without deceptive intent）」が必要とされていましたが、AIA 改正によりこの主観的要件は条文から削除されました（規則§ 1.48）。

　なお、発明者記載の誤りは、正しい発明者を記載した継続的出願（continuing application）をすることによっても治癒することができますが、誤った発明者と正しい発明者との間にまったく重複がない場合、先の出願日を基準とする優先権の利益は失われてしまいます。発行された特許における発明者記載を訂正するには、再発行（reissue）を請求することができます。

5. 早期審査

　米国には出願審査請求制度がないため、米国特許出願は、技術分野ごと、基本的には出願された順に審査に付されます。

　早期権利化を希望する場合、次のオプションがあります。

　ⅰ）. 早期審査の請願書（petition to make special）

　ⅱ）. 早期審査（accelerated examination）

　ⅲ）. 優先審査（prioritized examination）（Track I）

　ⅳ）. 特許審査ハイウェイ（Patent Prosecution Highway：PPH）

　ⅰ）. の早期審査の請願書（規則 § 1.102 petition）は、出願が特別に取り扱われるべき事由として、出願人の高齢や健康問題があること、または発明が実質的に環境の質を向上するか、エネルギー資源開発やテロ対策に貢献するものであることを必要とするもので、利用できる場面は限定的です。

　ⅱ）. の早期審査（accelerated examination）は、12 か月以内に特許性の判断を得ることを目標とする制度で、出願係属中いつでも請求することができます。早期審査の請求には特別な事由は必要ありませんが、早期審査の請求に際して、早期審査の請願書とともに、早期審査サポート文書（Accelerated Examination Support Document：以下「AESD」）を提出しなければなりません。この AESD は、他の早期権利化のオプションでは求められず、早期審査でのみ必要とされるものですが、出願人に出願前の先行技術サーチと、クレーム発明と先行技術との対比と、各クレームが特許性を有することの説明を要求し、その文書化された内容の提出を求めるものです。

　米国ではこのような出願人の特許性に関する陳述は、審査経過禁反言を引き起こし、後に特許クレームの限定解釈の根拠とされてしまうおそれがあります。

　なお、早期審査を請求するには、クレームの数に制限があり、独立クレーム 3 項まで、全クレーム 20 項までにしなければなりません。

　ⅲ）. の優先審査は、AIA で新設されたオプションで、早期審査と同様、12 か月以内に特許性の判断を得ることを目標とする制度ですが、出願と同時に請求しなければなりません。費用は数千ドルのオーダーで高額ですが、AESD の提出は不要です。優先審査はオリジナルの特許出願についても、継続審査請求（RCE）でも、請求することができます。前者をトラックⅠ（Track I）と呼びます。

　優先審査を請求するには、クレームの数に制限があり、独立クレーム 4 項まで、全クレーム 30 項までにしなければなりません。

　トラックⅠ優先審査は、出願人が期限の延長を請求した場合、またはクレームの数の制限を超えるような補正をした場合に優先的な取扱いが終了し、通常の審査トラックに戻されます。

　ⅳ）. の特許審査ハイウェイ（PPH）は、第 1 国の審査結果を利用して審査

を行う各国の特許庁が協力し合うグローバルなフレームワークで、第 1 国で許可可能とされたクレームに対応する（corresponding）クレームで米国特許出願することを要件に、実体的な局指令（オフィス・アクション）が発行される前に、早期審査を請求することができます。

　特許審査ハイウェイ（PPH）は、第 1 国の審査結果を利用するので、AESD の提出は不要であり、早期審査のための料金も不要です。

第 2 項　仮出願（Provisional Application）

　仮出願（provisional application）とは、後に通常の米国出願（non-provisional application）（米国特許法 § 111（a）、§ 規則 1.53（b））をすることを前提として米国に行う、まさに仮にする出願をいいます（米国特許法 § 111（b）、規則 § 1.53（c））。

　仮出願自体が審査されることはなく、仮出願日から 12 か月以内に後の出願として通常の米国出願をしないと、仮出願は自動的に放棄されたものとして扱われます。つまり仮出願は、後に通常の出願をしない限り特許となることはありません。仮出願の制度は、個人や大学の発明者が安価かつ簡易にいち早く米国特許出願日を確保できるよう、1995 年から導入された制度です。パリ条約の優先権主張を伴って仮出願をすることはできないので、米国を最初の出願国とする場合にしか利用することはできません。

1. 仮出願制度の沿革

　米国も世界貿易機関（WTO）の GATT 協定（General Agreement on Tariffs and Trade）の加盟国なので、1994 年に成立した WTO 設立協定附属書 1C の TRIPS 協定（Trade-Related aspects of Intellectual Property rights）が規定している「出願日から 20 年」という特許の存続期間を国内法で遵守する必要があります。このため、米国は、1994 年に特許法を改正し、従来は特許付与時から 17 年だった特許の存続期間を、出願日から 20 年に改正しました（米国特許法 § 154）。

　ところが、この存続期間の改正時に、議論が生じました。つまり、外国からパリ条約の優先権を主張して米国特許出願した者には外国の出願日から起算すると事実上 21 年間（米国出願日から 20 年＋優先期間 1 年）の存続期間が与えられるのに対して、米国内で最初に特許出願する米国の出願人には最大 20 年の存続期間しか与えられないのでは、米国の出願人に実質的に不利である、というものです。1994 年の米国特許法改正前は、最終的に特許付与

された時点が特許の存続期間の起算点となるので、最初の特許出願から特許付与までに要した期間は特許の存続期間とは無関係で、継続出願などをしても特許の存続期間が短くなることはなかったためです。

これに対して、1994年の米国特許法改正後は、米国にした最初の出願日が特許の存続期間の起算点となるので、継続出願などをして審査期間を長引かせれば、それだけ特許の存続期間が短くなってしまうという問題が生じます。このような事情から、「出願日から20年」という特許の存続期間に関する米国特許法改正には、反対意見が多く表明され、こうした反対意見にも配慮する必要がありました。

この問題を解決し、米国内で最初に特許出願する出願人にも、最大21年の特許の存続期間が与えられる制度として、仮出願日ではなく、後にする通常の特許出願日を存続期間の起算点とする仮出願制度が導入されました。

2. 仮出願をするための要件

仮出願をするために必要な出願書類は、次のとおりです。

ⅰ）. 明細書

ⅱ）. 必要な図面

仮出願をして仮出願日を確保するためには、クレームは不要とされています（米国特許法§111（b）（2）、規則§1.53（c））。

仮出願をする場合には、出願データシート（ADS）に仮出願であることを明記しなければなりません。また、仮出願自体が審査されることはありませんが、仮出願の明細書が、米国特許法§112（a）の記載要件である記述要件、実施可能要件を満たしたものでないと、後の通常の出願が仮出願日の利益を得ることができません。

なお、米国特許法§112（a）のベストモード開示要件を満たしていることは、AIA改正により、仮出願日の利益を得るための要件ではなくなりました。

出願データシートには、発明者名を記載すれば足り、発明者が署名した宣誓供述書または宣言書（oath or declaration）は不要です。

仮出願自体が審査されることはないので、英語以外の言語で出願すること

もできますし、仮出願について英語の翻訳が要求されることもありません。

　出願費用は、通常の出願と比較して遥かに安価であり、クレームが記載されていても審査されないため、クレーム数によって変動することはありません。

　このように、仮出願にはクレームが不要ではあるものの、時間的猶予があれば、仮出願に少なくとも 1 つのクレームを記載しておくことが推奨されます。発明者が誰となるかはクレーム発明によって決定されるため、後にされる通常の出願で初めてクレームを記載すると、仮出願の発明者と通常の出願の発明者とが一致しない可能性が生ずるからです。

　仮出願に基づいてされた通常の特許出願が特許になった場合、その存続期間は、通常の特許出願日を起算点として 20 年となります。つまり、仮出願日からすると、最大で 21 年間の特許の存続期間が認められることになります。

3. 仮出願は米国特許出願

　仮出願に基づいて後にした通常の米国出願は、仮出願日の出願日を基準に、新規性や非自明性などが判断されます。パリ優先権主張出願（米国特許法§ 119）も、基本的には外国にした優先権の基礎となる出願日（優先日）を基準に新規性や非自明性などが判断されますが、仮出願はあくまで米国特許法にいう「米国出願」であるため、AIA 改正前は、パリ優先権主張出願と比較して、以下の相違点がありました。

・仮出願の米国特許法旧§ 102（e）に規定される先願未公開出願の先行技術としての効果は仮出願日から生じるが、パリ優先権主張出願の先願未公開出願の先行技術としての効果は優先日ではなく米国出願日以降からしか生じない

・仮出願では、米国特許法旧§ 102（b）の法定阻害事由（statutory bar）（グレースピリオド）は仮出願日を基準に判断されるが、パリ優先権主張出願では、旧§ 102（b）の法定阻害事由の基準日は優先日ではなく米国出願日となる

　ただし、AIA 改正により、パリ優先権主張出願についても、米国特許法§ 102（a）(2) の先願未公開出願の先行技術効果の基準日も、米国特許法

§ 102（b）のグレースピリオドの基準日も、米国特許出願日ではなく、有効出願日、つまり優先日となったため、仮出願との上記の相違点はいずれも解消されました。

　仮出願に基づいてされた、審査対象である通常の特許出願は、仮出願が米国特許法 § 112（a）所定の記述要件および実施可能要件を満たしているものである限り、仮出願日にされたと同じに取り扱われます（仮出願日の利益）。

4. 仮出願の制約

　仮出願は、外国にした特許出願に基づき、パリ条約に基づく優先権（priority）を主張してすることができません。また、先の米国出願の継続出願（continuing application）としてすることもできません（米国特許法 § 111（b）(7)）。このため、日本にした出願を基礎に優先権を主張して米国出願する場合には、仮出願を選択することはできません。また、仮出願を、継続出願や分割出願の基礎とすることもできません。まず、仮出願に基づいて、通常の出願をする必要があります。

　逆に、仮出願に基づいて日本を含む外国にパリ優先権主張出願や PCT 国際特許出願をすることはできます。

5. 後にする通常の出願

　仮出願に基づいてする通常の出願（non-provisional application）は、仮出願日から 12 か月以内に、基礎となる仮出願を特定して出願しなければなりません（米国特許法 § 119（e））。12 か月以内に通常の出願がされないと、仮出願は自動的に放棄されたものとみなされます。また、少なくとも仮出願の発明者のうちの一人を、発明者として共通としていなければなりません。また、米国特許法 § 112（a）の記載要件のうち記述要件および実施可能要件を具備していないと、後にした通常の出願が、仮出願日の利益を得ることができません。

6. 先行技術の効果

　仮出願は後に通常の出願をしない限り 12 か月で自動的に放棄されますので、仮出願が出願公開や公報として公表されることはありません。

　仮出願への優先権を主張して後にする通常の出願が、出願公開または特許公報の発行がされると米国特許法 § 102（a）（2）の先行技術文献となりますが、その基準時は仮出願日まで遡ることができます。つまり、後にする通常の出願の公開公報または特許公報は、仮出願日以降にされた特許出願に対する引用例となることができます。

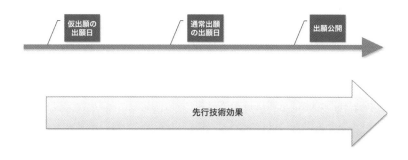

（図23：仮出願の先行技術効果）

7. 仮出願のメリット

　仮出願は安価で簡易な出願手続きであるため、個人や大学の発明者などにとって、とりあえず早期の米国出願日を確保し、その後 12 か月間に技術移転先や資本提供者が見つかった場合に通常の出願に移行することができ、便宜です。

　英語以外の言語、例えば日本語で仮出願することができるので、米国出願日を確保するために、翻訳をする必要もないため、有効出願日確保を急がなければならない場合に有効です。

　また、安価に出願することができるので、発明の具体的な実施例や実施品ごとに複数の仮出願を行い、後に 1 つの通常の出願にまとめることもできます。

優先権主張出願
（Claiming Foreign Priority）

　米国も工業所有権の保護に関するパリ条約（Paris convention）の加盟国なので、パリ条約 4 条に規定されている「外国特許出願に基づく優先権主張を伴う米国への特許出願（claiming foreign priority）」を認めなければなりません。パリ条約に規定する優先権主張出願を 1 年以内に米国にすると、外国にした先の特許出願の出願日の利益が得られるので、外国にした特許出願日から米国特許出願日までの間の引用例（米国特許法 § 102（a）(1)、§ 102（a）(2) などの引用例）を排除することができます。このパリ条約 4 条の義務を履行するために、米国特許法 § 119 は、「外国での最先の出願日から 12 か月以内に米国にされた特許出願は、その外国で同一の発明に関し最初に特許出願された日に、米国において出願されたのと同一の効力を有する」と規定しています。

　日本でされた発明は、通常日本で最初に特許出願されますので、米国での権利化を希望する場合には、PCT 国際特許出願の国内移行手続きを利用するほか、このパリ条約による外国特許出願に基づく優先権を主張して米国に特許出願することになります。

1. 優先権主張の利益

　優先権の利益（benefit of priority）が認められると、外国でした特許出願日から米国での特許出願日までの間の引用例を排除する、つまりこれらの引用例によって拒絶されるのに対して反証（rebut）して拒絶を解消することができます。

　AIA 改正前、この優先権の利益には例外がありました。法定阻害理由である米国特許法旧 § 102（b）、§ 102（d）の引用例の場合、米国での現実の出願日が基準日とされていたため、米国出願日から遡って 1 年以上前の基準日（effective date）を持つ引用例は排除することができませんでした。つまり、米国特許法旧 § 119（a）は明文で、優先権の利益の例外として、優先日では

なく米国出願日を基準日として規定していたので、米国出願日から遡って 1 年（グレースピリオドの期間）以上前の引用例（発明者による公表等）を、優先権主張を理由に排除することはできませんでした。

（図24：パリ優先権主張出願とグレースピリオド）

AIA 改正により、米国特許法 § 102（b）のグレースピリオドの基準日は、有効出願日とされましたので、外国でされた特許出願への有効な優先権を主張する米国特許出願は、優先日（外国出願日）から遡って 1 年以内の発明者による公表等を引用例から排除することができます。

2. 優先権主張出願の要件

外国特許出願に基づいて米国出願時に優先権主張をするための要件は以下のとおりです。

ⅰ）. 最先の外国特許出願日から 12 か月以内に米国出願をすること、

ⅱ）. 外国特許出願と同じ発明者であること、

ⅲ）. 優先権主張（claiming priority）をすること、

ⅳ）. 外国特許出願の認証コピー（certified copy）を提出すること（ただし特許発行料（issue fee）の支払い時まで可能）、

さらに、外国出願日（優先日）と米国出願日との間の引用例（intervening prior art）で拒絶された場合には、その応答時に、外国特許出願の認証翻訳（certified translation）を提出して、引用された引用例を取り除くことができます。後述するように、米国出願のクレームは、外国特許出願の開示によってサポートされていなければ、外国出願日（優先日）を基準とする優先権の利

益を得ることはできません。

　時期的には、米国特許法§119 に基づく優先権の主張は、特許出願の係属中（during the pendency of an application）であって、以下のいずれか遅いときまでにしなければなりません（規則§1.55）。

　・米国特許出願時から4か月以内、または
　・外国特許出願時から16か月以内

3. §120 の継続的出願との相違

　米国特許法§120 の継続的出願（continuing application）も、米国国内出願に基づいて優先権（priority）を主張するもので、米国特許法§119 の外国特許出願についての優先権主張と同様の効果をもたらすものですが、継続的出願はあくまでも「米国特許出願」であるので、以下の点で相違します。

　・米国特許法§120 の継続的出願は、親出願の係属中いつでもできるのに対して、米国特許法§119 の外国特許出願に基づく優先権主張は、最先の外国出願から12か月以内に米国出願をしなければなりません。

　・米国特許法§120 の継続的出願は、継続的出願時に親出願が係属中でなければなりませんが、米国特許法§119 の外国特許出願に基づく優先権主張は、いったん外国で適法に特許出願日が付与されていれば、米国出願時に放棄などによりすでに係属中でなくなった外国特許出願に基づいてもすることができます。

　・20年の特許の存続期間は、米国特許法§120 の継続的出願では親出願日から起算されるのに対し、米国特許法§119 の外国特許出願に基づく優先権主張出願では外国特許出願日ではなく、米国特許出願日から起算されます。

　なお、AIA 改正前は、米国特許法§119 の外国特許出願に基づく優先権主張では、米国特許法旧§102（b）のグレースピリオド起算の基準日および旧§102（a）（2）の先願未公開出願の先行技術効果の基準日が、優先日ではなく米国出願日である点で、親出願の出願日が基準日となる米国特許法§120 の継続的出願と相違していましたが、AIA 改正により、米国特許法§102（b）

のグレースピリオドの基準日および米国特許法 § 102（a）（2）の基準日がともに、有効出願日とされましたので、この相違は解消されました。

4. 米国への § 119 優先権主張時の留意点

　出願人がいったん特許明細書または図面中で、ある技術を「先行技術（prior art）」であると明示的に記載すると、たとえ、実際にはその技術が、その特許出願時に公知であった技術でなくとも、出願人により自認された先行技術（applicant's-admitted prior art）と認定され、審査官はその技術を米国特許法 § 102 の引用例として適法に引用することができます（MPEP 2129）。さらに、出願人により先行技術であると自認された技術は、米国特許法 § 103 の自明性についての引用例として使用することもできます。

　しかも、いったん出願人により自認された先行技術は、後から出願人によって先行技術ではないと反証（rebut）することはできません。例えば、ある図面に "prior art" であると記載すると、その記載によって、その図面を先行技術として取り扱うことは適法です[1]。米国出願を予定している基礎出願では、不用意な先行技術の自認とならないよう、明細書、図面の記載上注意が必要です。

5. 優先権主張と § 112（a）の記載要件

　外国での特許出願に基づく優先権を主張してされた米国特許出願のクレームは、優先権の基礎となる外国特許出願の明細書、図面による開示が、米国特許法 § 112（a）の記載要件を充足したものでなければ、先にした外国特許出願の優先日を基準とする優先権の利益は認められません[2]。

　ただし、AIA 改正により、外国基礎出願の明細書・図面の開示が、米国特許法 § 112（a）のベストモード開示要件を充足していることは、優先権の利益を認める要件ではなくなりましたので、外国基礎出願の明細書・図面の開

---

[1]　*In re Nomiya,* 509 F.2d 566（CCPA 1975）

[2]　*Forssmann v. Matsuo,* 991 F.2d 809（Fed. Cir. 1993）; *In re Gosteli,* 872 F.2d 1008（Fed. Cir. 1989）

示は、米国特許出願のクレームについて、米国特許法 § 112（a）の記述要件（written description）および実施可能要件（enabling disclosure）を充足していれば、優先権の利益が認められます。

6. ヒルマー・ドクトリン

　ヒルマー・ドクトリンとは、In re Hilmer 判決[3] によって形成された判例理論で、米国特許法旧 § 102（e）の先行技術としての効果（prior art effect）については、米国特許法 § 119 の外国特許出願に基づく優先権主張出願の引例としての基準日が、外国特許出願日ではなく、米国特許出願日となる、というものです。つまり、米国特許出願の先行技術としての効果につき、米国特許または公開された米国特許出願は、他の特許出願に対しての引用例となることができますが、その引用例としての基準日（effective date）は、外国特許出願日まで遡ることはできず、あくまで米国特許出願日までしか遡れないことになります。ヒルマー・ドクトリンはパリ条約に定める優先権の利益の規定に反するのではないかとの見解もありましたが、パリ条約での優先権の利益は、あくまで特許出願に関する利益であり引用例としての利益には言及していないと正当化されていました。

　AIA 改正前は、このヒルマー・ドクトリンの存在により、米国特許法旧 § 102（e）の先願未公開出願の引用例としての効果をいち早く得たい場合、外国特許出願時から 1 年を待つことなくできるだけ速やかに米国特許出願をする必要がありました。

　AIA 改正により、米国特許法 § 102（a）（2）の先願未公開出願の先行技術としての効果は、有効出願日、つまり優先日が基準日となると明文で規定され、ヒルマー・ドクトリンは、立法により廃止されました。

---

[3]　*In re Hilmer* (*Hilmer I*), 359 F.2d 859 (CCPA 1966); *In re Hilmer* (*HIlmer II*), 424 F.2d 1108 (CCPA 1970)

第**4**項	継続的出願 （Continuing Application）

　継続的出願とは、原出願の係属中であれば、この原出願と関連する新たな特許出願を原出願に基づいてすることができるという制度です。

　継続的出願の出願日は、原出願（親出願（parent application））の出願日（effective filing date）の優先権を主張することができる（claiming priority）[1]ので、原出願の出願日の利益を確保したまま、別途新たな出願をして審査に供することができます。ただし、特許の存続期間である 20 年は、出願日の利益が発生した親出願の出願日から起算されるので、継続的出願を繰り返していると、それだけ特許の許可を得るのが遅れ、特許権の権利行使ができる期間が短くなってしまいます。

　実務上は、原出願で最後の局指令（final Office Action）を受けてしまった後に、クレームの補正と共に再度審査を求めたい場合や、原出願には開示されていない新たな実施形態（embodiment）を追加したい場合などに頻繁に利用されています。審査官にとっても、継続的出願がされると、審査処理件数が複数カウントされ、審査のスループットが向上したことになります。

1. 継続的出願の種類

　この継続的出願（continuing application）は、3 つのタイプの出願の総称で、原出願の明細書や図面に開示された範囲（original disclosure）内でする継続出願（continuation application）と、原出願の明細書や図面に新規事項（new matter）を追加することのできる一部継続出願（Continuation-In-Part Application：以下、「CIP」）とがあります。

　前者の継続出願には、さらに、米国特許法§ 132（b）に基づく継続審査請求（Request for Continued Examination：RCE）[2] と、規則§ 1.53（b）に基づく継

---

[1]　米国で優先権主張(claiming priority)という場合には、いわゆるパリ条約の下での外国出願に基づく優先権主張の他、米国にした通常の出願や仮出願に基づく優先権主張を含みます。

[2]　1999 年の AIPA 米国特許法改正で導入された制度です。

続出願（continuation application）とに分かれます。

　なお、審査官から出願されたクレームの限定要求（restriction requirement）を受けた場合には、審査官の指定したクレーム群の中から審査を求めるクレーム群を選択しなければなりませんが、ここで選択されなかったクレーム群の審査を求めるのに利用されるのが、米国特許法§121に基づく分割出願（divisional application）で、親出願の出願日の利益を得ることができるという点では継続的出願と同様ですので、継続的出願の1つとして称されることもあります。

　また、分割出願は、限定要求が出されない場合に自発的にすることもできます（規則§1.53（b））。例えば、親出願のクレーム（例えばプロダクトクレーム）と区別されるクレーム（例えば、そのプロダクトの生産方法クレーム）について親出願の出願日の利益を得たいときに、この自発的分割出願を利用することができます。分割出願以外の継続的出願では、親出願のクレームと実質的に同じ発明（same invention）をクレームしなければならないからです。

2. 継続的出願の要件

　この継続的出願については、米国特許法§120にその出願日遡及効が規定されています。

　親出願で開示されていない新規事項を追加するために一部継続出願としたい場合は、親出願を参照（refer back）する記載中で、一部継続出願（CIP）であることを明示します。

　継続的出願は、米国仮出願（provisional application）および仮出願以外の通常の米国特許出願（non-provisional application）のいずれにも基づいてすることができます。また、PCT国際特許出願に基づいてすることもできます。これを、PCTバイパス出願といいます。

　継続的出願が親出願の出願日（effective filing date）の利益を得るためには、次の4つの要件が課されます（米国特許法§120、MPEP 201.11）。

　ⅰ）. 親出願に継続的出願のそれぞれのクレームをサポートする米国特許法

§ 112 (a) の記述要件（written description）および実施可能要件（enabling disclosure）を満たす開示があること

ⅱ）. 親出願が係属中であること

ⅲ）. 少なくとも 1 人の発明者が共通すること[3]

ⅳ）. 継続的出願の明細書または出願データシート（ADS）で親出願を参照する記載があること[4]

3. 継続的出願の効果

　上記の 4 つの要件のうち、ⅰ）. の要件を除く方式的要件を満たした継続的出願がされた場合、審査官は通常、継続的出願のクレームをサポートするⅰ）. の米国特許法 § 112（a）を満たす開示が親出願にあるかどうかについては判断することなく、親出願の出願日を基準として継続的出願を審査します（MPEP 201.08）。このため、実際に親出願に継続的出願のクレームをサポートする開示があるかどうかは、主に特許付与後のレビュー手続きや訴訟手続きなどで争われます。

　適切な開示が親出願にない継続的出願のクレームは、親出願の出願日の利益を失います。さらに、親出願の出願日と実際の継続的出願の出願日との間に引用例がある場合には、その引用例によって米国特許法 § 102 の新規性欠如や米国特許法 § 103 の自明で無効とされてしまいます。Reiffin v. Microsoft Corp. CAFC 判決[5] は、継続出願のクレームが親出願の開示にサポートされていないこと自体ではクレームは無効とされず、単に親出願の利益を受けることができないだけであると判示しています。

　継続審査請求（RCE）の場合は、新たな出願ではなく、親出願と同じ出願（same application）として扱われるので、継続審査請求（RCE）をした後に、親出願が RCE 出願とは別に審査に係属することはありません。同じ包袋(file

---

[3]　*In re Chu,* 66 F.3d 292 (Fed. Cir. 1995)は、親出願と継続出願との間で、発明者の完全な一致(complete identity of inventorship)は必要ないと判示しています。

[4]　例えば、"This is a continuation of Application No. 15 / XXX,XXX, filed on September 19, XXXX"などの記載です。

[5]　*Reiffin v. Microsoft Corp.,* 214 F.3d 1342 (Fed. Cir. 2000)

wrapper）を持つ同じ出願なので、親出願と同じ審査官によって審査されるの
が通常です。ただし、RCE 出願も新たな出願と同様に、審査官の審査処理件
数としてカウントされます。

　一方、規則§ 1.53（b）に基づく継続出願、または一部継続出願（CIP）の
場合には、親出願とは別の出願として取り扱われます。このため、これら継
続出願をしても、親出願は自動的に取り下げられる（withdrawal）ことはな
く、継続出願とともに審査に係属します。

4. 継続的出願の回数

　親出願が係属中である限り、継続的出願の回数には制限がありません。

　2007 年、米国特許庁は、審査バックログの解消と特許の質の向上を理由と
して、継続出願および継続審査請求の回数とクレーム数とを制限する規則改
正案を公表しました[6]。この規則改正案は、権利としては（as a matter of right）、
規則§ 1.53（b）に基づく継続出願の回数を 2 回まで、継続審査請求（RCE）
を 1 回までに制限し、また、独立クレーム数を 5 項、全クレーム数を 25 項
までに制限する案でした。

　2008 年、裁判所はこの規則改正案を無効とし、規則改正の差止めを認めま
した[7]。米国特許法§ 2（b）(2) により米国特許庁に与えられる規則制定権原
は、実体的な規則（substantive rule）までには拡張できず、継続出願の回数や
クレーム数を制限する規則改正案は、米国特許庁が持つ規則制定権限を超え
るものであるというのが理由です。

　米国特許庁は、2009 年、最終的に規則改正案を取り下げたため、規則改正
には至りませんでした。

---

[6]　"Changes to Practice for Continued Examination Filings, Patent Applications Containing Patentably Indistinct Claims, and Examination of Claims in Patent Applications," 72 Fed. Reg. 46,716 (Aug. 21, 2007)

[7]　*Tafas v. Dudas,* 541 F.Supp. 2d 805（E.D.Va. 2008）; *Tafas v. Doll,* 559 F.3d 1345（Fed. Cir. 2009）

5. 各種継続的出願

（1）継続審査請求（RCE）

継続審査請求（RCE）は、親出願の最終拒絶の状態を取り除くためにするもので、以下の提出が必要です。

ⅰ）. 継続審査請求のリクエスト

ⅱ）. 親出願での局指令（オフィス・アクション）に対する補正、意見書、または IDS の提出

ⅲ）. RCE 請求料金（規則 § 1.17（e））

親出願での局指令に対する補正書、意見書を同時に提出しないと、継続審査請求（RCE）で受ける初回の局指令が、最初の局指令（non-final Office Action）ではなく、最終局指令（final Office Action）になってしまいます（MPEP 706.07（b））。親出願にない新規事項（new matter）を補正で追加することはできません。

また、継続審査請求（RCE）は、親出願がまだ係属中で、かつ親出願の最終局指令（final Office Action）を受けた後または許可通知（notice of allowance）を受けた後でなければすることができません。

なお、最終局指令を受けた後に継続審査請求（RCE）が必要になるのは、例えば、親出願のすべてのクレームが最終拒絶されてしまって、さらにクレームの補正が認められれば[8]特許取得可能性がある場合などです。また、許可通知を受けたあとに継続審査請求（RCE）が必要となるのは、例えば IDS で提出すべき引用例が新たに見つかった場合などです。

（2）規則 § 1.53（b）に基づく継続出願（continuation application）

この継続出願は、通常の米国出願（non-provisional application）と同様、規則 § 1.53（b）に基づいて新たに出願されるもので、親出願を参照する記載（priority reference）を含むものです。この継続出願は、親出願が係属中であればいつでもすることができます。この継続出願で、親出願にない新規事項（new matter）を補正で追加することはできません。

継続出願が必要になるのは、例えば、親出願のうち一部のクレームが許可

8　最終拒絶の後の補正は非常に制限されていて、新たなサーチを要するような実体的な補正は認められません。

されて、他のクレームが最終拒絶されてしまったとき、許可されたクレーム
について特許を取得しつつ、拒絶されたクレームについてさらに審査に係属
させたい場合などです。さらに、上記のとおり、規則 § 1.53（b）に基づく
継続出願は、親出願とは別に審査に係属しますので、極めて重要な発明につ
いて、親出願について特許を取得しつつ、継続出願によって親出願の開示に
ついての出願を意図的に審査係属させておくことによって、出願後に出現し
た競業他社製品をクレームの範囲に含むような補正をしていくことに利用す
ることもできます。

（3）一部継続出願（CIP）

　一部継続出願は、通常の米国出願と同様、規則 § 1.53（b）に基づいて新
たに出願されるもので、親出願を参照する記載（priority reference）を含むも
のです。一部継続出願も、親出願が係属中であればいつでもすることができ
ます。一部継続出願であると親出願を参照する記載で明示することによって、
親出願にない新規事項（new matter）を補正で追加することができます。

　一部継続出願が必要になるのは、親出願に開示されていない新規事項を追
加する必要がある場合、例えば、実施可能要件違反を回避するために必要な
補正が親出願の開示にはない場合や、親出願の出願後に親出願での発明の改
良を新たにした場合などです。

　一部継続出願のクレームのうち、親出願に開示されていた主題についての
クレームは、親出願の出願日の利益を得ることができますが、親出願に開示
されていない新規事項についてのクレームは、一部継続出願の出願日が基準
とされます。

　Waldemar Link GmbH & Co. v. Osteonics Corp. CAFC 判決[9] は、一部継続出願には、
それぞれのクレームについて異なる優先日が与えられ得ると判示しています。

　なお、一部継続出願をしたという事実だけでは、親出願のクレームが親出
願の明細書および図面の開示によりサポートされていなかったという出願人
の自認（admission）とはならないとされています[10]。

---

[9] *Waldemar Link GmbH & Co. v. Osteonics Corp.*, 32 F.3d 556（Fed. Cir. 1994）

[10] *Paperless Accounting Inc. v. Bay Area Rapid Transit Sys.*, 804 F.2d 659（Fed. Cir. 1986）

6. 継続的出願と§112（a）の記載要件

　継続的出願をするメリットは、親出願の出願日（effective filing date）の利益を得る点にあるのですが、米国特許法§120に明文で規定されているとおり、継続的出願のクレームが、親出願の開示によって米国特許法§112（a）の記載要件のうち、記述要件と実施可能要件を満たすようにサポートされていることが条件です。AIA改正により、ベストモード開示要件は、親出願の出願日の利益を得るための要件から除かれました。

（1）複数の親出願の組み合わせで§112の記載要件が満たされる場合

　複数の親出願の開示の組み合わせ（combination）によってはじめてあるクレームの米国特許法§112（a）の記載要件が満たされる場合には、最先の親出願の出願日の利益を得ることはできません[11]。この場合には、複数の親出願のうち、最も早い親出願の出願日に、米国特許法§112（a）でいうところの、出願人がクレーム発明を保有（possession）していたことにはならないからです。米国特許法§120は、それぞれのクレーム（individual claim）が、先の出願日の利益の主張の基礎となるただ1つの親出願（single parent application）中の開示によって米国特許法§112（a）の記載要件を満たしていることを要求するものとされています。

（2）§112（a）記載要件を満たすための参照による引用（Incorporation by Reference）

　継続的出願で先の出願日の利益を主張（claiming priority）する親出願は、継続的出願をする際にまだ米国特許庁に係属していなければならないので、すでに放棄されたりして米国特許庁に係属していない親出願を基礎として継続的出願をすることはできません。ただし、これには例外があります。

　もし、もはや米国特許庁に係属していない親出願が、続けて出願された子出願中で、参照による引用（Incorporation by Reference：IBR）によって引用されていれば、この子出願を基礎として継続的出願をした場合、IBRの参照先であるすでに係属していない親出願の開示も、継続的出願のクレームの米国特許法§112（a）記載要件のサポートに用いることができます。つまり、ま

---

[11] *Studiengesellschaft Kohle, M.B.H. v. Shell Oil Co.*, 112 F.3d 1561,1564（Fed. Cir. 1997）

だ係属中である出願が IBR によって引用している親出願がすでに米国特許庁に係属していなくとも継続的出願のクレームをサポートすることができます[12]。このため、継続的出願をする際には、親出願について先の出願日の利益を主張する記載とともに、その親出願を IBR で引用する記載を併せてしておくとよいでしょう。

(3) 審査経過禁反言との関係

　特許権者は、権利行使しようとする特許の出願審査経過中に出願人のした補正や意見書での陳述と矛盾するようなクレーム解釈を主張することは認められません。この審査経過禁反言の法理は、権利行使しようとする特許が継続的出願によって許可されたものである場合には、さらに広く適用されます。

　例えば、同じ親出願を基礎とする複数の継続的出願によって、複数の特許が許可された場合には、ある特許が許可されるまでにされたクレームの限定（claim limitation）で生じた審査経過は、同じクレームの限定を持つ他の特許のクレーム解釈についても適用されます[13]。つまり、ある出願の審査経過でされたクレームの補正や意見書での陳述は、その出願と同じクレームの構成要件（限定）を持つ他の関連特許のクレーム解釈も制約してしまいます[14]。

---

[12] *Ex-parte Maziere*, 27 USPQ2d 1705, 1706-07（B.P.A.I. 1993）は、米国特許法§120 が、継続出願のクレーム発明が先の出願にどのような形式で開示されていなければならないかについて特別の制約を規定していない以上、IBR によって組み込まれた記載も継続出願のクレーム発明をサポートする開示とすることができると判示しています。

[13] *Elkay Mfg. Co. v. Ebco Mfg. Co.*, 192 F.3d 973（Fed. Cir. 1999）

[14] *Augustine Medical,Inc. v. Gaymar Indus., Inc.*, 181 F.3d 1291（Fed. Cir. 1999）

Column 4.

特許表示
....
（Patent Marking）

米国では、特許製品への特許表示（patent marking）を怠ると損害賠償請求が制限されます。

特許侵害訴訟提起前に生じた損害に対する損害賠償を請求するためには、侵害被疑者に対する実際のまたは擬制的侵害通知（actual or constructive notice）が要件となります。実際の通知は侵害被疑者への警告状送付です。特許製品への特許表示（patent marking）は、後者の擬制的侵害通知とみなされるため、侵害被疑者へ侵害警告状を実際に通知することで証拠隠滅等をさせることなく、侵害訴訟提起前の損害の賠償請求することを可能とします。

Nike, Inc. v. Wal-Mart Stores, Inc. CAFC 判決[1] は、特許表示の意義が以下にあると判示しています。

・善意の侵害を回避すること、
・特許権者に、公衆に対して製品が特許されている旨を通知することを奨励すること、
・公衆に、製品が特許されているか否かを特定することを補助すること

なお、この特許表示義務は、物のクレームの特許に対して生じるものであり、方法クレームの特許には及ばず、製法クレームにより製造された製品にも特許表示の義務はありません。

AIA 改正前の米国特許法 §287 は、特許製品自体かそのパッケージに「特許（patent or pat.）」の表示とともに特許番号を表示することを必要としていました。American Medical Systems, Inc. v. Medical Engineering Corp. CAFC 判決[2] は、訴訟対象の特許によりカバーされている全製品に、矛盾なく一貫して（consistently）特許表示がなされていなければばらないと判示していました。このため、例えば、失効した特許番号を製品に表示していると虚偽表示（false marking）とされて訴訟の対象となっていました。

また AIA 改正前は、虚偽表示を理由とする訴訟は、私人による代理訴訟（qui tam action）として、誰でも提起することができ、利害関係は不要でした。Forest Grp., v. Bon Tool Co. CAFC 判決[3] が、販売された各製品当たり $500 の罰金を認めて以来、虚偽表示違反を理由とする訴訟が急増しました。

AIA で、虚偽表示（false marking）の責任と、バーチャル特許表示（virtual marking）が規定されました（米国特許法 §287 (a)）。バーチャル特許表示は、個別の特許番号の製品への表示を不要とします。個別の特許番号はインターネット上のウェブサイト等に表示し、特許製品またはそのパッケージには、「特許（patent or pat.）」を表示するとともに当該インターネット上のアドレスを表示することで、特許表示の要件を満たします。ただし、特許番号を表示するインターネット上のウェブサイト等は、無償でだれでもアクセスできなければなりません。

また、AIA は、虚偽表示の訴権を、虚偽表示によって競争上の損害を実際に被った者に限定しました（米国特許法 §292）。さらに、この虚

---

[1] *Nike, Inc. v. Wal-Mart Stores, Inc.*, 138 F.3d 1437（Fed. Cir. 1998）
[2] *American Medical Systems, Inc. v. Medical Engineering Corp.*, 6 F.3d 1523（Fed. Cir. 1993）
[3] *Forest Grp., v. Bon Tool Co.*, 590 F.3d 1295（Fed. Cir. 2009）

偽表示の改正法は遡及適用され（ex post facto application）、虚偽表示に対する製品当たり$500 の罰金については、米国政府にのみ訴権が制限されました。これは、AIA 法改正前は、だれにでも虚偽表示の訴権があり、マーキングトロールとも呼ばれていたように濫訴の状況が生じていたことを是正しようとするものでした。

第5章
出願後の手続き
（Post-Filing Procedure）

第 1 項　文献の参照による引用
（Incorporation by Reference：IBR）

　明細書の中にある文献の記載内容を引用したい場合、その文献中の必要な記載内容を明細書中にコピーしてくることも可能ですが、より簡潔に、その文献を特定する書誌的事項を明細書中で参照することによって、その文献の記載内容を明細書の記載の一部とすることができます。これを、文献の参照による引用（Incorporation by Reference：以下、「IBR」）といいます。

1. IBR の意義

　IBR により文献を引用すると、引用された文献の内容も、明細書の記載の一部として取り扱われるので、引用された文献の内容を後から補正によりクレームに記載することができます。また、IBR により引用された文献の内容を後から明細書に追加（コピー）する補正も、新規事項（new matter）となることなく、適法に認められます（MPEP 2163.07（b））。

　この IBR の原則（the doctrine of incorporation by reference）は、「出願人に、すでに先の特許に開示された内容の詳細を再度記載させる必要はない。」という古い判例法に基礎付けられています[1]。

2. IBR できる範囲

　この IBR は、米国特許法に明文の根拠はありませんが、明細書中で引用される文献が米国特許である場合を中心とした判例法の蓄積に基づき、米国特許庁でも裁判所でも認められている手法です。

（1）IBR の記載方法

　IBR で文献を参照により引用するには、引用すべき文献の書誌的事項を特定して、明細書中に次の趣旨の一文を挿入します。IBR は、明細書中のどこ

---

[1] *Lynch v. Headley,* 285 F. 1003（D.C. Cir. 1923）

に記載しても構いませんが、明細書本文の前の "CROSS REFERENCE TO RELATED APPLICATION" のセクションに次のように記載しておけば、出願人にとっても審査官にとっても注意喚起となります。

　　"Reference is hereby made to co-pending U.S. Patent Application Serial No.XX／XXX,XXX, filed on XXXX,（書誌的事項）the entire disclosure of which is **incorporated** herein **by reference.**"

または次のように記載することもできます。

　　"The following U.S. patent application is hereby **incorporated by reference** in its entirety as though fully and completely set forth herein; USP X,XXX,XXX"。

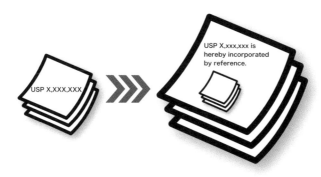

（図25：IBRによる文献の引用）

　いずれにしても、用語 "incorporate"、"reference" を明示的に記載し、被引用文献を明確に特定していれば足ります。

　この IBR は、仮出願でも同様にすることができます。

（2）IBR できる対象文献とは

　IBR によって明細書の記載の一部として取り入れることのできる文献は、本項 3. で後述する例外を除いては、米国特許、米国特許出願の他、外国特許、外国特許出願でもよく、さらには非特許文献でも構いません。英語の文献には限定されず、英語以外の言語で記載された文献を IBR により明細書中に取り込むこともできます。

　ただし、IBR によって明細書中で引用された文献自体が、本来的に、公衆

に開示された（publicly accessible）ものでなければなりません[2]。そもそも特許権という独占権（monopoly）は、特許が付与される発明の内容を明細書中で公衆に開示することの代償としてはじめて正当に与えられるものであるからです。つまり、被引用文献も明細書の一部を構成する以上、公衆が IBR による引用文献を容易にサーチしてそのコピーを取得できる文献であることが必要です（MPEP 608.01（p）I.）。

　ただし、公衆がアクセスできるものであっても、ウェブページやハイパーリンクなどのブラウザを介して表示される情報の所在を IBR により明細書に記載することは認められていません（MPEP 608.01（p）I.A）。参照される内容が変わり得るからです。

3. IBR の制約

　IBR によって明細書中で参照により引用された文献は、本来、特許出願時に公衆に開示された（publicly accessible）ものでなければなりません。このため、引用される被引用文献の記載が、出願されたクレーム発明にとって、本質的に重要（essentially material）である場合には、米国の公衆にとって容易にアクセスできる文献と、それ以外の文献とでは、取り扱いが区別されています。

　引用される文献に記載された内容が、クレーム発明にとって「本質的に重要部分」である場合には、次の 3 種類の文献しか IBR によって引用することができません。

　ⅰ）. 米国特許

　ⅱ）. 米国特許公開公報

　ⅲ）. まだ公開されていない係属中の米国特許出願

　本質的に重要とは、明細書中で引用される文献中の記載が、米国特許法 § 112（a）の記載要件である記述要件（written description）、および実施可能

2　*In re Lund,* 376 F.2d 982（CCPA 1967）（"The disclosure in a patent application may be deliberately supplemented or completed by reference to disclosure set forth in other patents, ... to disclosure in earlier or concurrently filed copending applications, ... or, in general, to disclosure which is available to the public"）

要件（enablement）を満たすために不可欠であることをいいます（規則§ 1.57
(d)）。AIA 改正により、被引用文献がベストモード要件を満たすために不可
欠であっても「本質的に重要部分」を構成することはなくなりました。

　これ以外の次のような文献は、「本質的に重要部分」を構成する場合、IBR
で引用することは認められません。

ⅰ）. 外国で公開された特許、外国で公開された特許出願

ⅱ）. 非特許文献

ⅲ）. 本願クレーム発明の「本質的に重要部分」を他の文献を IBR で引用する
　　　ことによって組み込んでいる米国特許または米国特許出願

ⅳ）. 未公開の外国特許出願

　ただし、ⅲ）. の文献については、被引用文献中で IBR で引用されている他
の文献も併せて、本願明細書中で、IBR で引用すれば、この制約を避けるこ
とができます。

　明細書中で、IBR で引用することによって、クレーム発明にとっての「本
質的に重要部分」を外国の特許公報や公開公報に依拠することはできません。
このため、審査官から、IBR で引用した外国公開公報などがクレーム発明に
とって「本質的に重要部分」であるとの指摘を受けた場合には、引用先の外
国公開公報の記載内容（テキスト）を、審査中の米国特許出願の明細書中に
コピーする追加補正が必要となります。この場合に、追加補正が新規事項
（new matter）として取り扱われることはありません。

　逆に、「本質的に重要部分」を引用された文献に依拠するのでなければ、外
国で出願された特許出願、外国で公開された特許出願・特許、さらに非特許
文献を IBR で引用することができます。例えば、クレーム発明の一般的な技
術水準を簡潔に示すためであれば、こうした文献も引用することが便宜です。

4. 審査での取り扱い

（1）参照により引用された文献が「本質的に重要部分」と認定された場合

　審査官が、明細書中の IBR で引用された文献がクレーム発明にとって「本
質的に重要部分」であると判断した場合、米国特許、米国特許公開公報、係

属中の米国特許出願以外は、IBR で引用することが認められていないので、出願人は、これら以外の文献を IBR で引用している明細書を補正するよう要求されます。この補正は、IBR で引用していた文献の記載内容（テキスト）を明細書中にそのままコピーして追加することによってすることができます。

　この補正をする際には、併せて、先に IBR で引用していた文献の記載内容と、補正により明細書に追加した記載内容とが、「本質的に重要部分」の観点から同一の記載であることを証明する宣誓供述書または宣言書を提出しなければなりません。

（2）IBR により引用された文献が英語以外の言語である場合

　IBR で引用された文献が英語以外の言語の文献だったとき、その非英語文献がクレーム発明にとって「本質的に重要部分」であると判断された場合には、少なくとも明細書にコピーにより追加補正した記載に対応する部分の翻訳文（certified copy）の提出が必要となります。このため、英語以外の言語の文献を多数 IBR により引用すると、引用された非英語文献が「本質的に重要部分」と判断された場合に、多額の翻訳コストを負担するか、米国特許法§ 112（a）で拒絶されるか、の選択を迫られることになります。

　なお、こうした補正が、新規事項の追加として取り扱われることはありません。

　一方、審査官から、明細書中の IBR で引用している文献が「本質的に重要部分」であると通知されても、引用される文献は「本質的に重要部分」ではないと反論することもできます。例えば、引用される文献に記載された内容が当業者にとっては当然の周知事項である場合には、文献を引用するまでもなく明細書に明示の記載がなくとも米国特許法§ 112（a）を充足するので、その旨を反論すれば足ります。IBR による被引用文献の開示が周知事項であると反証できれば、当該被引用文献が米国特許法§ 112（a）を充足するサポート記載となる必要がないからです[3]。

　審査官は、IBR による被引用文献のコピー（写し）の提出を出願人に要求することができます。

---

[3]　*In re Howarth*, 654 F.2d 103（CCPA 1981）

　なお、審査官が、明細書中の IBR による被引用文献が「本質的に重要部分」
と認定しない限り、こうした補正を要求する指令は通知されませんし、被引
用文献が英語以外の文献であることだけを理由に翻訳文の提出を求められる
こともありません。

（3）特許許可時

　IBR によって、未公開で係属中の他の米国特許出願を引用した場合、出願
が特許許可可能になったとき、IBR で参照により引用された係属中の米国特
許出願がすでに米国特許として発行、または公開公報として公開されていれ
ば、審査官は、職権でこの IBR の記載を米国特許または公開公報の番号に訂
正します。

　他方、許可時になっても、引用された米国特許出願がまだ特許発行も公開も
されていなければ、出願人は、IBR で引用していた米国特許出願の記載文言を、
明細書中にそのままコピーして追加する補正をしなければなりません。このと
きも、併せて、先に IBR で引用していた文献の記載内容と、補正により明細書
に追加した記載内容とが、「本質的に重要部分」の観点から同一の記載である
ことを証明する宣誓供述書または宣言書を提出しなければなりません。

5. 優先権を主張する出願と IBR

　米国特許法 § 119 のパリ優先権を主張して米国にする出願も、米国にした
先の出願に基づく継続的出願（continuing application）も、優先権（priority）
の基礎となる先の出願が、さらに別の文献を「本質的に重要部分」について
IBR で参照により引用している場合、この優先権の基礎出願で IBR で引用さ
れる別の文献が、米国特許出願、米国特許公開公報、係属中の米国特許出願
のいずれにも該当しなくとも、優先権を主張した後の出願は、優先権の基礎
となる先の出願の出願日（effective filing date）の利益を得ることができます。

　つまり、優先権の基礎となる先の出願が IBR で引用する文献（米国特許等
以外でもよい）の中にしか、優先権を主張する後の出願でクレームした発明
をサポートする「本質的に重要部分」となる記載が存在しなくとも、この優
先権を主張する後の出願は、優先権の基礎となる先の出願の出願日を確保す

ることができます[4]。米国特許法 § 119 も § 120 もともに、クレームされた発明がどのような形式で先の出願に米国特許法 § 112（a）を充足する程度に開示されていなければならないかについての制約は特に規定していないことがその理由とされています。

これは、「本質的に重要部分」についての IBR による引用が米国特許等以外について認められないという原則の例外となります。ただし、その効果は、あくまで優先日（effective filing date）の効果の確立のためだけ有効ということであり、優先権を主張した後の出願のクレーム発明をサポートする記載が、先の出願において IBR で引用される文献中にしかない場合には、この後の出願が米国特許法 § 112（a）で拒絶されるのを回避するためには、最終的には、優先権の基礎出願において IBR で引用した文献中の記載内容（テキスト）を明細書中に追加する補正をする必要があります。

また、審査官は、優先権を主張する出願の審査で、優先権の基礎となる先の出願が「本質的に重要部分」を記載する他の文献を IBR で引用していると判断した場合、その引用された文献のコピー（写し）を要求することができます。例えば、優先権を主張した米国継続出願の、優先権の基礎となる先の親出願が、さらに他の出願を IBR で引用しているときなどです。審査官は、被引用文献のコピーとともに、被引用文献が英語以外の言語の場合にはその英訳を要求することもできます。

なお、2013 年の規則改正により、特許出願が優先権主張を伴う場合、出願データシート（ADS）で第 1 国出願が記載されていれば明示されていなくても IBR がされているものと見做されます（規則 § 1.57（a））。

6. 優先権の基礎出願を IBR で引用する効果

米国特許法 § 119 のパリ優先権（foreign priority）を主張して外国から米国にする出願も、米国にした先の出願に基づく優先権（domestic priority）を主張する継続的出願も、優先権を主張してする出願では、優先権を主張する記

---

[4] *Ex-parte Maziere,* 27 USPQ2d 1795（BPAI 1993）

載[5]とともに、優先権の基礎となる先の出願はすべて IBR で引用したほうがよいでしょう。優先権主張の記載自体だけでは、先の出願の記載内容が当然に後の出願の明細書の一部となるわけではないからです。併せて IBR で引用することによって、先の出願の記載内容も後の出願の明細書の一部となるので、先の出願にしか記載されていない事項であっても、後の出願のクレームが米国特許法 § 112（a）を充足するためのサポート記載となることができます[6]。

　先の出願が英語以外の言語の出願（例えば日本出願）であれば、この先の出願を基礎として優先権主張する後の米国出願で、先の出願を IBR で引用すれば、優先権の基礎となる先の日本出願が米国出願の開示の一部となるので、米国出願時にした英語への翻訳のときに生じた誤訳を、先の出願の日本語などの原語の記載に基づいて補正することができます。

7. ミーンズ・プラス・ファンクション・クレームの例外

　いわゆるミーンズ・プラス・ファンクション・クレーム（第 8 章第 3 項で後述）は、米国特許法 § 112（f）に規定されるクレーム解釈ルールに従って、クレームされた機能に対応する、明細書に開示された構造およびその均等物に限定して解釈されます。このミーンズ・プラス・ファンクション・クレームに対応してその範囲を画定する明細書中の記載（adequate disclosure）を IBR で引用する文献の記載内容に依拠することは認められていません[7]。つまり、ミーンズ・プラス・ファンクション・クレームに対応する明細書中の構造だけは、明細書中に直接記載されている必要があります。

8. IBR の効果

　明細書中に IBR によって他の文献を引用すると、上記の制約に反しない限

---

[5]　例えば一部継続出願の場合、"This application is a continuation-in-part of copending Application No. XX／XXX,XXX filed on XX,XXXX"等の記載です。

[6]　*Lookwood v. American Airlines,* 107 F.3d 1565（Fed. Cir. 1997）では、一連の継続出願において、優先権主張のみで IBR 記載を欠いていたため、最初の出願が特許されて米国特許法旧 § 102（b）の引用例となりました。

[7]　*Atmel v. Information Storage Devices,* 198 F.3d 1374（Fed. Cir. 1999）

り、明細書中に直接文献の内容を記載したのと同様の取り扱いがされます。つまり、IBR で引用した文献だけに記載された事項を補正により明細書に追加することも、クレームに新たに記載することもできます。また、IBR で引用した文献だけに記載された事項によって、クレーム発明を米国特許法 § 112（a）の記述要件および実施可能要件を充足するようサポートすることができます。

　逆に上記の制約に反した IBR をすると、最終的に出願が米国特許法 § 112（a）違反で拒絶、無効とされます。

　一方、他の文献を IBR で引用する文献は、引用した記載内容も含めて 1 つの引用例として取り扱われるので、米国特許法 § 102 の引用例（single piece of prior art）とすることができます[8]。このため、この文献は、他の出願を新規性違反で拒絶するための単独の引用例となることができます。

---

[8]　*Advanced Display Sys. v. Kent State Univ.*, 212 F.3d 1272（Fed. Cir. 2000）

第2項　情報開示義務（Duty to Disclose）

　情報開示義務とは、「出願しようとする発明が特許取得できるかどうかについての重要な情報（material information）でかつ出願人が知っている（known）情報を、出願を審査する米国特許庁にすべて開示しなければならない」という義務をいいます。

　出願人は、この義務を根拠に、出願の際や出願手続き中に、これら重要な情報を記載した情報開示陳述書（Information Disclosure Statement：IDS）を出願書類とは別に、タイムリーに提出しなければなりません。この情報開示義務に違反すると、特許全体が権利行使不能（unenforceable）になってしまう、という厳しいペナルティーを伴う、米国に特有の制度です。

　特許出願の係属中に、情報開示義務が果たされていたかどうかは、米国特許庁での手続き中に審理されることはなく、特許出願が特許となった後の裁判所で争われます。出願中における出願人と審査官との間の手続きで情報開示義務が果たされたかどうかを、後から当事者ではなかった裁判所が遡及的に判断するということが、情報開示義務についての争いを複雑化しています。

1. 情報開示義務の根拠

　この情報開示義務は、たとえ特許法上は適法に特許を得ることができたとしても、「特許権者を含み何人も潔白（clean hand）であるべきであってそもそも不衡平行為（inequitable conduct）をすべきではない」という、衡平法（equity）の考え方に由来します。つまり、こうした米国特許庁に対する誠実・率直義務（duty of candor）に違背した行為によって特許を得た特許権者による権利行使に対しては、衡平法上の観点から被告はこの権利行使を免れることができるというわけです。

　出願自体に実体的な瑕疵がないにもかかわらず、情報開示義務に違反した場合のペナルティーが非常に厳しいのは、情報開示義務がこのように衡平法由来の制度であるからです。取得された特許の複数のクレームのうち、たと

え 1 つのクレームだけが情報開示義務に違反するものであったとしても、同じ特許中にあるすべてのクレームが存続期間の全体にわたり権利行使不能（unenforceable）になってしまいます。つまり、特許権は有効に存在していても、第三者に対して差止請求や損害賠償請求が一切できなくなってしまいます。

　ただし、出願手続き中に審査官がこの情報開示義務が遵守されているかどうかについて判断し、出願拒絶をすることはありません[1]。専ら、特許侵害訴訟を提起された被告側の抗弁として機能します。

2. 情報開示義務の沿革

（1）情報開示義務の端緒

　米国特許庁への情報開示義務が生まれた端緒は、3 つの古い最高裁判決にみることができます。

　Keystone Driller Co. v. General Excavator Co. 最高裁判決[2] は、特許権者が、発明を出願前に実施した第三者に金銭を払い虚偽の宣誓供述書にサインさせて、出願前の第三者実施を隠ぺいした事案です。

　Hazel-Atlas Glass Co. v. Hartford-Empire Co. 最高裁判決[3] は、特許弁護士が発明の顕著な効果を記載する論文を書いた上で、著名な専門家が書いたものとして公表し、後にその専門家を買収した事案です。

　Precision Instruments Manufacturing Co. v. Automotive Maintenance Machinery Co. 最高裁判決[4] は、インターフェアランスでの相手方の発明着想日等の偽証を知りながら、相手方と密かに和解して権利を貰い受け、証拠を隠ぺいした事案です。

　いずれも、偽証、証拠捏造、証拠隠ぺいした上で権利行使に及んだ、とりわけひどい不正行為（egregious misconduct）として、詐欺的行為（fraud）が認定され、権利行使不能とされました。

---

[1]　*Kingsdown Medical Consultants, Ltd. v. Hollister Inc.*, 863 F.2d 867（Fed.Cir.1988）

[2]　*Keystone Driller Co. v. General Excavator Co.*, 290 U.S. 240（1933）

[3]　*Hazel-Atlas Glass v. Hartford-Empire Co.*, 322 U.S. 238（1944）

[4]　*Precision Instruments Manufacturing Co. v. Automotive Maintenance Machinery Co.*, 324 U.S. 806（1945）

（2）米国特許庁でのルール化

　これらの判例法を受け、1949 年に情報開示義務が米国特許庁で制度化され
ましたが、1977 年までは、米国特許庁への出願手続き中に詐欺的行為（fraud）
があった場合には、特許取得ができない、と抽象的な誠実・率直義務（duty
of candor）が規定されていたに過ぎませんでした。

　1977 年に、規則 § 1.56 が改正され、クレーム発明の特許性に関する重要
な情報を記載した情報開示陳述書（IDS）の提出が義務付けられました。

　なお、情報開示義務は、米国特許法自体には明文の規定はなく、規則 § 1.56、
§ 1.97、§ 1.98 に根拠を置きます。

3. 情報開示義務を負う者

　それぞれの発明者、代理人、その他の出願準備・出願手続きに実質的に関
与する者すべてが情報開示義務を負います（規則 § 1.56 (c)）。企業に譲渡さ
れる発明であれば、当該企業の知的財産部署の担当者も当然対象となります。
代理人には、米国以外の代理人も含みます。出願手続きに関与する者すべて
に、誠実に特許出願を遂行する義務（duty of candor）が生じるからです。

　ただし、あくまで各個人（individuals）に課される義務であって、企業など
の法人自体が開示すべき情報を保有していたとしても、もし情報開示義務を
負う個人の誰もが知らない情報であることが立証できるのであれば、情報開
示の対象とはなりません[5]。

4. 情報開示義務の判断基準

（1）何を情報開示しなければならないか

　米国特許庁に対して開示されなければならない「重要な情報」（material
information）が何か、つまり情報開示すべきかどうかの判断基準については、
1992 年に改正された規則 § 1.56 (b) に説明されています。

---

[5]　*Nordberg Inc. v. Telsmith Inc.*, 82 F.3d 394 (Fed. Cir. 1996)

ⅰ）. すでに特許庁に記録されている情報と重複（cumulative）しない情報で
あって、かつ

ⅱ）. その情報単独で、または他の情報との組み合わせによって、クレームの
非特許性（unpatentability）についての一応の証明（prima facie case）を
果たすことのできる情報、または、出願人の米国特許庁に対する以下の
主張と矛盾する情報：

　a）. 審査官に対する非特許性についての反論、または

　b）. 特許性についての主張

開示する必要のない「重複する（cumulative）情報」とは、すでに米国特許
庁に記録されている情報と同一のものをいいます。このため、例えばすでに
親出願で提出された情報とまったく同一（identical）の情報を、その分割出願
で再度提出する必要はないとされています[6]。

審査官は、親出願での引用例を検討（review）したかどうかについて、子
出願（継続出願）の最初の局指令（first Office Action）で審査官のイニシャル
を記載することによって示さなければならず、そのようなイニシャルが記載
された引用例については、継続出願で再度提出する必要はありません（MPEP
2006.01（b））。ただし、重複する情報であるかどうかについて疑わしい場合
や、その情報がクレーム発明の特許性（patentability）に重要（material）であ
ると認定される可能性が高い場合には、その情報は開示した方が安全といえ
ます。

また、規則§ 1.56 は単に「情報（information）」と規定しているだけなの
で、提出の対象は出願時に公知である特許文献やその他の先行技術文献（prior
art reference）には限定されず、非公開の情報も対象となります。

さらに、他の情報との組み合わせでクレームの非特許性を証明するのに用
いることができれば足りるので、例えば非自明性に関してクレーム発明の効
果や二次的考慮事項（secondary consideration）を裏付ける情報またはこれら
を否定する情報なども対象となります。

いわゆる先行技術文献の他、下記のような情報も、IDS で情報開示すべき

---

[6] *ATD Corp. v. Lydall Inc.*, 159 F.3d 534（Fed. Cir. 1998）; *Ajinomoto Co. v. ArcherDaniels-Midland Co.*, 228 F.3d 1338（Fed. Cir. 2000）

情報となり得ます。

- 公（public）にされた可能性のあるクレーム発明の使用、販売、販売の申し出を示す情報
- 発明者を一部または全部共通とする同時係属中（co-pending）の別出願で出された拒絶理由通知
- 非自明性を否定するような（例えば、クレーム発明には顕著な効果はないことを示すような）出願後の追試結果
- クレーム発明の実施可能性を否定する発明者自身の論文[7]

明細書の従来技術の欄に記載された文献は、発明者（出願人）自身がクレーム発明にとって「重要な情報」であると認識していたとの推定が働くので、IDS によって提出すべき文献になります。

（2）重要（material）であるか否かの旧判断基準

1992 年の規則 §1.56 の改正以前は、「重要な情報」であるかどうかの判断基準として、「合理的な審査官」（reasonable examiner）を基準としてその情報を重要と判断するかどうか、の手法が用いられていました。

この基準では、「重要」と認定されるために、クレーム発明の特許性を最終的に判断するのに用いられる情報であることまでは必要としない[8]ので、より広い範囲の情報開示義務を認めるものであり、かつ曖昧なものでした。

（3）2011 年の規則 §1.56 改正

本項 9. で後述する 2011 年の Therasense, Inc. v. Becton, Dickinson & Co. CAFC 大法廷判決[9]（以下、「Therasense CAFC 大法廷判決」）は、情報開示義務違反の判断基準を厳格化して、情報開示義務を軽減しました。米国特許庁では、この Therasense CAFC 大法廷判決の規範を受けて、規則 §1.56 に規定される「非特許性についての一応の証明（prima facie case of unpatentability）を果たすことのできる情報」の解釈について、「開示されなかった情報を審査官が知っていたとすれば、審査官がそのクレームを許可しなかったであろう」という場合に、情報開示義務の対象となる「重要な情報」に該当するものとしました。

[7]　*Bristol-Myers Squibb Co. v. Rhone-Poulenc Rorer, Inc.*, 326 F.3d 1226（Fed. Cir. 2003）

[8]　*Li Second Family Ltd. Partnership v. Toshiba Corp.*, 231 F.3d 1373（Fed. Cir.2000）

[9]　*Theresense, Inc. v. Becton, Dickinson & Co.*,649 F.3d 1276（Fed. Cir. 2011）（en banc）

非特許性の一応の証明についての立証の程度は、証拠の優越（preponderance of the evidence）です。ただし例外として、出願人の行為が「積極的かつ非常に悪質な不正行為（affirmative and egregious misconduct）」である場合には、情報開示義務違反が肯定されます。

5. IDS 提出の手続き

　情報開示義務は、出願時だけでなく特許出願が係属中は続くので、出願後でもクレーム発明の特許性についての「重要な情報」が得られたら、IDS で提出しなければなりません。

　特に、出願手続き中にクレームを補正した場合には、補正後のクレームについての特許性に関する「重要な情報」の範囲が変わる可能性がありますので、再度、IDS で提出すべき情報があるかどうかを検討する必要が生じることになります。

　基本的に、開示すべき情報を知ったときから 3 か月以内に、開示すべき情報を米国特許庁に IDS で提出しなければなりません（規則§ 1.97）。

　IDS の提出については、以下のとおり、提出が遅れるに従って、提出には過重要件が課されます。

ⅰ). 米国出願日から 3 か月以内、または

ⅱ). 最初の局指令の通知前

　　このいずれかのタイミングで提出された場合、審査官は IDS で提出された情報を考慮しなければなりません（規則§ 1.97（b））。

ⅲ). 最後の局指令の通知前 、または

ⅳ). 特許許可通知前

　　このいずれかのタイミングで提出された場合、規則§ 1.97（e）に規定される陳述書（statement）または規則§ 1.17（p）に規定される手数料とともに IDS が提出されれば、審査官は IDS で提出された情報を考慮しなければなりません（規則 1.97（c））。開示すべき情報を知ってから 3 か月以内であればその旨を陳述すればよく、3 か月を経過している場合は手数料を支払います。

ⅴ）. 特許発行料（issue fee）の支払い時まで

　　この場合、規則§ 1.97（e）に規定される陳述書（statement）および規則§ 1.17（p）に規定される手数料とともに IDS が提出されれば、審査官はIDS で提出された情報を考慮しなければなりません（規則§ 1.97(d)）。

ⅵ）. 特許発行料支払い後かつ特許発行前

　　特許発行料の支払い後に提出すべき情報が見つかった場合には、特に重要な発明についての特許出願であった場合には、その情報を IDS で提出するために継続審査請求（RCE）などの継続的出願を行います。特許発行料支払い後には RCE に替えて、Quick Path IDS（以下、「QPIDS」）[10] を請求して情報を IDS で提出することもできます。このQPIDS は条件付きの RCE であり、審査官が提出された情報を考慮し、審査を再開する必要がないと判断した場合、特許許可通知の修正版が発行されます。

ⅶ）. 特許発行後

　　特許発行後に情報を提出する場合、補充審査（supplemental examination）や査定系再審査（ex-parte reexamination）を請求する必要が生じます。

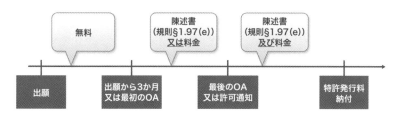

（図26：IDS提出時期）

　なお、それほど重要でない発明であれば、単に IDS により情報を提出し、審査官にその引例を考慮（consider）してくれるよう依頼して記録に残してもらう、というのが次善の策でしょう。

---

[10]　2012年から時限的に開始されたパイロットプログラムでしたが、永続的に制度化されました。

6. IDS で提出する内容

IDS は、次の内容を含むものでなければなりません（規則 § 1.98）。

ⅰ). 特許公報、文献、出願などの情報を特定した文献リスト

ⅱ). ⅰ). の文献リストにリストされた文献のコピー

ⅲ). リストされた文献が英語でない場合はクレーム発明との関連について
の簡潔な説明（concise explanation）

ⅳ). リストされた情報が英語でない場合で、すでに文献全体または部分につ
いての英語の翻訳がある（readily available）場合には、その翻訳のコピー

この「簡潔な説明」は、IDS で提出する文献とクレーム発明との関連につ
いて説明するもので、例えば、「発明者の全部または一部が同じであるのでク
レーム発明と関連する」、「PCT の国際調査報告（International Search Report：
ISR）が発行されたので提出する」など、その文献（引用例）がクレーム発
明と関連する理由や、その文献のすでにある要旨（summary）などをごく簡
単に記載すれば十分であるとされています。

それ以上、クレーム発明と文献に記載された発明との相違点などを説明す
ると、審査経過禁反言が生じ、クレームが狭く解釈されたり、均等論の適用
が制限される根拠とされてしまいます[11]。

英語の文献を提出する場合には、簡潔な説明を付ける必要はありません。

7. 非英語文献の部分訳提出

日本の特許公報または公開公報であれば、英文抄録（English abstract）が公
表されているので、これを上記ⅳ). の翻訳のコピーとして提出することがで
きます。また、その他の日本語の文献で翻訳がないものについては、少なく
ともⅲ). の簡潔な説明を提出する必要が生じます。

また、規則 § 1.98 上は、日本語の文献の部分訳（partial translation）を提出
することも可能ですが、その部分訳が文献の最も重要な（material）部分を含

---

[11] *Ekchian v. The Home Depot, Inc.*, 104 F.3d 1299 (Fed. Cir. 1997)

んでいない場合には、米国特許庁をミスリードする情報を提出したとして米国特許庁を欺く意図（intent to deceive）（後述）が認定されてしまい、情報開示義務違反が問われる可能性が生じます[12]。恣意的に訳文を提出する範囲を選択したと認定されることが、米国特許庁を欺く意図に結びつく可能性があるからです。コストを度外視すれば、非英語文献の全部訳文（full translation）を提出するのが最も安全といえますが、次善の策としては、日本の特許公報や公開公報であれば、提供されている英文妙録（English abstract）を提出し、非特許文献の論文であれば既にある英文要旨を提出するのがよいでしょう。

8. 関連する他の出願との関係

（1）継続的出願（continuing application）の場合

継続出願（continuation application）をする場合、同時係属の他の出願ですでに IDS で提出された情報が、クレーム発明の特許性について「重要な情報」を含む場合には、明白に重複（cumulative）する情報でない限り、原則その情報を再度 IDS で提出した方がよいでしょう[13]。

継続出願の審査中に審査官のサーチによって後に引用された文献であっても出願人が開示すべきであったとして情報開示義務違反を問われる可能性があります。

継続審査請求（RCE）の場合は、親出願と同一の出願として扱われ、同一の審査官が継続審査することがほぼ保証されるので、あえて同一の情報を再度開示する必要性は低いと思われますが、分割出願（divisional application）や一部継続出願（CIP）の場合は親出願と競合する別出願となりますので別の審査官が審査することもあり、たとえ同一の情報であっても再度提出しておいた方が安全でしょう。

（2）同時係属の別出願（関連出願）での拒絶査定

継続的出願など、出願人が先の出願との関連を明示した場合以外でも、類似するクレームを有する特許出願を別出願として出願する場合にも、関連する係

---

[12] *Semiconductor Energy Laboratory Co., Ltd. v. Samsung Electronics, Ltd.*, 204 F.3d 1368（Fed. Cir. 2000）

[13] *Intel Corp. v. Via Technologies, Inc.*, 2001 U.S. Dist. LEXIS 22090（N.D. Cal. 2001）

属中である出願の審査手続き中の情報の開示が問題となることもあります。

　Dayco Products Inc. v. Total Containment Inc. CAFC 判決 [14] では、実質的に類似した（substantially similar）主題（subject matter）をクレームした別の特許出願について、すでに係属中である先の出願手続き中でされた拒絶の情報（自明による拒絶を受けたという情報）は、少なくとも情報開示をすべき重要性のある情報にあたると判示しています。この事案では、双方の特許出願は、継続出願等の関連出願ではなく、同じ特許弁護士により出願手続きされたもので、別の審査官によってそれぞれ審査されていました。つまり、係属中の別出願での引用例そのものの重要性とは別に、審査官が示した引用例と本願のクレームとの対比・判断を記載した拒絶の情報そのものにも重要性が認められることがありうることになります。こうした別出願での拒絶の情報も、少なくとも同じ特許弁護士により手続きされ、かつ実質的に類似する主題をクレームする出願手続きにおいて、情報開示義務の対象となりうることになります。同時係属中の出願が、出願当初から、または後発的に、相互に実質的に「類似したクレーム」になった場合に、問題となります。

(3) 関連外国出願での引用例

　原則、関連する外国出願の審査中に引用された引用例は、3 か月以内に IDS で米国特許庁に提出しなければなりません。例えば、PCT 国際特許出願について作成された国際調査報告（International Search Report：ISR）や EPC 特許出願について作成されたサーチレポートなどで引用された引用例は、これらのサーチレポートとともに、IDS で米国特許庁に提出する必要があります。

　特に、米国出願と同じか類似するクレームを有する外国出願を拒絶するのに単独で引用された引用例は、米国出願のクレームの特許性に「重要」であるとの強い推定が働きます。外国代理人が米国出願に関連するオランダ出願で特許庁に引用された引用例を開示しなかったケースで、情報開示義務違反が認定されています [15]。この判例では、関連外国出願の代理人も、米国出願に関連する者と同様の情報開示義務を負うと判示しています。関連外国出願で引用される引用例の中には、提出を待つまでもなく審査官がアクセス可能な情報もあります

---

[14] *Dayco Products Inc. v. Total Containment Inc.*, 329 F.1358（Fed. Cir. 2003）

[15] *Gemveto Jewelry Co. v. Lambert Bros.*, 542 F.Supp 933, 216 USPQ 976（S.D.N.Y. 1982）

が、その場合でも審査官にはそうした外国で引用された引用例をサーチする義務はなく、またサーチするとしてもいつサーチを行うかは審査官の裁量であって出願人にはわからないので、外国で引用された引用例は自動的にすべて IDS で米国特許庁に提出するようにすべきとされています。

9. 裁判所での判断基準の変遷

（1）Therasense CAFC 大法廷判決以前

2011 年の Therasense CAFC 大法廷判決以前、米国特許庁に対する情報開示義務違反を後に立証するためには、以下の客観的要件と主観的要件の双方が必要とされていました。

ⅰ）. 開示されなかった情報がクレーム発明の特許性にとって重要であったこと（materiality）：客観的要件、および

ⅱ）. 米国特許庁を欺く意図（intent to deceive）：主観的要件

重要性（materiality）があるかどうかは、本項 4.（1）で説明したように、現在の規則 § 1.56 に規定される基準である「非特許性についての一応の証明（prima facie case of unpatentability）」の基準で判断されます。

情報開示義務違反は、不衡平行為（inequitable conduct）の一内容であって衡平法上の問題（a matter of equity）なので、立証負担は重く、明瞭かつ確実な証拠（clear and convincing evidence）で証明されなければなりません。

また、衡平法上の問題は裁判官が固有に判断すべき問題なので、裁判では陪審員（jury）ではなく、裁判官（judge）が情報開示義務違反の有無を判断します。

Therasense CAFC 大法廷判決以前は、客観的要件であるⅰ）. の情報の重要性（materiality）と、主観的要件であるⅱ）. の米国特許庁を欺く意図（intent to deceive）とは、両者を比較考量して決めるというバランシング・テスト [16]（balancing test）で判断されていました。このバランシング・テストは、スライディング・スケール・アプローチ（sliding scale approach）とも呼ばれるよ

---

[16] 一方、コモンロー上の詐欺的行為（fraud）は、不衡平行為（inequitable conduct）の一内容とされていますが、重要性（materiality）と意図（intent）の双方についてより高いレベルの立証が必要とされ、バランシング・テストは採用されていません。

うに、もし情報の重要性（materiality）が高ければ、米国特許庁を欺く意図が比較的低くても情報開示義務違反が肯定され[17]、その逆で、米国特許庁を欺く意図が高ければ、情報の重要性が比較的低い場合でも同様に情報開示義務違反が肯定される可能性がある判断手法なので、実際は、ⅰ). とⅱ). のいずれか一方だけでも情報開示義務違反が肯定されかねないリスクがありました。

　ただし、ⅱ). の米国特許庁を欺く意図（intent to deceive）の有無は非常に主観的な要件なので、立証するのは困難です。一般に、重大な過失（gross negligence）を立証するだけでは米国特許庁を欺く意図まで立証したことにはならず、欺く意図というまでには重要な情報をあえて隠したという積極的な意思の存在が必要とされます[18]。例えば、多数のクレームを親出願から継続出願にコピーする際のコピー間違いについて、米国特許庁を欺く意図は認められないとされた事案もあります[19]。もっとも、他の事案では、関連外国出願で引用された引用例を提出しなかった外国出願の代理人についてより幅広く米国特許庁を欺く意図が認められています[20]。また、2 か月前に出願された他の出願についての情報を提出しなかった場合に米国特許庁を欺く意図が認定された事案もあります[21]。

　Therasense CAFC 大法廷判決以前、裁判所は、情報の重要性（materiality）と欺く意図（intent to deceive）にスライディング・スケールを適用し、また、重過失でも欺く意図を認定したりと、情報開示義務違反の適用基準を緩和していきました。それに伴って、裁判所での情報開示義務違反を理由とする不衡平行為（inequitable conduct）の抗弁が、濫用的に、多くの特許権侵害訴訟で主張されていきました。

（2）Therasense CAFC 大法廷判決以降の判断基準

　2011 年の Therasense, Inc. v. Becton, Dickinson & Co. CAFC 大法廷判決[22] は、

---

[17] *Gambro Lundia AB v. Baxter Healthcare Corp.*, 110 F.3d 1573（Fed. Cir. 1997）; *Semiconductor Energy Laboratory Co., Ltd. v. Samsung Electronics, Ltd.*, 204 F.3d 1368（Fed. Cir. 2000）

[18] *Molins PLC v. Textron Inc.*, 48 F.3d 1172（Fed. Cir. 1995）

[19] *Kingsdown Medical Consultants, Ltd. v. Hollister Inc.*, 863 F.2d 867（Fed.Cir. 1988）

[20] *Molins PLC v. Textron Inc.*, 48 F.3d 1172（Fed. Cir. 1995）

[21] *GFI, Inc. v. Franklin Corp.*, 265 F.3d 1268（Fed. Cir. 2001）

[22] *Therasense, Inc. v. Becton, Dickinson & Co.*, 649 F.3d 1276（Fed. Cir. 2011）（en banc）

このように濫用化、厄災（plague）化した不衡平行為の抗弁の現状に鑑みて、過度に緩和されてきた不衡平行為の適用基準を厳格化することを明確に意図するものでした。

　Therasense CAFC 大法廷判決はまず、情報開示義務違反を認定するための ⅰ）. 情報の重要性（materiality）と、ⅱ）. 特許庁を欺く意図（intent to deceive）の間のバランシング・テストを否定し、両者は独立してそれぞれ分析しなければならないと判示しました。

　また、ⅰ）. 情報の重要性（materiality）について、開示されなかった情報がクレーム発明の特許性に重要であったことを知っていたことを要するとし、「開示されなかった情報を仮に審査官が知っていたとすれば、審査官はそのクレームに特許を付与していなかったであろう」ことが立証された場合にはじめて「重要性（materiality）」を充足する、との "but-for" 基準を採用しました。ただし、例外として、「積極的かつ非常に悪質な不正行為（affirmative and egregious misconduct）」があった場合には、"but-for" 基準による重要性の証明を不要としました。

（図27：情報開示義務違反判断基準）

　さらに、ⅱ）. 米国特許庁を欺く意図（intent to deceive）について、過失や重過失では不十分であり、出願人がその情報を知っており、かつその情報が重要であることを知っていた上でそれを開示しないことについて「故意の判断（deliberate decision）」を行ったことの立証を要するとしました。

10. 情報開示義務に違反したときの効果

　情報開示義務違反が立証されると、米国特許庁に対して不衡平行為（inequitable conduct）が行われたとして、情報開示義務違反があったクレームを含む特許全体が存続期間全体にわたり権利行使不能（unenforceable）になります。情報開示義務違反でいったん権利行使不能となった特許は後から権利行使可能とする手段はないので、実質的にすべてのクレームが無効とされたのと同様の効果が生じてしまいます [23]。

　一方、規則 § 1.97 に規定される提出時期を遵守した IDS に記載された文献は、審査官が考慮（consider）する義務があり、考慮された情報には IDS のフォーマット上に審査官のイニシャルが記載されます。いったん審査段階で審査官に考慮された引用例となる以上、この引用例によって後から特許を自明等で無効にするのは事実上困難となります。

---

[23]　この点、反トラスト違反などの特許権のミス・ユース（misuse）の場合には、同様に権利行使不能とされますが、ライセンス上の不当な条項を削除すれば権利行使可能な特許に復活させることができます。

| 第3項 | 限定要求 |

限定要求
（Restriction Requirement / Election Requirement）

1件の特許出願には、発明の単一性（unity of invention）がある限り、複数のクレームを含めることができます。

限定要求（restriction requirement）とは、1件の特許出願に含めてクレームすることができる発明の単一性の範囲を超えて、本来別個に出願すべき複数の発明を1件の特許出願に含めてクレームした場合に、実体的局指令（substantial Office Action）に先立って発行される、発明の単一性違反を通知する非実体的局指令（non-substantial Office Action）です。

1. 限定要求

審査官は、発明の単一性を欠くと認定した特許出願について、複数の発明グループが含まれていると指摘して限定要求を発行します。この限定要求に対して、出願人は、どの発明グループを選択するかを応答しなければなりません。出願人が選択した発明グループだけが、その特許出願手続きで審査されます。

選択されなかった発明グループは、新たに分割出願をして別途出願料を支払わない限り、審査の対象から除外されます。

発明の単一性を欠き多数のクレームを含むボリュームの大きい特許出願を1件の特許出願として審査することは、当該特許出願の審査遅延にも繋がり、また発明の単一性がある他の特許出願との間の公平を欠くからです。

2. 選択要求

選択要求（election requirement）とは、限定要求にほぼ類似する手続きです。

1件の出願が上位概念の属クレーム（generic claim）と、この上位概念の属クレームの範囲に含まれる複数の下位概念の種クレーム（species claims）とを含むものとします。

　ここで、上位概念の属クレームは広すぎて特許性がないと審査官により判断された場合には、本来 1 件の出願に含めてクレームすることができる範囲を超えて複数の発明グループ（種クレームグループ）をクレームしたことになってしまうので、出願人に、仮に 1 つの種クレームグループを選択させ、選択された種クレームグループのみの特許性を審査するものです。

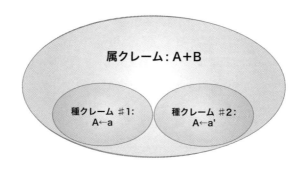

（図28：属クレームと種クレーム）

　上位概念の属クレームに特許性がないという審査官の判断は各クレームの実体審査に先立った仮の判断なので、実体審査終了時に、属クレームが特許可能となれば、選択されなかった方の種クレームグループも、その出願の審査の対象として復活できます。

　本来なら上位概念の属クレームについての特許性についての実体審査が終わらないと、属クレームが特許可能かどうかはわからないのですが、実体審査を経てから種クレームグループについての限定要求を出して出願人の選択を待っていたのでは、すべてのクレームが審査終了するのに時間を要してしまいます。そこで、審査促進の便宜のため、選択指令が用いられます。なお、以下では特に断らない限り、限定要求および選択要求をまとめて、限定要求として説明します。

3. 発明の単一性（unity of invention）

(1) 限定要求が発行される発明の単一性違反とは

限定要求は、特許出願に含まれる複数のクレームが発明の単一性に違反する場合に発行されます。

米国特許法 § 121 は、2 以上の「独立してかつ区別可能な発明」（independent and distinct invention）が 1 件の特許出願でクレームされている場合に、限定要求を発行することができると規定しています[1]。

限定要求は、1 つの特許出願で審査の対象とするクレーム数を制限するのが目的でされるので、通常は実体的な拒絶理由を通知する局指令（action on the merit）の発行前に発行されますが、最後の局指令前までならいつでも審査官の裁量で発行することができます[2]。

「独立（independent）」であるとは、相互の発明グループが関連しない（no disclosed relationship）、つまり設計上も動作上も効果上も関連しないことをいい、例えば、以下の場合とされています（MPEP 802.01）。

　　ⅰ). 属クレームに含まれる複数の種クレームグループが一緒には使用することができない場合

　　ⅱ). 方法と装置をクレームした場合で、その装置はその方法の実施には用いることができない場合

「区別可能（distinct）」であるとは、相互の発明グループが関連はするものの、以下の関連に留まる場合をいうものとされています（MPEP 802.01）

　　ⅰ). 別々に生産、使用、または販売することができ、かつ、

　　ⅱ). 相互に新規性および非自明性の点で特許性を持つ（patentable over each other）程度に異なる

なお、米国特許法でも規則でも、明確に「独立して**かつ**区別可能な発明」（independent **and** distinctive inventions）と規定されているにもかかわらず、判例法上、この限定要求発行の要件は、「独立する、**または**区別可能な発明」

---

[1] 規則 § 1.142(a)でも同様に、「独立しかつ区別可能な（independent and distinct）」複数の発明がクレームされていた場合に限定要求の対象となると規定しています。

[2] 規則 § 1.142(a)

（independent **or** distinctive inventions）と解釈されています[3]。ただし、上記のように「独立する」より「区別可能」の方がより広い概念なので、そのような解釈により、限定要求発行が実務上認められる範囲は法定される範囲よりかなり広範なものとなっています。つまり、それだけ米国での発明の単一性（unity of invention）の範囲すなわち 1 つの特許出願に含めることのできる複数クレームの範囲を狭いものにしています。

　なお、「区別可能（distinct）」において、「相互に関連する」、とは、例えば、以下が 1 つの出願でクレームされている場合です（MPEP 806.05）。

　ⅰ）. コンビネーションとサブコンビネーション
　ⅱ）. 方法と、その方法を実施するための装置（process and apparatus for its practice）
　ⅲ）. 製造方法と、その方法で製造された製品（process of making and product made）

（2）立証責任

　審査官は、限定要求を発行するために、複数の発明グループが、「独立する、または区別可能」であることについて、一応の立証責任（prima facie case）を負います。

　たとえば審査官が、複数の発明グループが相互に、別々の分類（separate classification）、別々の技術分野（separate status in the art）、別々のサーチ分野（separate field of search）に属することについて説明すれば、一応の立証責任は果たされたことになり、これに対して出願人が反証しない限り限定要求は適法なものとなります（MPEP 808.02）。

（3）「区別可能」でないとの自認

　出願人が、クレームされた複数の発明グループが相互に自明（obvious）である、従って、双方の発明グループは「区別可能」ではない、と明白に自認（express admission）した場合には、限定要求は発行されません[4]。

　ただし、こうした自認を出願人がすると、後に、選択されなかったクレー

---

[3]　*In re Lee*, 199 USPQ 108（Comm'r Pat. 1978）. なお、審査マニュアル MPEP にも、"independent or distinct" と記載されています。

[4]　MPEP 803

ムグループを審査対象として指定した分割出願の審査で、分割の親出願を引例とする自明のダブル・パテントの拒絶を受けることになってしまいます。

4. 限定要求への応答（分割出願）

（1）選択応答と分割出願

　限定要求が発行されると、出願人は、1 か月（ただし 6 か月まで延長可能）以内に、審査官が示した複数の発明グループのうち、1 つのグループを選択しなければなりません。選択された発明グループだけが特許性についての実体審査に付され、選択されなかった発明グループは取り下げとなり（withdrawn）、審査されません。

　審査されないとされた発明グループについての権利化を希望する場合には、選択されなかったクレームグループだけをクレームして分割出願を、親出願の係属中にすることになります。ただし、選択されたクレームグループが許可された際に、許可されたクレームの限定を選択されなかったクレームに組み込めば、選択されなかったクレームも出願に併合（rejoinder）することができ、この場合分割出願は不要です。

（2）審査官の認定に対する反論

　1 件の特許出願に含まれるクレームの数が多いと、審査官にとって限定要求を出そうというインセンティブが働くこともあり、審査官の限定要求は実際には必ずしも適当なものであるとは限りません。不適当な（improper）限定指令に対しては、審査官の限定要求に対して、応答の中で、または別途、請願書（petition）を提出することによって、反論することができます。

　ただし、反論するだけでは、応答期間の進行は止まらないので、反論する場合も、いずれかの発明グループを仮に選択しなければなりません（provisional restriction / election）。通常、反論する場合には、いずれかの発明グループを選択した応答書中で、「否認付き（with traverse）」と記載するとともに反論の理由を説明することにより行います。これは請願書を提出するより簡易で安価だからです。

5. PCT 国際特許出願の場合

　米国を指定国として指定した PCT 国際特許出願は、米国特許法 § 371 に規定される国内移行手続きを経て米国の国内段階の出願審査に付されますが、この国内処理に移行した後の PCT 国際特許出願の審査には、米国の発明の単一性は適用されず、PCT 規則 13（PCT Rule 13）に規定される発明の単一性（unity of invention）が適用されます[5]。

　この PCT の発明の単一性は、先行技術との関係で、複数のクレームの間に共通する「単一の一般的発明概念（a single general inventive concept)」の有無を判断し、「単一の一般的発明概念」が認められる限り、発明の単一性があるとするものです。

　一方、PCT 国際特許出願であっても、米国特許法 § 371 の国内移行手続きをバイパスして継続出願（continuation application）によって米国国内段階に移行した PCT 国際特許出願（PCT バイパスアプリケーション）は、通常の米国出願と同様に扱われるので、PCT に規定される発明の単一性は適用されず、3.（1）で前述した米国の発明の単一性の判断基準による限定要求の対象となります。

6. 限定要求発行による効果

　米国特許法 § 121 は、審査官の発行した限定要求に応答してされた分割出願は、その分割出願の審査手続きで、分割の親出願（限定要求が出された出願）によってダブル・パテントの拒絶を受けたり、親出願を引用例とされて拒絶されたりすることがない、と規定しています。分割出願を審査する審査官は、この規定の拘束を受けます。

　また、分割出願でクレームが補正されたとしても、親出願のクレームグループと本質的に相違する（material difference）と認められる限り、同様にダブル・パテントによって拒絶されることはありません[6]。

---

[5] MPEP 1893.03(d), 規則 § 1.475, 1.1499i

[6] *Applied Materials, Inc. v. Advanced Semiconductor Materials, Inc.,* 98 .3d 1563(Fed. Cir. 1996)

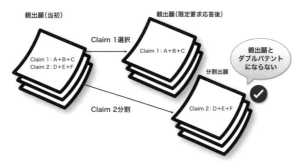

（図29：限定要求に伴う分割出願）

7. 応答時の考慮点

　限定要求に応答して、特定の発明グループの1つを選択する際に、審査官の認定に対して、否認とともに（with traverse）応答し、または否認せずに（without traverse）応答することができます。

　ただし、審査官は、限定要求を出すかどうかについて、広い裁量を持つので、たとえ否認とともに（with traverse）応答したとしても、審査官が出願人の反論を受け入れて限定要求を取り下げる（withdraw）ことは稀です。

　なお、限定要求に応答してクレームを選択（制限）しても、権利化後の権利行使について、審査経過禁反言は生じません[7]。

　また出願時に、明らかに限定要求の対象となるような複数のクレームグループをクレームすると、すべてのクレームの権利化を望む限り、分割出願を余儀なくされることとなります。分割出願に係る特許の存続期間は、親出願の出願日から起算されますので、出願後になって分割出願をしていくと、それだけ特許の許可を得るのに時間を要し、特許権の行使が可能な期間が短くなってしまいます。重要な特許出願の場合には、この分割出願による権利化の遅れを回避するため、「独立し、または区別可能な」複数のクレームグループは、出願当初から別出願として出願しておくことも肝要です。

---

[7]　*Bayer Aktiengesellschaft v. Duphar Int'l Research B.V.*, 738 F.2d 1237（Fed. Cir. 1984）

第4項 **補正**
（Amendment）

　明細書やクレームの補正は、特許出願当初の発明の開示（original disclosure）にサポートされているものでなければならず、出願当初の発明の開示に新規事項（new matter）を追加する補正は、補正をする時期とはかかわりなく、禁じられています（米国特許法§ 132（a））。特許権は、出願時に開示された発明の範囲内で与えられ、特許性の有無も出願時を基準に判断されるものだからです。

　補正が新規事項に該当するかどうかは、特許出願後に受けた局指令（Office Action）に対する応答時、継続出願時、特許の再発行（reissue）、再審査（reexamination）時などで問題となります。

1. 補正できる範囲

（1）新規事項（new matter）の追加にならないこと

　禁じられる新規事項（new matter）とは、特許出願当初の開示（original disclosure）にない事項をいいます（MPEP 608.04, 2163.06, 2163.07（a））。新規事項を追加する補正は認められず、米国特許法§ 132（a）による形式的拒絶（objection）の対象となります。

（2）出願当初の開示（original disclosure）とは

　補正のベースとなる出願当初の開示（original disclosure）には、明細書・図面のほか、出願当初のクレームの記載も含まれます[1]。

　特許出願の審査前に提出された予備的補正（preliminary amendment）の内容も、特許出願と同じ日に提出され、かつその予備的補正の内容を明細書の一部とする（incorporate）と宣言した宣言書（declaration）を提出[2]すれば、特許出願当初の開示に含まれることになります（MPEP 608.04（b）, 714.01（e））。ただし、特許出願後に提出された予備的補正の内容は、出願当初の開示に含

---

[1]　*In re Rasmussen*, 650 F.2d 1212（CCPA 1981）

[2]　宣言書の提出は特許出願後でも可能です。

172

まれません。

　新規事項にあたるかどうかの判断基準は厳しく、その補正の内容が出願当初の開示に、明示的、暗示的、内在的または本来的（explicitly, implicitly, intrinsically or inherently）に記載されているかどうか、要するに、記載されているのと同一視できるかどうかによって判断されます。

　この範囲を超えると、たとえ補正の内容が出願当初の開示から自明に（obvious）得られる事項であっても新規事項に該当し、認められません。

2. 明細書・図面の補正

　出願当初の開示（明細書＋図面＋出願時のクレーム）の範囲内でする補正であれば認められます。

　たとえば、図面や出願時のクレームのみに記載されている事項を、明細書中に追加する補正は、新規事項の追加に該当しないため適法です。また、出願当初の開示には、IBR により引用される他の文献も含まれるので、IBR で引用する被引用文献の記載内容を、後から明細書中に追加する補正も適法です。

　出願当初のクレームをサポートするために、明細書にそのクレームをサポートする記載を追加しても、つまり、出願当初のクレームに記載された文言を明細書に追加しても、その記載の追加は新規事項にはなりません。出願当初のクレーム自体も出願当初の開示の一部を構成するからです[3]。これを、オリジナル・クレーム・ドクトリンといいます。

　一方、いったん補正されたクレームは出願当初の開示の範囲外なので、補正されたクレームをサポートするために、明細書にその補正後のクレームをサポートする記載を追加する補正は新規事項の追加になりえます[4]。明細書の補正が新規事項を追加するものと判断された場合には、米国特許法 § 132 (a) 違反の形式的拒絶（objection）を受けることになります。

　また、例えば明細書の記載が、クレーム発明を当業者が実施可能な程度に

---

[3]　*In re Wolfensperger,* 302 F.2d 950（CCPA 1962）

[4]　*In re Rasmussen,* 650 F.2d 1212（CCPA 1981）

記載されていないとして米国特許法 § 112（a）の実施可能要件違反の拒絶を受けた場合には、拒絶されたクレーム発明が実施可能な程度の新たな記載を明細書に追加することは、新規事項の追加に該当します。このように、新たな記載を追加する必要がある場合には、親出願への新規事項の追加が許容される一部継続出願（Continuation-in-Part：CIP）をする必要があります。

　新規事項の追加は、通常、クレーム以外の補正、つまり明細書、図面や要約の補正で問題となります。補正されたクレームが出願当初の開示を超える場合、米国特許法 § 112（a）の記述要件（written description）の違反となるからです。

3. 誤訳の訂正

　日本でされた基礎出願に基づいて米国にパリ優先権主張出願をした場合、米国出願での英語の誤訳を訂正することは、誤訳であることが、どのように誤訳を訂正すべきかを含めて、当業者に自明（obvious）であれば、新規事項の追加とはならず、認められます[5]。

4. クレームの補正

　クレームの範囲を拡張する補正をした結果、補正されたクレームが明細書の開示範囲を超えてしまった場合、当該補正されたクレームは、米国特許法 § 112（a）の記述要件違反の拒絶の対象となります。

5. 仮出願の補正

　仮出願（provisional application）は、それ自体が審査対象とはならないため、仮出願の出願後に、明細書、図面やクレームを補正することはできません。

---

[5]　*In re Oda*, 443 F.2d 1200（CCPA 1971）

6. 最終局指令を受けた後にするクレーム補正

最終局指令（最終拒絶）は、出願審査手続きが基本的に終了したことを意味するので、最終局指令を受けた後は、クレームの補正は大幅に制限されます（MPEP 714.12, 714.13）。

最終拒絶されたクレームに対する補正を認めるかどうかは、審査官の裁量によります。補正されたクレームが新規性、非自明性を備えているかどうかを判断するために、再度、審査（consideration）や先行技術調査（サーチ）を要するような補正は、出願当初の開示の範囲内であって新規事項（new matter）にあたらなくとも、新規な審査負荷（new issue）をもたらすものとして禁止されています。

最終拒絶を受けた後に可能なクレームの補正は、以下に限定されます。

i). クレームの削除（canceling claims）

ii). 審査官から要求された訂正

iii). その他新規な審査負荷（new issue）をもたらさない補正

上記以外の実質的なクレーム補正を必要とする場合には、継続審査請求（RCE）をして最終拒絶を解除する必要があります。

7. 補正と審査経過禁反言

Festo 最高裁判決（第8章第2項で後述）以降、出願人が新規性、非自明性、記載要件等の特許要件に関連して補正したクレームについては、原則的に審査経過禁反言が働き、均等論の適用による特許権侵害が認められないことが明らかにされました。

このため、クレームが拒絶された場合に補正をすると、補正されたクレームの構成要件については、特許となってから後での均等論の適用が非常に認められにくくなってしまいますので、補正も必要最小限に抑えることが好ましいといえます。

また、単なる誤記の訂正など、特許性に直接関連しない理由でクレームの補正をした場合には、均等論が適用される余地があります（均等論の適用は

排除されない）ので、補正とともに提出する意見書で、「誤記の訂正のための補正である」等の理由を記載しておくとよいでしょう。

第5項　査定系審判
（Ex-parte Appeal）

　審判は、実体的な問題（substantive matters）について、米国特許庁の審判部（Patent Trial and Appeal Board：PTAB）にレビュー（再審理）を求める法定手続きです。審判部（PTAB）の主たる役割は、審査官の最終拒絶に対するレビューであり、出願クレームの審査のやり直しではないとされています。一方、請願書（petition）は、手続き的な問題（procedural matters）について特許庁長官にレビューを求める規則上の手続きです。

　本項では、特許出願の最終拒絶に対する不服申し立てとして請求される査定系審判（ex-parte appeal）を説明します。

1. 査定系審判請求

　実体的な局指令は少なくとも2回発行されるので（non-final Office Action, final Office Action）、クレームが少なくとも2回拒絶された後でなければ審判請求はできません。最終局指令（final Office Action）から3か月以内（さらに3か月の期限延長が可能）に審判請求書（Notice of Appeal）を提出しなければなりません。

　この審判請求書は、審判請求の意思表示で足り、詳細な審判請求理由（特許性に関する主張）を記載する必要はありません。

2. 査定系審判請求時の補正

　査定系審判請求の際には、新たな補正や宣言書による新たな証拠提出は、当然の権利としては（as a matter of right）行うことはできません。審判請求後に許容される補正の範囲は狭く、クレームの削除、先の局指令での指摘に従う補正、拒絶されたクレームの形式上の補正等に限定されます。

　このため、実体的な補正、例えば、明細書・図面に開示された構成要件をクレームに加える減縮補正が必要な場合は、継続審査請求（RCE）や継続出

願に依ることになります。

　また、査定系審判請求後に許容される新たな証拠提出は、審判請求の対象とされるすべての拒絶を当該証拠が解消することができ、かつ当該証拠がなぜ最終拒絶前の審査手続きで提出できなかったかの十分な理由を説明するものでなければなりません。

3. 査定系審判手続き

　査定系審判の審理主体である審判部の審判合議体は、通常 3 名の行政特許判事（Administrative Patent Judges：APJs）を含んで構成されます。この審判合議体は、査定系審判の他、付与後レビュー（Post-Grant Review：PGR）や当事者系レビュー（Inter-Partes Review：IPR）、冒認認定手続き（derivation proceedings）を審理する主体です。

　米国特許庁は、審理主体である行政特許判事（APJs）を増員していますが、未だ審判手続きは通常、2 年以上の期間を要しています。

　審判請求人は、審判請求後 2 か月以内（さらに 3 か月の期限延長が可能）に、審判理由補充書（Appeal Brief）を提出し、審判請求理由を詳細に述べる必要があります。

　その後、審判理由補充書で主張された審判請求理由に対して、2 か月以内に、特許出願を審査した審査官の答弁書（Examiner's Answer）が提出されます。この審査官の答弁書に対して、2 か月以内に、審判請求人は、弁ばく書（Appellant Reply）を提出することができます。審判請求人の請求があれば、口頭審理（oral hearing）が開催されますが、口頭審理において新たな証拠の提出や主張をすることはできません。

　審判合議体の審決に原審の審査官は拘束されます。クレームが許可可能な状態にあれば、審査官はさらなるサーチや審査を行いません。

4. 査定系審決に対する不服申し立て

　査定系審判は、米国特許庁での第二審なので、審決に対する控訴（appeal）

は、連邦巡回控訴裁判所（CAFC）、または、民事訴訟として地裁に提起することができます。

　審判理由補充書での主張に対する審判合議体の審決に対して、CAFC がレビューを行うレビュー・スタンダード（再審理基準）は、事実認定（例えば、引用例の開示内容の認定）については、審判合議体の決定が実質的証拠に基づくものであれば審判合議体の審決を維持する実質的証拠の基準（substantial evidence standard）です。一方、審判合議体のクレーム解釈や自明の最終的な判断等の法的判断については、審判合議体の審決に拘束されず自由心証でレビューできる de novo 基準です。

5. 審判前簡易レビューの請求（Pre-Appeal Brief Request for Review）

　2005 年以降、審判請求書（Notice of Appeal）とともに、査定系審判前の簡易レビューの請求（Pre-Appeal Brief Request for Review：以下、「PABR」）を提出することができます。この PABR は、審査官の最終拒絶が、明らかに不当であり根拠がない（clearly not proper and without basis）場合（例えば、引用例の開示内容の認定に明らかな事実誤認がある場合等）に、早期にレビューをしてもらう手続きです。

　PABR の請求では、最終拒絶の明らかな誤りを、最大 5 ページまでのショートサマリーで主張する必要があります。

　PABR の請求があった場合、特許出願を審査した（最終拒絶をした）審査官、スーパーバイザーの審査官、および他のプライマリまたはスーパーバイザーの審査官が会議（Pre-Appeal Brief Conference）を開催して、ショートサマリーで主張された最終拒絶の明らかな誤りをレビューし、少なくとも 1 つの拒絶を維持するか、審査を再開するか、またはクレームを許可するか、を合議で決定します。

　なお、審判請求人は、このレビュー手続きに参加したり、審査官と面接したりすることはできません。

6. AFCP（After Final Consideration Pilot）2.0

　最終局指令（final Office Action）を通知された後は、実質的なクレームの補正が認められないため、クレームを実質的に補正するためには、継続審査請求（RCE）により、審査のやり直しを求める必要がありました。

　2013 年以降、最終拒絶を受けた後の査定系審判請求以外の新たなオプションとして、AFCP（After Final Consideration Pilot）2.0 が請求可能となりました[1]。

　AFCP2.0 を請求することにより、最終拒絶をした審査官に、AFCP2.0 の請求とともにされたクレームの補正を再度審査させ、拒絶が解消された場合には特許査定を得ることができます。クレームの補正を再度審査させるために継続審査請求（RCE）を行う必要がなく、また AFCP2.0 の請求には追加費用がないため、コストメリットがあります。

　ただし、有効に活用できる範囲は限定的であり、AFCP2.0 で提出されるクレームの補正と意見書は、審査官が 3 時間以内に拒絶を再考できる範囲の主張でなければなりません。このため、審査官の追加サーチが必要となるようなクレームを減縮する補正や、自明の認定に対する詳細な反論等を AFCP2.0 で審査官に再考させることは困難でしょう。

　一方、審査官が最終拒絶を維持するとの心証を持った場合には、通常、出願人に面接の機会が与えられます。

---

[1]　時限的なパイロットプログラムであるため終了する可能性もありますが、試行期間の延長がされ続けており、制度として定着しつつあります。

冒認認定手続き
（Derivation Proceedings）

第 6 項

冒認認定手続き（derivation proceedings）は、先願または先の特許に発明者として記載されている者が、後願の発明者からクレーム発明を冒認したか否か、すなわち真の発明者であるか否か、を決定する手続きです。

真の発明者でない先願の発明者がすなわち冒認者です。

この真の発明者を決定するための米国特許庁での手続きは、AIA 改正により、新たに創設されました。

1. 冒認認定手続き創設の沿革

AIA 改正前は、他人同士のダブルパテントを防止する米国特許法旧 § 102 (g) に基づき、先願と後願のクレーム発明同士の発明日の先後を決定する手続きとして、米国特許庁にはインターフェアランス（抵触審査）がありました。

AIA 改正後は、発明日が問題とされないため、このインターフェアランスは廃止されましたが、米国特許法 § 102 の適用において、先願に発明者として記載された者が、クレーム発明を真の発明者から冒認したか否かを決定する冒認認定の手続き（derivation proceeding）が新設されました（米国特許法 § 135）。

AIA の立法過程では、先発明主義（First-to-Invent）から先発明者先願主義（First-Inventor-to-File）に移行すると、真の発明者からの冒認が増える恐れがあるため、真の発明者を争う手段が必要とされるとの議論もあり、冒認を認定するための米国特許庁での手続きの創設が求められました。また、AIA 改正前のインターフェアランスは、複雑で高コストと評価されていたため、より簡素化された手続きとすることが意図されました。

2. 冒認を争う場（venue）

特許出願における冒認（derivation）とは、第三者が他人の発明を盗用し、

他人の許可なく出願することをいいます。

　この冒認は、民事訴訟として裁判所で争うこともできますが、米国特許庁での冒認認定手続きとは立証責任が異なります。

　裁判所では、裁判での一般原則どおり、冒認を立証するため、明瞭かつ確実な証拠（clear and convincing evidence）が必要とされます。一方、米国特許庁での冒認認定手続きでは、「十分な証拠（sufficient evidence）」（裁判所での実質的な証拠（substantial evidence）基準に相当する）にサポートされていれば、冒認を立証することができます。このため、同じ証拠に基づく場合、米国特許庁での冒認認定手続きの方が、立証することが容易といえます。

3. 冒認認定手続きの請求要件

　この冒認認定手続きの請求時期は、先願の特許出願の出願公開または特許許可1年以内に制限されています。

　また、冒認認定手続の請求権者は、後願の特許出願人に制限されており、第三者が請求することはできません。

　冒認の存在が認められる要件として、請求人は以下を立証しなければなりません。

ⅰ）. より早い発明の着想（prior conception of the invention）

ⅱ）. 発明の着想が冒認者に伝達されたこと（発明を実施化し使用することが十分に可能な態様で）（communication of that conception that is sufficient to enable the alleged deriver to construct and successfully operate the invention）

ⅲ）. 冒認者が後願の出願人の許可なく先に特許出願したこと

4. 冒認認定手続き

　冒認認定手続きの審理主体は、米国特許庁の審判部の行政特許判事（Administrative Patent Judges：APJs）の合議体です。

　冒認認定手続きを開始するには、請求人（後願）または被請求人（先願）の対象クレームが許可可能であることが条件です。

　冒認認定手続きでは、冒認を認定することに関連せずに、クレームの特許性が判断されることはありません。

　また、冒認が争われる先願のクレームと後願のクレームとは、「同一、または実質的に同一（the same or substantially the same）」であることを要します（規則§ 42.405）。

　実質的同一とは、冒認されたとされる先願のクレームが、後願のクレームと、「特許性において区別できない（patentably indistinct）」、つまり自明なバリエーション（obvious variant）である場合を含むと広く解されています。

　冒認認定手続きでは、限定的ですが、証拠開示手続き（discovery）が認められています（規則§ 42.51）。当事者間の和解も可能です。

　また、冒認が認められた場合、審判合議体は、冒認認定手続きの最終決定の一部として、冒認であると認定された先願の特許出願または特許に記載された発明者の氏名を真の発明者の氏名に訂正することができます。

5. 不服申し立て

　審判合議体の冒認認定手続きの最終決定に対しては、CAFC、またはバージニア州東部地区連邦地裁のみに不服申し立て（appeal）することができます。事実審である連邦地裁への不服申し立てでは、新たな証拠の提出が認められます[1]。これに対して、法律審であるCAFCへの不服申し立てでは、新たな証拠の提出は制限されます。

---

[1]　*Hyatt v. Kappos*, 625 F.3d 1320（Fed. Cir. 2010）（en banc）

第 7 項　情報提供 （Third Party Submission）

　情報提供は、係属中の特許出願に対して、刊行物の提出を第三者に認める制度です。第三者により提出された刊行物を審査官が考慮し、引用例として採用されれば、他者の特許出願の権利化を阻むことができます。

1. 情報提供の要件

　情報提供（third party submission）は、匿名で行うことも可能です。

　ただし、情報提供可能な第三者は、情報提供の対象となる特許出願についての規則 § 1.56 の情報開示義務（duty to disclose）を負わない者であることが必要であり、情報提供ではその旨を陳述する必要があります。つまり、情報提供を IDS 提出の代替手続とすることはできません。

　AIA 改正前は、刊行物を提出するのみで、提出する刊行物についての説明を付加することができませんでした。

　AIA 改正後は、提出する刊行物について、出願中のクレームとの関連性の簡潔な説明（concise description of the asserted relevance）が必要とされるようになりました（規則 § 1.290）。

　係属中の特許出願に対して情報提供ができる期限は、出願公開から 6 か月以内、または最初のクレーム拒絶の日までのいずれか遅い方です。

　出願公開されていることは情報提供の要件ではないので、未公開の特許出願に対しても情報提供することができます。

2. 情報提供で提出可能な刊行物と簡潔な説明

　提出できる刊行物は、非特許文献も含み、先行技術には限定されません。ただし、英語以外の言語の刊行物は英語の翻訳が必要です。

　各刊行物について記載すべき関連性の簡潔な説明は、刊行物の開示内容の説明と開示箇所の説明等の事実の陳述に留めるものとされており、クレーム

発明の特許性に関する見解（argument against patentability）までを含むことは
できません。

3. 提出された刊行物と IDS 提出

　情報提供を受けた出願人は、情報提供に対して応答する必要はなく、また、
情報提供で提出された文献を出願人が IDS で提出する必要もありません。

　ただし、関連出願や継続出願等では、米国特許庁内で自動的には回付され
ないため、クレーム発明との関連性がある場合には、情報提供で提出された
文献を出願人が知った情報として IDS で提出する必要が生じえます。

Column 5.

故意侵害と鑑定書
（Willful Infringement and Legal Opinion）

米国では、特許権を故意に侵害したと認定されると、故意侵害（willful infringement）として、損害賠償額が実際の損害の最大3倍まで増額されます。いわゆる懲罰的損害賠償です。この故意侵害の存在が、米国での特許権侵害訴訟のリスクを不確実なものにしています。対象特許を知っていたことで故意侵害の認定に繋がることを回避するため、特許出願前に敢えて先行技術調査を行わないという特異なプラクティスも存在するほどです。

対象特許について外部の特許弁護士の非侵害や無効の鑑定書を取得していることは、故意の存在を否定して損害賠償額の増額を免れるための有力な根拠とされてきました。

裁判所の裁量による損害賠償額の増額を規定する米国特許法§284は、どのような場合に故意侵害を認定するかの基準には言及していません。故意侵害の基準についての判例法は大きく変遷しています。

2007年の In re Seagate Technology, LLC CAFC判決[1] は、それまでの故意侵害認定の基準を厳格化し、Seagate テストと呼ばれる以下の2ステップテストを確立しました。

ステップ1：侵害者の侵害行為が客観的にみて無謀になされたものであること（objective recklessness）

ステップ2：ステップ1が充足される場合、侵害者が侵害のリスクを知っていた、または知っているべきであったことが明白であった

また、上記はいずれも明瞭かつ確実な証拠（clear and convincing evidence）で立証しなければならないとされました。立証責任が重いこととも相まって、この Seagate CAFC 判決により、故意侵害を立証するのは相当困難になりました。

ところが、2016年、連邦最高裁は、Halo Electronics, Inc. v. Pulse Electronics, Inc. 最高裁判決[2]で、Seagate テストは過度に厳格であり、損害賠償額について裁判所に広い裁量を認めている米国特許法§284に矛盾するものであるとして、Seagate テストを明確に否定しました。

この Halo 最高裁判決では、Seagate テストが求める「客観的無謀さ（objective recklessness）」や明瞭かつ確実な証拠は米国特許法§284が要求するところではなく、侵害時点での侵害者の主観的な悪意も故意侵害の根拠となり得るし、立証責任はより軽い証拠の優越（preponderance of evidence）で足りると判示しました。

この Halo 最高裁判決は、Seagate テストを否定して故意侵害のハードルを下げたことまでは明らかであったものの、Seagate テストに替わる具体的基準を示すものではなかったため、その後の実務で、故意侵害についての不確実性を増すものでした。

2019年、SRI Int'l, Inc. v. Cisco Systems, Inc. CAFC判決[3] は、故意侵害には、「理不尽、悪質、かつ悪意ある行動（wanton, malicious, and bad faith behavior）」のレベルを立証する必要

[1] In re Seagate Technology, LLC, 497 F.3d 1360 (Fed. Cir. 2007)
[2] Halo Electronics, Inc. v. Pulse Electronics, Inc., 136 S.Ct. 1923 (2016)
[3] SRI Int'l, Inc. v. Cisco Systems, Inc., No.2017-2223 (Fed. Cir. 2019)

があると判示し、Halo 最高裁判決以降の故意侵
害テストの欠缺状態を補完しています。

　故意侵害は、連邦地裁段階では専ら陪審
（jury）が判断するため、予測可能性が高いとは
いえません。主観的な悪意がなかったことを根
拠付けるために、非侵害や無効の鑑定書を予め
取得しておくことの重要性は増しているといえ
ます。ただし、AIA 改正で、侵害被疑者が弁護
士の非侵害の鑑定書を取得しないことや裁判所
や陪審に提出しないことを以って、故意侵害の
存在を推定することは明文で禁止されました
（米国特許法 §298）。

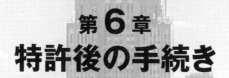

第6章
特許後の手続き

（Post-Grant Procedure）

第 1 項

再発行
（Reissue）

　再発行とは、特許が発行され、特許権が成立した後に、特許明細書または図面に誤り（error）がある場合に、特許の内容の訂正を認める制度をいいます（米国特許法 § 251）。元の特許が放棄される替わりに新たな特許が再発行されます。

　単なる誤記やタイプミス（clerical or typographical error）であれば、再発行を申請するまでもなく、特許の訂正証書（certificate of correction）の発行が認められます。そのため、再発行が利用されるのは、例えばクレームが広すぎて新たに発見された引用例によって無効にされそうなときや、逆にクレームの範囲を変更や拡張することにより競業他社の製品をクレームの範囲に含めたいときに、クレーム記載を訂正したい場合などです。

1. 再発行請求要件

（1）請求人適格と請求時期

　特許権者は、再発行の請求を、特許付与後、いつでもすることができます。再発行請求要件は、米国特許法 § 251 に次のとおり規定されています。

　ⅰ）．明細書または図面に瑕疵（defect）があるか、または本来ならもっと広いクレームが取得できたか、狭いクレームとすべきだったこと（瑕疵の存在）

　ⅱ）．その瑕疵により、特許の全部または一部が実施不能または無効とみなされる程度の重大な瑕疵であること（瑕疵の重大性）

　AIA 改正前は、特許の瑕疵（特許明細書や図面の誤り）が詐欺的意図なく（without deceptive intent）されたものであることが請求要件でしたが、AIA 改正により、「詐欺的意図なく（without deceptive intent）」との主観的請求要件は削除されました。

　2012 年 9 月以降、クレームを拡張する場合、再発行請求の際に提出する宣言書で、出願人が拡張したいクレームを特定しなければなりません（規則 § 1.175（b））。

　ただし、クレームを拡張（broaden）する訂正を伴う再発行請求は、特許発行から 2 年以内に限定されています（米国特許法 § 251（d））。

　再発行の請求の際には、再発行請求の理由となる原特許の誤りの内容と理由について具体的に説明した宣誓供述書または宣言書を提出しなければなりません。

（2）請求理由

　再発行が認められる特許の誤りとは、次のとおりです。

- ・クレームの範囲が不適切であること
- ・明細書、図面の記載不備（inaccuracies）
- ・発明者の記載不備
- ・パリ条約に基づく優先権主張の不備
- ・継続出願での同時係属出願（co-pending application）に関する記載の不備

　例えば、特許出願手続きの代理人が、本来なら考慮しなくてよい先行技術の存在によって、クレームの範囲を必要以上に狭くしてしまったケースは、再発行請求が認められる誤り（error）だとされています[1]。

2. 再発行の審査手続き

（1）審査手続き

　2014 年以降、再発行は、特許の審査を担当した同じ審査官ではなく、米国特許庁の集中再審査ユニット（Central Reexamination Unit：CRU）で審査されます。

　再発行が請求された特許は、再発行出願（reissue application）として、通常の審査手続きと同様の審査手続きに付されます。つまり、CRU の審査官は、再発行出願の全体について、すべての特許要件（patentability）を新たに（de novo）審査するので、新たなサーチを行って新たな先行技術を引用することもできます。

　再発行出願のファイル（出願書類一式）は、公開されるので、第三者は、

---

[1]　*In re Wilder*, 736 F.2d 1516（Fed. Cir. 1984）

公開された再発行出願のクレームについて引用文献の情報提供をすることができます。

再発行出願の審査に特許の有効性推定規定（米国特許法§282）は適用されないため、再発行出願の審査には、証拠の優越基準（preponderance of evidence）が適用されます。

再発行のクレームは、特許発行前の出願審査と同様、合理的に最も広い範囲のクレーム解釈（Broadest reasonable Interpretation：BRI）ルールで広く解釈されます。

（2）補正

再発行出願の審査手続き中、特許権者は特許明細書、図面を補正することができますが、新規事項（new matter）を追加することはできません。このため、審査手続き中に継続出願や分割出願をすることはできますが、一部継続出願（CIP）をすることはできません。一部継続出願は新規事項を追加するためにされる継続出願だからです。

特許付与後の当事者系レビュー手続き（PGR, IPR）では、クレームの補正が制限されます。このため、第三者からレビューを申し立てられる可能性が予期される特許については、事前に、補正の自由度が高い再発行を請求することにより、クレーム記載の瑕疵を訂正しておくことができます。

（3）不服申し立て

再発行の決定に対する不服申し立ては、米国特許庁の審判部（PTAB）に対して請求することができます。米国特許庁での審決に対しては、さらに、連邦巡回控訴裁判所（CAFC）またはバージニア州東部地区連邦地裁に控訴することができます。

3. 取り戻し禁止ルール（recapture rule）

（1）クレームの拡張補正を禁止する取り戻し禁止ルール

原特許発行から2年以内であれば、クレームの範囲を拡張することができますが、例外があります。

特許発行から2年以内であっても、特許権者が、原特許の出願手続き中に

特許を取得するために、いったんクレームした主題（subject matter）を放棄した（surrender）と認められた場合（たとえばクレームを減縮する補正や意見書での陳述などにより）、このいったん放棄したクレーム主題を再びクレーム範囲に含めることは、再発行請求が認められる誤り（error）ではないとされ、禁じられています。これを、取り戻し禁止ルール（recapture rule）といいます[2]。

この取り戻し禁止ルールは、たとえば、原出願の審査手続き中に、引用例を回避するためにクレームを減縮して特許を取得した後、そのいったん減縮したクレームの構成要件を拡張した場合等に適用されます。

再発行審査手続きでは、原出願審査手続きに拘束されることなく、新たに（de novo）再発行出願が審査されるものの、特許権者にとってはこの取り戻し禁止ルールが適用される範囲で、ある程度原出願での審査手続きに拘束されることになります。取り戻し禁止ルールに違反して拡張されたクレームは無効となります。

（4）取り戻し禁止ルールの３ステップ・テスト

取り戻し禁止ルール（recapture rule）は、以下の３ステップ・テストで判断されます[3]。

ステップ１：再発行のクレーム（reissue claims）が、オリジナルの特許クレーム（original patent claims）より拡張される（broader）か否か

ステップ２：再発行のクレームの拡張された部分（broader aspects）が、オリジナルの出願経過で放棄された（surrendered）主題に関連するか否か

ステップ３：再発行のクレームが他の点では実質的に減縮されており、クレームが全体として拡大されていない（enlarged）ため取り戻しルールを回避できるか否か

独立クレームを拡張することなく、その従属クレームのみを拡張する補正は、通常、拡張補正に該当しないとされています。従属クレームのみを拡張しても、拡張されない独立クレームより広くなることはないからです（MPEP 1412.03（II））。

ステップ２でのオリジナルの出願経過には、対象特許だけでなく、パテン

---

[2]　*In re Willingham*, 282 F.2d 353（CCPA 1960）

[3]　*North American Container, Inc. v. Plastipak Packaging, Inc.*, 415 F.3d 1335（Fed. Cir. 2005）

トファミリー全体の出願経過が含まれます[4]。つまり、パテントファミリー中の別の特許出願の審査経過で放棄した主題をクレーム範囲に含めようとする拡張補正は、取り戻し禁止ルールにより禁じられます。また、審査官が最終的に採用しなかった出願人の特許性に関する意見であっても、オリジナルの出願経過に含まれます[5]。

　また、審査経過中に追加された構成要件（限定）をクレームから完全に削除する補正は、当該クレームに他の構成要件（限定）を追加したとしても、取り戻し禁止ルールに抵触するため、補正として認められません。

4. 再発行特許の効果

（1）再発行特許の効力

　再発行された特許には、再発行特許付与の日から原特許の存続期間満了時までの特許権が付与されます。原特許は自動的に放棄されたものとみなされます。再発行特許と原特許のクレームが実質的に同一（substantially identical）である場合には、原特許に基づいて請求された特許権侵害訴訟は、再発行特許に基づいてそのまま審理に係属することができます。両者のクレームが実質的に同一であれば、侵害訴訟での被告製品は再発行特許のクレーム範囲にも含まれることになるからです。つまり、両者のクレームが実質的に同一であれば、実質的に再発行特許は原特許付与の日から効力を有することになります。このため、再発行請求時には、原特許のクレームを（無効になりそうなものがあればそれを除いて）そのまま残しておき、必要なクレームを追加するべきでしょう。

（2）中用権

　再発行特許の発行以前から、再発行特許クレームの範囲に含まれる物（ただし、原特許クレームの範囲には含まれない物）を生産、使用、販売等、またはその準備をしていた第三者には、再発行特許後にも継続してその生産、販売等を継続する権利が認められます。これを、中用権（intervening rights）

---

[4]　*MBO Laboratories, Inc. v. Becton, Dickinson & Co.*, 602 F.3d 1306（Fed. Cir. 2010）

[5]　*Greenliant Systems, Inc. v. Xicor LLC*, 692 F.3d 1261（Fed. Cir. 2012）

といいます。

　特許が再発行される前にすでに生産、使用、販売された物それ自体をさらに使用、販売等する行為は、当然に認められ、再発行特許に対する抗弁となりますが、特許再発行後になってその製品（物）を新たに生産、譲渡等する行為については、中用権をどの範囲や条件で認めるかは、裁判所の裁量により、衡平法（equity）上の観点から判断されます（米国特許法§ 252（b））。

（3）再発行特許公報

　再発行された特許では、原特許からキャンセルされた事項（matter）にはブラケットの削除符号が付され、追加された事項はイタリック書体で記載されます。

第2項 査定系再審査
（Ex-parte Reexamination）

再審査（reexamination）とは、特許が発行され、特許権が成立した後に、先行技術のうちでも他の特許または刊行物を引用して、米国特許庁に再度、特許されたクレーム（以下、「特許クレーム」）の審査を請求する制度をいいます。

この再審査は、基本的には特許権者を含め誰でも、また特許発行後であればいつでも請求することができます。ただし、特許出願の審査の単なる蒸し返しを防止するために、特許出願の審査段階では考慮されなかった理由、つまり、特許クレームの特許性に関する実質的に新たな疑問（Substantial New Question of patentability：SNQ）が生じると認められるような理由で再審査を請求しなければなりません。

1. 再審査制度の沿革と請求のメリット

米国では、1980年の米国特許法改正前まで、特許が発行された後の特許クレームの有効性は、連邦裁判所でしか争うことができませんでした。再審査制度は、コストが高額な上に時間もかかる訴訟手続きに依ることなく、米国特許庁が特許クレームの有効性を再度審査することにより、訴訟手続きより低額かつ短時間で、特許クレームの有効性についての判断を出すことを目的として作られた制度です。

第三者は、この再審査によって、低額なコストかつ短時間で、特許クレームを無効にすることができます。米国特許法§305で、再審査は特に迅速に（with special dispatch）処理されなければならない、と明文で規定されているからです。

また、特許権侵害訴訟で特許の無効を争うのと異なり、米国特許庁での再審査手続きではより低い立証責任で特許を無効にすることができます。

つまり、侵害訴訟では、米国特許法§282の特許は有効であるとの推定が働くため、明瞭かつ確実な証拠（clear and convincing evidence）によって無効を立証しなければなりません。一方、米国特許庁での再審査手続きでは、特

許付与後であってもこの米国特許法§ 282 の推定規定が働かないので[1]、出願審査中と同様、より低い立証責任である証拠の優越（preponderance of evidence）で特許を無効にすることができるわけです。

　また、訴訟手続きで特許クレームの有効性が争われた場合と異なり、特許権者は再審査手続き中に特許クレームを補正（訂正）することもできますので、特許権者にとっては、特許権侵害訴訟で特許クレームが無効にされるリスクを低減することができます。

　AIA 改正前、この再審査（reexamination）には、再審査の第三者請求人が再審査手続きに関与できない査定系再審査（ex-parte reexamination）と、再審査の第三者請求人が再審査手続きに関与することのできる当事者系再審査（inter-partes reexamination）との 2 種類がありました。当事者系再審査は、1999年の特許法改正法（AIPA）によって創設されましたが、AIA 改正により当事者系レビュー（Inter-Partes Review：IPR）が新設されたことに伴い、廃止されました。

　以下では、査定系再審査について説明します。

2. 査定系再審査の請求要件

（1）請求人適格と請求時期、請求費用

　査定系再審査は、特許付与後、特許権に基づく損害賠償請求が可能な期間[2]なら、いつでも、誰でもすることができ、請求に利害関係は不要です。いつでもできますので、特許権侵害訴訟が提起された後でも再審査請求できます（米国特許法§ 301）。

　ただし、いったんある特許についての再審査が請求されると、その再審査が終了するまで同じ特許についての再審査請求をすることはできません。

　誰でも請求することができるので、特許権者自身、第三者の他、米国特許庁にも請求権があります。米国特許庁が再審査を請求するのは、発行された特許のいくつかをランダムに選択して特許付与のクオリティをレビューする

[1]　In re Morris, 127 F.3d 1048（Fed. Cir. 1997）
[2]　特許権消滅後も 6 年間損害賠償請求することができます。

ためです。また、当事者系レビュー（IPR）と異なり、第三者は匿名（anonymous）
で請求することもできます。

　なお、理由のない濫用的な請求を防止するために、通常の審査料金より高
めの特許庁費用が設定されています（規則§ 1.20（c））。ただし、請求後、再
審査の必要がないとの決定がされて、実際に特許クレームが再審査されな
かった場合には、払い戻しがあります（規則§ 1.26（c））。

（2）請求理由

　査定系再審査の請求理由は、刊行物に基づく米国特許法§ 102 の新規性違
反または米国特許法§ 103 の自明に限定されており、その他の米国特許法
§ 112 の記載要件や米国特許法§ 101 の特許適格性、不衡平行為等を理由に
請求することはできません。特許権者であれば、このように査定系再審査の
請求理由から除かれている記載要件、特許適格性等を理由として、補充審査
（Supplemental Examination）を請求する機会があります。

　査定系再審査の請求は、請求対象の特許クレームが、米国特許法§ 102 お
よび§ 103 の刊行物に基づいて、特許性に関する実質的に新たな疑問
（Substantial New Question of Patentability：以下、「SNQ」）が生じることを主張
しなければなりません。SNQ が生じることが、再審査手続きの開始要件です。

　特許性に関する実質的に新たな疑問（SNQ）とは、合理的な審査官が先行
技術（提出された刊行物）を、クレームに特許性があるか否かを判断する上
で重要であると考えるであろう実質的な蓋然性がある場合に（there is a
substantial likelihood that a reasonable Examiner would consider the prior art patent
or printed publication important in deciding whether or not the claim is patentable）、
肯定されます。

　いずれか 1 つのクレームについて SNQ が認められれば、査定系再審査手続
きが開始されます。特許性がないことまでの認定は必要とされないので、SNQ
は、審査段階での審査官の立証責任である「特許性がないことの一応の証明
（prima facie case of unpatentability）」より低い基準になります。

　なお、SNQ が認められるためには、新たな先行技術である必要はなく、す
でに審査段階で審査官に考慮された先行技術、例えば、審査段階で引用され
た先行技術や、出願人から IDS で提出されて審査官が考慮した先行技術で

あっても、SNQ が認められ得ます[3]。

3. 査定系再審査の手続き

（1）査定系再審査の審査主体

　査定系再審査では、集中再審査ユニット（Central Reexamination Unit：CRU）の審査官のパネルが審査主体となります。2005 年に米国特許庁内に CRU が設置される前には、査定系再審査は、元の審査を担当した審査官と同じ審査官が再審査を行う場合もありましたが、CRU の設置により、このような前審関与審査官が再審査することはなくなりました。

（2）査定系再審査手続き開始の決定

　査定系再審査請求（米国特許法 § 302）がされると、査定系再審査手続きを開始するか否かの決定は、請求から 3 か月以内になされます。当該査定系再審査請求が特許中のいずれかの特許クレームの特許性に SNQ を生じさせる場合に、査定系再審査手続きの開始が決定されます。どの特許クレームについても SNQ が生じないとする決定は終局的であるため、その決定について審判部に不服申し立てすることはできません。請求費用の一部が返還されるだけです。ただし、再審査請求人はその決定に対して 1 か月以内に請願書（petition）を提出して決定の再考を求めることはできます。

　他方、いずれかの特許クレームについて、特許性に関する実質的に新たな疑問（SNQ）が生ずるという決定がされると、特許の査定系再審査手続きが開始されます。

（3）特許権者と再審査請求人の応答

　査定系再審査手続き開始の決定がされると、特許権者は 2 か月以内に特許権者の陳述書（patent owner's statement）を提出して反論し、またクレームおよび明細書の補正を提出することができます。

　このときの補正では、新たなクレームを追加することもできますが、出願当初の明細書に記載されていない新規事項（new matter）を追加することはで

---

[3] 1999年の米国特許法改正（AIPA）以前は、すでに審査官に考慮された先行技術では SNQ が生じないとされていましたが、AIPA 改正後に緩和されました。

きず、またクレームを拡張（broaden）する補正も認められません。

　特許権者が陳述書や補正書を提出した場合には、査定系再審査の請求人である第三者は、陳述書を送付された日から 2 か月以内に答弁書を提出することができます。この答弁書提出は、査定系再審査手続きで第三者が手続きに関与できる最後のチャンスです。特許権者が陳述書などを提出しなかった場合には当然答弁書を提出する機会もありません。査定系再審査の請求人である第三者は、この答弁書で、特許権者の陳述や補正に対して、新たな刊行物を提出することもできます。

（4）査定系再審査手続き

　査定系再審査開始の決定がされると、再審査請求された特許にあるすべてのクレームが査定系再審査の対象になります。また、補正されたクレームや追加されたクレームについては、米国特許法 § 112 の記載要件についても審査されます。

　再審査手続きは、特に迅速に（with special dispatch）処理されなければならないと法定されています（米国特許法 § 305）。迅速に処理するために、特許権者に与えられる局指令の応答期間も通常の審査より短く、また応答期限の延長も当然の権利としては認められず、「十分な理由（sufficient reason）」がある場合にのみ認められます（規則 § 1.550）。

　IDS 提出による情報開示義務も、審査段階と同様に課されます。なお、査定系再審査請求人である第三者は、開始された再審査手続きにその後関与することができません。当事者系手続きでないため、証拠開示手続き（discovery）もありません。

　査定系再審査手続きでは、査定系再審査請求で引用された引用文献に基づいてのみ特許性の有無が審査されます。また、再審査が開始されると、その再審査の包袋（ファイル）はオープンにされ、誰でもアクセスできるようになり、再審査請求人以外の第三者も、再審査手続き中に特許クレームに対して引用文献の情報提供ができるようになります。

　査定系再審査の範囲は、刊行物に基づく新規性違反または自明（米国特許法 § 102、§ 103）に限定され、特許クレームのその他の特許要件が自由裁量で再審査されることはありません。査定系再審査手続きにおいて、継続審査請求

（RCE）を請求することはできません。

　なお、審査段階での情報開示義務違反等の不衡平行為の瑕疵を、査定系再審査を請求することのみによって治癒することはできません。

(5) 立証責任

　査定系再審査手続きにおいて、いったん成立した特許は有効（validity）であるという米国特許法§ 282 の有効性の推定規定は適用されず、再審査請求された特許のすべてのクレームは、合理的に最も広い範囲（Broadest Reasonable Interpretation：BRI）で解釈されて、先行技術と対比され、新たに（de novo）審査されます[4]。審査官は通常の出願審査と同様、新規性や非自明性がないという一応の証明（prima facie case）を果たせばクレームを拒絶することができます。

　つまり、査定系再審査請求した第三者にとってみれば、訴訟で特許の有効性を争う場合には明瞭かつ確実な証拠（clear and convincing evidence）によって無効を立証しなければならないのと比較して、より軽い証拠の優越（preponderance of evidence）の立証責任で容易に特許クレームを無効にすることができます。

4. 認証書（certificate）の発行

　査定系再審査手続きが終了すると、再審査の認証書（証書）（reexamination certificate）が発行されます。この認証書は、原クレーム、新たなクレーム、補正されたクレームが特許性を有することを証明する、または、特許性がないと判断されたクレームの取り消し（cancel）を証明するものです（MPEP 2288）。この認証書は、特許公報（Official Gazette）に公示されます。

5. 不服申し立て

　査定系再審査の決定に対する不服申し立ては、米国特許庁の第二審である審判部がレビューします。審判部の審判合議体の審決に対しては、CAFC に

---

[4]　これに対して、審判部（PTAB）が行う当事者系のレビュー手続き（IPR, PGR）では、裁判所と同様の Phillips 基準でクレームが解釈されます。

対して控訴することができますが、民事訴訟として連邦地裁に控訴することは認められていません。AIA改正により、特許権者が連邦地裁に民事訴訟として審決に対する不服を申し立てることは禁じられました（米国特許法§306、§141(b)）。

なお、再発行（re-issue）の場合と同様、第三者の中用権（intervening right）も認められます。

6. 訴訟手続きとの関係

査定系再審査請求は特許発行後いつでもできますので、査定系再審査が特許権侵害訴訟提起後に請求され、特許権侵害訴訟と同時係属することがあります。このとき、特許権者は、査定系再審査手続きがされていることを理由に、継続中の訴訟の中止（stay）を申し立てる（motion）ことが可能です。ただし、訴訟手続きを中止するかどうかは、裁判所の裁量です。

査定系再審査を請求したことで、後の当事者系レビューや付与後レビュー等のレビューが禁じられることはありません（米国特許法§325(d)）。

裁判所は、査定系再審査でのクレームの特許性についての米国特許庁での判断には拘束されず（non-binding）、禁反言は働きません。

また、裁判所では、裁判官が、マークマンヒアリング（Markman hearing）において、特許クレームの範囲の限定解釈を許容するPhillips基準を適用して決定しますが、米国特許庁での査定系再審査では審査のときと同様、特許クレームは合理的に最も広い範囲（Broadest Reasonable Interpretation：BRI）で解釈されますので、査定系再審査では、クレーム範囲がより広く解釈され、同じ引用例で特許性を失う可能性が高くなります。このようにクレームが広く解釈されるのは、審査のときと同様、特許権者にクレームを補正（訂正）する機会が認められているからです。

このため、査定系再審査の方が、特許を無効にするための請求人の立証負担が低く、また特許クレームが広く解釈されるために、同じ引用例に基づいて裁判所よりも特許クレームを無効にしやすいといえます。

一方、査定系再審査では、訴訟手続きと異なり、特許権者には、クレーム

を補正することによって、無効とされるのを回避する機会があります。

<table><tr><td>第3項</td><td>**補充審査**
（Supplemental Examination）</td></tr></table>

補充審査（supplemental examination）は、不衡平行為（inequitable conduct）のおそれのある問題、典型的には、情報開示義務（duty to disclose）違反等を、後発的に解消することを目的に創設された手続きで、AIA 改正で新設されました。

1. 補充審査制度創設の背景

AIA 改正前は、発行された特許の手続きにおける不衡平行為（inequitable conduct）は、再発行や再審査では後発的に治癒できないものとされており、多くの特許訴訟で争われてきました。

特許出願係属中の情報開示義務違反等の不衡平行為を理由とする抗弁が訴訟で濫用的に提起されていた状況を是正するため、AIA 改正で、米国特許庁で不衡平行為を後発的に解消するための手続きとして、補充審査制度が創設されました。

裁判所は米国特許庁での補充審査における判断には拘束されませんが、米国特許庁での補充審査ですでに提起された不衡平行為の根拠を、後の連邦地裁での訴訟で再度提起して不衡平行為を抗弁することはできません（米国特許法 § 257（c）(1)）。補充審査は、このような禁反言（estoppel）を法定することにより、特許訴訟で不衡平行為がむやみに抗弁として提起されることを抑止する効果を期待して創設された制度です。

2. 補充審査の請求要件

補充審査は、付与された特許に対して請求することができます。

補充審査を請求することができる者は、特許権者のみです（米国特許法 § 257）。

補充審査の請求理由は、米国特許庁に、下記を考慮または再考させるもの

です。

 ⅰ）. 新たな先行技術、または既に考慮された先行技術の新たな解釈の下での特徴

 ⅱ）. 既にした意見や証拠の訂正

 ⅲ）. クレーム補正またはキャンセル

 ⅳ）. 特許に関連する他の問題の考慮および訂正

 補充審査の請求では、IDS で提出されなかった文献を提出することができます。さらに、米国特許法 § 101 の特許適格性、米国特許法 § 102 の公知公用、米国特許法 § 112（a）の記載要件、米国特許法 § 112（b）の明確性等のあらゆる特許要件を再考する根拠となる情報を提出することができます。特許文献や刊行物以外の情報を提出可能ですが、情報は 12 アイテムまでと量的な制限があります。

3. 補充審査の手続き

 補充審査が請求されると、米国特許庁は、3 か月以内に、請求が特許性に関する実質的に新たな疑問（Substantial New Question of patentability : SNQ）を生じさせるか否かを決定します。

 補充審査手続きを開始する要件は、特許性に関する実質的に新たな疑問（Substantial New Question of patentability : SNQ）が生じるか否かです。これは、査定系再審査手続きと同様の要件です。特許性に関する実質的に新たな疑問が生じると判断された場合、補充審査手続として、査定系再審査手続きが開始されます。

 補充審査が請求されてから 3 か月以内に、補充審査手続きを開始するか否かが決定されます。この補充審査手続きを開始するか否かの決定期限である 3 か月は法定されている期限です（米国特許法 § 257（a））。開始決定された補充審査手続きは、査定系再審査手続き（ex-parte reexamination）として行われます。

 補充審査手続きとして開始された査定系再審査手続きは、集中再審査ユニット（CRU）の審査官の合議体により審査されます。

 クレームは、合理的に最も広い範囲（Broadest Reasonable Interpretation : BRI）

で解釈され、米国特許法§ 282 の特許性の有効性の推定規定は働きません。

　補充審査手続きは、査定系再審査手続きにより行われますが（米国特許法§ 257）、再審査請求に基づく査定系再審査手続き（米国特許法§ 302）と異なり、補充審査の範囲は、補充審査請求理由に限定されることはありません。CRU の審査官は、米国特許法§ 101 の特許適格性、米国特許法§ 112 の記載要件等、あらゆる特許要件を審査する裁量があります。特許権者は、査定系再審査手続きが開始された後には、局指令応答時に補正の機会が認められます。

　また、補充審査の範囲は、その制度創設目的であった、規則§ 1.56（b）の情報開示義務における特許性に重要な情報、つまり IDS で提出すべきであった情報を考慮することを含みます。

　補充審査が請求され、米国特許庁で、特許性に関する実質的に新たな疑問（SNQ）が生じないと判断された場合、禁反言が働き、補充審査で既に考慮され、再考され、又は訂正された情報に基づいて、後の訴訟で不衡平行為を抗弁することが禁じられます（米国特許法§ 257（c）(1)）。

4. 認証書（certificate）の発行

　補充審査の請求が特許性に関する実質的に新たな疑問（SNQ）を生じさせていないと決定された場合、特許性に関する実質的に新たな疑問（SNQ）がないことを確認する認証書が発行されます。

　一方、補充審査手続きとしての査定系再審査手続きが終了すると、再審査の認証書（本章第 2 項 4.）が発行されます。

第4項　特許のレビュー制度
（Review on Granted Patent）

　付与された特許の特許性（patentability）を米国特許庁がレビュー（再審理）する制度として、付与後レビュー（Post-Grant Review：PGR）、当事者系レビュー（Inter-Partes Review：IPR）、およびビジネス方法レビュー（Covered Business Method Patents Review：CBM）の3つのレビュー制度があります。いずれも、当事者対立構造のレビュー制度であり、付与された特許の質の向上を目指し、特許の有効性を争う特許訴訟の代替手段として、AIA改正により新設されました。

　3つのレビュー制度は、それぞれ入口要件である請求要件が異なりますが、その後のレビュー手続きを共通としています。

1. 特許のレビュー制度の沿革

　米国では永年の間、付与された特許の有効性を争うフォーラムは専ら裁判所でした。多くの特許権侵害訴訟で特許の無効の抗弁により特許が無効化され、特許の質の低下が問題視されるとともに、濫用的な特許訴訟や訴訟コストの増大の問題が顕在化していました。

　AIA改正の議論では、こうした現状を踏まえて、異議申立て（opposition）制度の創設を含む、米国特許庁での付与された特許の特許性をレビューする制度の創設が多く提言されました。

　米国特許庁に特許権を無効にする権能を付与することは、米国憲法が定める法廷で陪審裁判を受ける権利を奪うものであるため、米国憲法違反（米国憲法3条、修正7条違反）という反対意見もレビュー制度創設後であっても根強くありました。

　2018年の Oil States Energy Servs., LLC v. Greene's Energy Group, LLC 最高裁判決[1]は、特許権は公権の法理（public rights doctrine）の適用を受ける公権で

---

[1]　*Oil States Energy Services, LLC v. Greene's Energy Group, LLC,* 138 S. Ct. 1365（2018）

あるから、米国憲法 3 条が規定する裁判所以外の機関で取り消すことができ、当事者系レビュー（IPR）手続きで、米国特許庁の審判部が特許権の有効性を判断することは、米国憲法違反に当たらないと判示しました。これにより、米国特許庁での特許のレビュー制度は合憲であるものと理解されています。

2. 請求要件

（1）付与後レビュー（Post-Grant Review：PGR）

　付与後レビュー（PGR）は、AIA 改正法の下で審査された特許出願の特許について、請求することができます（米国特許法§ 321 〜§ 329）。

　請求人適格を有するには、利害関係人であることを明示することが必要とされ、匿名で請求することはできません。

　特許発行から 9 か月間、すべての法定特許要件（米国特許法§ 101、§ 102、§ 103、§ 112、§ 282(b)(2)、(3)）を理由として、請求することができます。引用例も、特許や刊行物に限定されません。ただし、訴訟で抗弁として争えないとされた米国特許法§ 112（a）のベストモード違反は、請求理由から除かれます。

　付与後レビューの請求要件、すなわち付与後レビューがトライアル（審判）段階に移行するか否かの判断基準は、「少なくとも 1 つのクレームが、どちらかといえば特許性がない（"more likely than not" that at least one of the claims challenged in the petition is unpatentable）」です。

　特許の有効性を争う民事訴訟がすでに提起されている場合は、付与後レビューを請求できません。

（2）当事者系レビュー（Inter-Partes Review：IPR）

　AIA 改正前は、第三者が特許の有効性を米国特許庁で争う手段として、当事者系再審査（inter-partes reexamination）制度がありましたが、AIA 改正で、この当事者系再審査に替えて制度化されたのが、当事者系レビュー（IPR）です。

　当事者系レビューは、AIA 改正法の下で審査された特許出願の特許に限らず、あらゆる特許について、請求することができます（米国特許法§ 311 〜§ 319）。

　請求人適格を有するには、利害関係人であることを明示することが必要とされ、匿名で請求することはできません。

　請求時期の始期は、付与後レビューが請求できる期間である特許発行から9か月間が経過した後、または付与後レビューが請求された場合は付与後レビュー手続きが完了した後であり、請求期間の終期は、特許権の存続期間満了から6年間です。

　請求理由は、査定系再審査や旧当事者系再審査と同様、米国特許法§102および§103の刊行物に基づく新規性違反および自明に限定され、その他の特許要件（米国特許法§101の特許適格性、§112の記載要件等）を理由に請求することはできません。

　当事者系レビューの請求要件、すなわち当事者系レビューがトライアル（審判）に移行するか否かの判断基準は、「請求人が勝つ合理的な蓋然性がある（reasonable likelihood that the petitioner will prevail）」です。

　特許の有効性を争う民事訴訟がすでに提起されている場合は、当事者系レビューを請求できません。

(3) ビジネス方法特許レビュー（Covered Business Method Patents Review：CBM）[2]

　ビジネス方法特許レビュー（CBM）は、ビジネス方法を主題とする特許が対象となりますが、すでに訴訟が提起されていることが請求要件になります。

　訴訟が提起された後であればいつでも、ビジネス方法特許レビューを請求することができます。

　請求理由は、付与後レビューと同様であり、すべての法定特許要件（米国特許法§101、§102、§103、§112、§282(b)(2)、(3)）を理由として、請求することができます。引用例も、特許や刊行物に限定されません。ただし、訴訟で抗弁として争えないとされた米国特許法§112（a）のベストモード違反は、請求理由から除かれます。

　争いになっているビジネス方法特許の、特に、米国特許法§101の特許適格性を、付与後レビューを請求できる期間が徒過した後に争う手段として有

---

[2] CBMの創設は時限的措置であり、2020年9月16日までで廃止される旨のサンセット条項が規定されています。1998年のStates Street Bank CAFC判決以降、ビジネス方法発明が広く特許されていた頃の特許を主にターゲットとしていたためです。

効です。

　その他の請求要件は、付与後レビューと同様であり、ビジネス方法特許レビューは付与後レビューの手続きによりレビューされます。

（4）レビュー開始要件の相違

　文言上は必ずしも明らかではありませんが、付与後レビュー（PGR）のレビュー開始要件である「どちらかといえば（more likely than not）」は、50%を上回る確率で特許性がないことを示すものであり、当事者系レビュー（IPR）開始要件である「合理的な蓋然性（reasonable likelihood）」より厳しい基準であるとされています。

　一方、査定系再審査の再審査開始要件である「特許性に関する実質的に新たな疑問（Substantial New Question of patentability：SNQ）は、合理的な審査官が先行技術をクレームに特許性があるか否かを判断する上で重要であると認定する程度で足り、特許性がないことまでの認定は不要なので、付与後レビュー（PGR）や当事者系レビュー（IPR）のレビュー開始要件より緩やかな基準です。

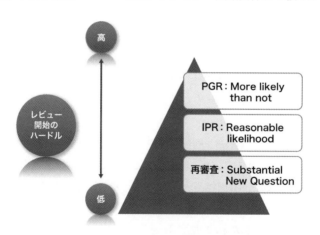

（図30：レビュー開始要件の相違）

3. レビュー手続き

（1）レビュー主体

　AIA 改正前は、当事者系再審査制度があり、米国特許庁の審査部内に設け

られた集中再審査ユニット（CRU）が審査を担当していました。AIA 改正により創設された 3 つのレビュー制度では、審査部ではなく、米国特許庁内での第二審である審判部（PTAB）の行政特許判事（Administrative Patent Judges：APJs）の 3 名の合議体（パネル）が審理主体となります。審判部によるレビューは裁決（adjudication）として行われ、審査官が主体となる特許の審査や再審査とは異なります。

（2）レビューの 2 フェーズ

レビュー手続きは、当事者対立構造であり、請求段階とトライアル段階の 2 つのフェーズからなります。

フェーズ I （請求段階）：請願書（petition）提出→特許権者の予備的応答→ 3 か月以内に（法定）トライアルに進むか否かの決定

フェーズ II （トライアル（審判）段階）：3 か月以内に特許権者の応答と補正のモーション→ 3 か月以内に請求人の応答→ 1 か月以内に特許権者の反論→口頭審理→裁決（審決）（トライアル段階は 12 か月以内）

AIA 改正前の当事者系再審査は、1999 年に AIPA 改正法により創設されましたが、以来、手続きに長期間を要するものとの批判がありました。AIA 改正後のレビューでは、レビュー制度の迅速化を実現するため、トライアル段階における期間が 1 年（12 か月）と法定されています。

（図31：レビューの2フェーズ）

（3）レビューの請求段階

当事者系レビュー（IPR）と付与後レビュー（PGR / CBM）の請求書（petition）

には、それぞれワード数の制限があります（規則 § 42.24（a）（1））。

　レビューの請求料金は、濫用的な請求を防止するため、査定系再審査よりさらに高額に設定されており、争うクレームの数が所定数を超える場合は、追加クレームごと料金が付加されます（規則 § 42.15）。なお、広範な請求理由を認める付与後レビュー（PGR）は、当事者系レビュー（IPR）より高額に料金設定されています。

　請求段階で、特許権者は、レビューを請求する請願書（petition）に対して、通常 3 か月以内に予備的応答を提出することができますが、これはオプションであり、この段階で補正をすることはできません。

　特許権者の予備的応答提出期限から 3 か月以内に、トライアル（審判）開始の決定がなされなければなりません。審判部の担当審判官、または審判官の合議体が、付与後レビューの場合は「どちらかといえば（more likely than not）特許性がない」と、当事者系レビューの場合は「請求人が勝つ合理的な蓋然性がある（reasonable likelihood that the petitioner will prevail）」と認めた場合、つまり、少なくとも 1 つの争われているクレームに特許性がないという合理的蓋然性を認めた場合、それぞれトライアルの開始が決定されます。

　このトライアル開始の書面による決定は、重要なクレーム文言やフレーズについての審判部のクレーム解釈を含みます。

（4）レビューのトライアル段階

　レビューにおける立証責任は、請求人側にあり、訴訟より低い証拠の優越基準（preponderance of the evidence）で特許の有効性が判断されます。米国特許法 § 282 の特許の有効性の推定規定は、特許付与後であっても米国特許庁でのレビュー制度には適用されないため、同じ引用例を用いた場合に、訴訟で争うよりも特許が無効化されやすいよう制度設計されました。

　トライアル中の書面提出は、すべてモーション（motion）として、提出前に許可を要します。例えば、補正の提出も、証拠開示の請求も、モーションとして事前許可が必要です。つまり、トライアル中の補正は、権利として認められているものではないため、第三者が関与しない査定系再審査や再発行と比較して、限定的です。新規事項を追加する補正やクレームを拡張する補正はできません。請求人が、補正されようとするクレームに特許性がないこと

を立証する責任を負います[3]（規則 § 42.121 (a)、§ 42.221 (a)）。

トライアルでは、限定的ですが、証拠開示（ディスカバリー）手続きや口頭審理（oral hearing）があります。ディスカバリーの濫用に対しては制裁があります。

査定系再審査と異なり、当事者系である特許のレビュー制度では、当事者は和解することができます。

4. レビューでのクレーム解釈

AIA 改正で特許のレビュー制度が創設されて以来、米国特許庁での特許のレビュー制度では、審査や査定系再審査と同様、合理的に最も広い範囲の解釈（Broadest Reasonable Interpretation：BRI）の基準でクレーム解釈がされていました。

2018 年から、米国特許庁のレビュー制度の審判規則（PTAB Rule）が変更され、審判部の行うレビュー手続き（IPR, PGR, CBM）におけるクレーム解釈ルールが、合理的に最も広い範囲の解釈（Broadest Reasonable Interpretation：BRI）から明細書・図面の開示や審査経過を参酌して限定解釈を許容する Phillips 基準[4]に変更されました（規則 § 42.100(b)）。裁判所では Phillips 基準でクレーム解釈されるため、裁判所に控訴した際に、米国特許庁でのクレーム解釈と異なるクレーム解釈がされると、レビューでの判断が取り消される可能性が高まるからです。

米国特許庁のレビュー制度におけるクレーム解釈を、裁判所でのクレーム解釈に一致させたことになります。

5. 不服申し立てと禁反言

米国特許庁の審判部によるレビューの決定に対して不服のある当事者は、

---

[3] レビュー制度の創設的には、特許権者が補正しようとするクレームの特許性を立証する必要がありましたが、2019年の規則改正で立証責任が転換されました。

[4] *Phillips v. AWH Corp.*, 415 F.3d 1303（Fed.Cir 2005）(en banc)

CAFC に控訴することができますが、民事訴訟として連邦地裁に控訴することは認められていません。AIA 改正により、特許権者が連邦地裁に民事訴訟として不服を申し立てることは禁じられました（米国特許法 § 306、§ 141 (c)）。

　レビュー手続きで認められた補正クレームまたは新たなクレームに含まれる製品を製造等する第三者には、再発行特許と同様、中用権が認められます（米国特許法 § 318）。

　レビューの請求人は、最終的に書面による決定を経たレビューで「提起した、または合理的に提起することができた（raised or reasonably could have raised）」理由に基づいて、米国特許庁の手続きを請求または維持すること（米国特許法 § 315 (e)(1)、§ 325 (e)(1)）、および裁判所に民事訴訟を提起すること（米国特許法 § 315 (e)(2)、§ 325 (e)(2)）が禁反言として禁じられます。

　この「提起することができた（could have raised）」禁反言の範囲に、レビューの請求理由には含まれるが、審判部がレビューを開始する（institute）決定をしなかった請求理由が含まれるか否かについては、争いがありました。

　2018 年の SAS Institute v. Iancu 最高裁判決[5]（以下、「SAS 最高裁判決」）は、審判部には、レビューの請求理由のうちレビューを開始する請求理由を部分的に選択する権限はなく、請求されたレビューの全理由のレビューを開始するか、あるいは完全にレビューを行わないかのいずれかであると判示しました。

　つまり、SAS 最高裁判決では、請求されたレビューのすべての無効理由が、「提起することができた（could have raised）」理由となるため、禁反言が働き、後に訴訟で争うことが禁止されるものとされました。これにより、請求されたすべての理由に、広範に禁反言が働くことになりました。

---

[5]　*SAS Institute v. Iancu*, 138 S. Ct. 1348 (2018)

Column 6.

特許の消尽
·····················
（Patent Exhaustion）

米国特許法は、特許権者による特許製品の最初の販売により特許が消尽し、販売後の特許製品に対してもはや特許権の権利行使が及ばないことを明文で規定しています（米国特許法§273 (d)）。かつてはこの消尽の成立範囲は限定されていましたが、近年、判例法によって拡大してきています。

1992 年の Mallinckrodt, Inc. v. Medipart, Inc. CAFC 判決[1] は、特許製品の販売の際に、譲受人による使用や再販売に条件が課され、その条件に違反する行為が行われた場合に、特許の消尽を否定する「条件付販売（conditional sales）」の原則を確立しました。

また、2001 年の Jazz Photo Corp. v. International Trade Commission CAFC 判決[2] は、特許製品が米国外で販売されたことで特許が消尽するという国際消尽を否定しました。

その後の CAFC 判決もこれらを踏襲し、特許製品の最初の販売が条件付きである場合や米国外である場合に消尽の適用を否定してきました。

ところが、連邦最高裁は、2008 年の Quanta Computer, Inc. v. LG Elecs., Inc. 最高裁判決[3] で、この流れを変え、今まで CAFC により否定されてきた、方法クレームの特許に対する消尽の適用を認めました。

連邦最高裁が、特許の消尽の範囲をさらに大幅に拡大したのが、2017 年の Impression Products, Inc. v. Lexmark Intern., Inc. 最高裁判決[4] です。同最高裁判決では、特許権の消尽は、財産の譲渡を私人が禁止することを禁ずるコモンローの原則に基づくものであるとして、重要であるのは特許権者の販売するという決断であり、販売に関する制約や場所は、消尽の成立には無関係であると判示し、購入者による再生利用を禁止する条件を付して海外で販売された特許製品であるインクカートリッジの再生品の輸入や販売等の行為について、特許が消尽しているとして特許権侵害を否定しました。

Impression Products 最高裁判決によって、米国では特許権者がいったん特許製品を販売すれば、特許権者の留保（意思）如何によって特許の消尽の成立自体は妨げられないこと、また、国際消尽が成立することが明らかになりました。ただし、特許製品の販売の際の契約による拘束は当事者間では有効なので、国際消尽の成立を前提としつつ、いったん販売された特許製品の転売や再生使用を有効に禁止して正当な対価が担保できるような契約を工夫することが望まれます。

---

[1] *Mallinckrodt, Inc. v. Medipart, Inc.*, 976 F.2d 700 (Fed. Cir. 1992)
[2] *Jazz Photo Corp. v. International Trade Commission*, 264 F.3d 1094 (Fed. Cir. 2001)
[3] *Quanta Computer, Inc. v. LG Elecs., Inc.*, 553 U.S. 617 (2008)
[4] *Impression Products, Inc. v. Lexmark Intern., Inc.*, 137 S. Ct. 1523 (2017)

第7章
守秘特権

（Privilege）

第1項
アトーニー・クライアント守秘特権
（Attorney-Client Privilege：ACP）

第 1 項　アトーニー・クライアント守秘特権
（Attorney-Client Privilege：ACP）

アトーニー・クライアント守秘特権（Attorney-Client Privilege：ACP）とは、「弁護士（attorney）と顧客（client）との間の通信のうち所定のものは証拠開示手続き（ディスカバリー）の対象外とすることができる」という、訴訟等での証拠開示手続きの例外をいいます。

1. ディスカバリーとその例外としてのアトーニー・クライアント守秘特権

米国の訴訟手続きでは、裁判官や陪審員による事実審理（トライアル）に入る前に、証拠開示手続き（ディスカバリー）という、原告、被告両当事者が相手方の持つ証拠を収集するための手続きがあります。

連邦民事手続規則（Federal Rule of Civil Procedure：FRCP）§ 26 (b)(1) は、ディスカバリーの対象となる情報を、「係属中の訴訟に関わる主題に関連するあらゆる事項で守秘特権対象外のもの（"any matter, **not privileged,** which is relevant to the subject matter involved in the pending action…"）」と規定しています。つまり、このディスカバリーでは、およそ訴訟に関連するものであれば非常に広範な範囲の証拠収集が可能となっています。

ところが、アトーニー・クライアント守秘特権に属する情報であれば、例外的にこのディスカバリーの対象外とされているので、特許出願中にされた特許性についての見解書、あるいは特許権侵害の有無についての専門家の鑑定書などについて、このアトーニー・クライアント守秘特権を理由に、証拠開示を拒むことができます。ただし、アトーニー・クライアント守秘特権は、真実を発見するためにされる証拠開示を例外的に免れることを認めるものなので、厳格に解釈されます。

このアトーニー・クライアント守秘特権が設けられた目的は、弁護士がクライアントに対して、適切な法的アドバイスや法的サービスを提供するために必要な情報を、クライアントから取得することを妨げないようにするため、

とされています[1]。すべてが後になってディスカバリーの対象にされてしまうとすると、クライアントから弁護士への情報提供に萎縮効果が働いてしまうからです。つまり、アトーニー・クライアント守秘特権は、クライアントの権利です。

なお、アトーニー・クライアント守秘特権に属する情報と同様、ディスカバリーの対象外にできる情報として、ワークプロダクト（work product）に属する情報があります。このワークプロダクトとは、訴訟手続きのために（訴訟を予期して）作成された文書等（prepared in anticipation of litigation or for trial）で、ワークプロダクトとして証拠開示を免れることを、ワークプロダクト免除特権（work product immunity）といいます。

2. アトーニー・クライアント守秘特権によって保護される情報

アトーニー・クライアント守秘特権によって保護される情報となるかどうかについては、Fisher v. United States 最高裁判決[2]が次の基準を提供しています。

- ⅰ). クライアントと弁護士間の通信（communication）であること（情報の性格）
- ⅱ). 秘密保持（confidential）を意図し、かつ実際、秘密保持状態にあること（情報の機密性）
- ⅲ). 法律上のアドバイス（legal advice）または法律上のサービス（legal service）を得る、または提供する目的でされた通信であること[3]（情報作成の目的）

つまり、クライアントから弁護士に法律上のアドバイスまたはサービスを得る目的でされた通信かどうかが問題となります。第三者から提供された情報はそもそも守秘特権によっては保護されません。例えば、弁護士が証人

---

[1] *Upjohn Co. v. United States,* 449 U.S. 383, 389（1981）

[2] *Fisher v. United States,* 425 U.S. 391, 403（1976）

[3] Legal service については、*United States v. United Shoe Machinery Corp.,* 89 F.Supp. 357, 358-59（D. Mass. 1950）が言及しています。

（witness）から得た情報は保護されません。また、その通信（e-mail も含みます）は、機密（confidential）でなければなりません。いったん、クライアントか弁護士のどちらかが、通信内容の一部でも第三者に自発的に開示したら、同じ主題（subject matter）に関連するすべての通信または文書全体について、アトーニー・クライアント守秘特権の利益が失われてしまいます。

　クライアントと弁護士での間で直接された通信の他、法律上のアドバイスを得る目的で準備された書類（documents）も、もしそれらの書類が最終的に弁護士に送付されたものであれば、アトーニー・クライアント守秘特権によって保護されえます[4]。例えば、特許の有効性や侵害判断についての鑑定書を弁護士に依頼するために企業社員によって作成された資料などが該当します。

　通常のビジネス文書は、たとえその写しが cc で弁護士に送付されたとしても保護されません[5]。また、法律上のアドバイスを求めるものであっても、それがビジネス上のアドバイスに付随して求められたものに過ぎない（merely incidental）場合には、必ずしも保護されるとはいえません[6]。

3. 立証責任（burden of proof）

　当初の立証責任（initial burden）は、ディスカバリーを求める当事者側にあります。ディスカバリーを求める側が、まず、ディスカバリー要求が訴訟での主題に関連していて、さらに開示を求める情報が守秘特権の対象ではないことについての合理的な理由を示さなければなりません。これらが立証されると、立証責任は開示を求められた情報を持っている当事者側にシフトします。情報開示を求められた当事者は、その情報が、アトーニー・クライアント守秘特権またはワークプロダクト免除特権によって保護される情報であることと、さらに、これらの特権が放棄（waiver）されていないことを立証し

---

[4]　*United States v. Am. Tel. & Tel. Co.,* 86 F.R.D. 603, 619（D.D.C. 1979）; Santrade, Ltd. v. General Elec. Co., 150 F.R.D. 539（E.D.N.C. 1993）

[5]　*Simon v. G.D. Searle & Co.,* 816 F.2d 397, 403（8th Cir.）

[6]　*United States v. International Business Machines Corp.,* 66 F.R.D. 206, 212-13（S.D.N.Y. 1974）

ない限り、その情報を開示しなければなりません。

4. アトーニー・クライアント守秘特権の放棄 (waiver)

　アトーニー・クライアント守秘特権で保護される情報は、第三者に自発的に開示されると、アトーニー・クライアント特権の前提である機密性（confidentiality）を失うので、特権の放棄（waiver）とみなされ、保護されなくなります。開示された情報だけではなく、同じ主題についての他の通信（文書）も放棄されたものとして扱われてしまいます[7]。

5. 特許出願に関連する文書や通信

(1) 導管理論 (conduit theory)

　Jack Winter, Inc. v. Koratron Co. 判決[8]以来、技術情報の弁護士への送付、特許出願手続きに関連する文書などは、アトーニー・クライアント守秘特権によっては、保護されないとされていました。こうした通信では、特許出願手続きを行う弁護士は、クライアントと米国特許庁との間を仲介する単なる導管（conduit）としての役割しか果たしていないから、というのが理由でした。ただし、この導管理論は、特許出願に関連する文書、通信のアトーニー・クライアント守秘特権をすべて否定する手法で、現在これを支持する裁判例はほとんどありません。

(2) In re Spalding Sports Worldwide, Inc. 判決[9] (以下、「Spalding 判決」)

　この Spalding 判決では、発明者名、発明の開示（description and scope of invention）、先行技術（closest prior art）、発明の着想日や公表日などを簡潔に記載したインベンション・レコード（invention record）が、アトーニー・クライアント守秘特権で保護されるかどうかが問題となりました。このインベンション・レコードは、弁護士に発明の特許性があるかどうかの意見を求め

---

[7]　*The Duplan Corp. v. Deering Milliken,* 397 F.Supp. 1146, 1161 (D.S.C. 1974)

[8]　*Jack Winter, Inc. v. Koratron Co.,* 50 F.R.D. 225, 228 (N.D. Cal. 1970)

[9]　*In re Spalding Sports Worldwide, Inc.,* 203 F.3d. 800 (Fed. Cir. 2000)

るために送付されたもので、アトーニー・クライアント守秘特権による保護
が認められました。

　CAFC は、特許出願に関連する文書、通信がアトーニー・クライアント守
秘特権により保護されるための基準として、「弁護士に対して、主として法律
上の意見、法律上のサービス、または法律上の手続き補助を得る目的でされ
た（for the purpose of securing primarily a legal opinion, or legal services, or
assistance in a legal proceeding）」通信や文書である限り、保護されるとの基準
（Spalding テスト）を示しました。その上で、インベンション・レコードは、
特許性についての法律上の意見と特許出願を準備するという法律上のサービ
スを得る目的で準備され、送付されたものなので、保護されると結論しまし
た。また、文書が、特許が発行されて最終的には公開される技術情報（technical
information）を含むものであっても、アトーニー・クライアント守秘特権の
対象となりえる、と判示されました。

（3）その他の出願書類

　その後の下級審（連邦地裁）の判決には、Spalding 判決で保護された特許
出願用のインベンション・レコードのほかにも、特許出願手続きに関連す
る、特許出願のドラフト、発明者の質問状（questionnaire）、情報開示義務の
リマインダー（a duty of disclosure reminder form）などの保護も認めたもの
もあります[10]。

　ただし、上記の Spalding テストによれば、特許出願に関連するすべての文
書、通信がアトーニー・クライアント守秘特権により保護されるというもの
ではなく、あくまで弁護士の法律上のアドバイスか法律上のサービスを得る
ための文書でなければならないので、例えば、弁護士が単にクライアントと
特許庁との間で局指令の報告（communication reporting an official action）な
ど文書送信（directing or transmitting documents）をしたのに過ぎず、その文
書には法律上のアドバイスが含まれないものであった場合には、保護されま
せん[11]。

---

[10] *McCook Metals L.L.C. v. Alcoa Inc.*, 192 F.R.D. 242, 251（N.D. Ill. 2000）

[11] *Softview Computer Products Corp. v. Haworth, Inc.*, 2000 U.S. Dist. LEXIS 4254（S.D.N.Y. 2000）は、通信レター（transmittal letter）、カバーシートなどは保護されないとしています。

(4) パテント・エージェントとの通信

In re Queen's University at Kingston CAFC 判決 [12] は、弁護士ではないパテント・エージェントとクライアントとの間の通信について、アトーニー・クライアント守秘特権を肯定しました。ただし、守秘特権の範囲は、パテント・エージェントに認められた米国特許庁に対する手続きとして必要な範囲に限定されます。

6. 侵害警告を受けた場合の鑑定書

特許権侵害の警告を受けた第三者は、特許権を侵害することのないよう、相当の注意義務（due care）を負うため、特許権侵害についての鑑定書を取得しておかなければ、故意侵害（willful infringement）に問われるおそれがあります。

こうした侵害に関する鑑定書は、弁護士とクライアント間での法律上のアドバイスに属するので、アトーニー・クライアント守秘特権の対象となり得ます。

2004 年の Knorr-Bremse Systeme Fuer Nutzfahrzeuge GmbH v. Dana Corp. CAFC 大法廷判決 [13] は、取得した鑑定書を、アトーニー・クライアント守秘特権の対象であることを理由として裁判手続きで開示しなかった場合でも、開示されなかった鑑定書が特許権侵害を肯定する内容であることの推定、つまり、侵害被疑者にとって不利な鑑定であったことの推定は働かない、と判示しています。

---

[12] *In re Queen's University at Kingston,* 820 F.3d 1287（Fed. Cir. 2016）

[13] *Knorr-Bremse Systeme Fuer Nutzfahzenuge GmbH v. Dana Corp.,* 383 F.3d 1337（Fed. Cir. 2004）（en banc）

Column 7.

先使用権

（Prior User Right）

　米国には伝統的に、先使用権という概念がありませんでした。

　先願主義と異なり、先発明主義の下では、先に発明を完成していれば、後から発明され出願された他人の特許を無効にすることができます（米国特許法旧§102（g））。また、発明者自身の発明の商業的使用を、秘密裡の使用であっても先行技術（米国特許法旧§102（b））を構成するものとしていたため（secret commercial use）、第三者による発明の秘密裡の商業的使用を先使用により保護したのでは、バランスを欠くからです。

　先使用権（prior user right）を米国特許法に規定したのは、1999 年の AIPA 特許法改正です。直前の State Street Bank CAFC 判決により、ビジネス方法関連発明の特許適格性が広く認められるようになったことを立法事実としていたため、ビジネス方法（business method）関連発明のみに主題が限定されていました。

　AIA 改正により、先発明主義から先願主義（先発明者先願主義）に移行する際、先発明主義の恩恵を受けていた個人発明家や大学等に配慮して、先使用権が拡充され、米国特許法§101 のすべての主題、すなわち方法、機械、製造物、および組成物を対象とするようになりました。

　先使用権で抗弁できる実施は、有効出願日から 1 年以上前の、米国内での商業的使用（commercially used）です（米国特許法§273（a））。公知の商業的使用であれば先行技術を構成するため、非公知（秘密裡）の商業的使用にとってより意義がありますが、公知の商業的使用もカバーされます。「商業的」とは広く解釈され、例えば、企業内部での使用もカバーされますが、「商業的」でない研究や実験目的の使用は、先使用権でカバーされません。また、「使用の準備」も先使用権でカバーされません。

　ただし、例外的な追加的商業的使用として、マーケットへの上市前の製造承認のレビュー（premarketing regulatory review）や、非営利研究所や大学での使用に先使用権が適用される旨を明文で規定しており（米国特許法§273（c））、非営利研究所や大学等に対して、先使用権の保護を拡張しています。

　最終製品（end-use product）を生産するための使用は、先使用権の対象となりますが、いったん顧客に販売された最終製品のさらなる使用や再販売は、先使用権の対象となりません。このような行為は、特許権の消尽として抗弁することが可能であり、また、パブリックドメインに属し、公知公用の先行技術を構成するからです。

　有効出願日から遡って 1 年未満の商業的使用は、先使用権の対象外です。この 1 年以上前との制限は、抗弁の対象となる先使用が、特許権者の発明からの冒認ではないことを確実にするものとも解されています。先使用が特許権者の発明からの冒認に起因する場合、先使用抗弁は明文で禁止されているからです（米国特許法§273（e）（2））。

　特許権が、発明がされたときに大学や技術移転機関（Technology Transfer Organizations：TTO）に保有されていた場合、先使用を抗弁することはできません（米国特許法 §273（5））。ここでいう大学は、1965 年高等教育法（20 U.S.C. §1001（a））に規定される大学である必要があるため、外国の大学はこの例外の対象外とされています。先使用権の創設時や AIA 改正時には、大学や非営利研究機関との利害が対立し、妥協の産物として、大学などに不利にならないよう、多数の例外規定が設けられているので、先使用権の全体像を複雑なものにしています。

第8章
クレーム解釈

（Claim Construction）

| 第1項 | **クレーム解釈**
（Claim Construction） |

　特許されたクレームは、排他権（exclusive right）として特許発明が保護される特許権の範囲（metes and bounds）を決定します[1]。ところが、米国特許法には、クレームがどのように解釈されなければならないか、の解釈についての明文の規定はありません[2]。

　クレーム解釈は、米国特許庁での出願審査中には、米国特許法§102や§103の引用例とクレーム発明との対比で、また、特許付与後には、侵害訴訟で特許発明の侵害が成立するかの判断や、特許発明の有効性が争われた場合にその特許性を判断する上で、いずれも重要です。

1. 出願係属中と権利化後のクレーム解釈の相違

　米国特許庁での出願審査中と、裁判所での特許付与後でのクレーム解釈のポリシーは、一般に異なっています。出願審査中には、クレームの文言は合理的に最も広い範囲（Broadest Reasonable Interpretation：BRI）で解釈される[3]のに対し、特許付与後には、特許の有効性を維持するように（preserve validity）、必要に応じて狭く解釈されます[4]。出願審査中には、出願人に、審査官に引用された先行技術を含まないようにするようクレームの補正の機会が与えられているのに対して、特許付与後には、特許が有効であるとの推定（米国特許法§282）が働くからです。

---

[1]　*Zenith Lab. v. Bristol-Myers Squibb Co.*, 19 F.3d 1418（Fed. Cir. 1994）

[2]　ただし、いわゆるミーンズ・プラス・ファンクション・クレームの場合だけは、米国特許法§112(f)によるクレーム解釈が必要的に適用されます。

[3]　特許付与後の再発行(reissue)、査定系再審査(ex-parte reexamination)でも、補正の機会が与えられていることもあり、同様に合理的に広く解釈されます。

[4]　*Wang Lab. v. America Online*, 197 F.3d 1377（Fed. Cir. 1999）

2. クレーム解釈ルール

　米国では、発明をクレームに記載する手法として、周辺限定クレーミング（peripheral claiming）が採用されています。周辺限定とは、クレームによって保護される境界がどこにあるかを明瞭にする手法で、中心限定クレーミング（central claiming）と対比されます。

（1）オーディナリー・ミーニング・ルール（**Ordinary Meaning Rule**）

　クレーム解釈の手法での原則は、クレームに記載された文言（以下、「クレーム文言」）は、通常の（ordinary and accustomed）意味どおりに解釈されるというもので、これをオーディナリー・ミーニング・ルール（ordinary meaning rule）といいます[5]。

（2）出願人がクレーム文言を定義している場合

　出願人は、明細書中または出願審査中の意見書中で、クレーム文言を、明示的または黙示的（expressly or implicitly）に定義することができます。この場合には、オーディナリー・ミーニング・ルールの例外として、明細書または意見書中でされたクレーム文言の定義が、通常の意味より優先してクレーム解釈に利用されます[6]。特許権者は、クレーム文言について自身の辞書編纂者となれるものとされています（patentee as his own lexicographer）。

　ただし、明細書はあくまで、クレームに記載された文言を解釈するために参照されるもので、クレームに記載されていない限定（limitation）を、明細書の記載を根拠にクレームに加えてクレームを解釈することはできません。

（3）通常の意味を放棄（disclaim）した場合

　出願人が出願審査手続き中に、拒絶理由で引用された引用例を回避するため、クレーム文言の狭い解釈を主張した場合にも、クレーム文言の通常の意味（ordinary meaning）を放棄（disclaim）したと認められれば、例外として、オーディナリー・ミーニング・ルールは適用されません。

---

[5]　*Johnson Worldwide Associates, Inc. v. Zebco Corp.*, 175 F.3d 985（Fed. Cir. 1999）

[6]　*Vitronics Corp. v. Conceptronic, Inc.*, 90 F.3d 1576（Fed. Cir. 1996）

3. 文言上明確なクレーム文言の解釈

クレーム中の限定（limitation）として記載された文言は、たとえ文言上その意味が明らか（clear）であったとしても、特許権者がこれらの用語を明細書中で再定義（redefine）していないかを明細書の記載により判断する必要があります[7]。

4. マークマン・ヒアリング (Markman hearing)

特許侵害訴訟では、クレーム発明と侵害被疑製品との対比による侵害判断は、事実問題（matter of fact）として陪審員（jury）により判断されますが、侵害の有無および特許の無効を判断するための前提となるクレーム解釈は、法律問題（matter of law）に属し、陪審員ではなく、判事（judge）が判断する専権事項とされています[8]。このクレーム解釈のための審理をマークマン・ヒアリング（Markman hearing）といいます。

通常の米国市民から無作為的に選出される陪審員にとって、高度な技術の理解が必要となるクレーム解釈は事実上困難であるというのが、マークマン・ヒアリングで一審のクレーム解釈を判事に委ねた実質的な理由です。

5. CAFC でのレビュー・スタンダード

特許侵害事件についての控訴審である CAFC では、連邦地裁で判事によりされたクレーム解釈について、連邦地裁での解釈に拘束されることなく新たに（de novo）審理判断することができます[9]。このため、第一審である連邦地裁でされたクレーム解釈が、控訴審の CAFC で覆ることは決して稀ではありませんでした。

CAFC（控訴審）でのクレーム解釈のレビューの自由度を高め、判断の統

---

[7] *John D. Watts v. XL Sys.*, 232 F.3d 877 (Fed. Cir. 2000)

[8] *Markman v. Westview Instruments*, 52 F.3d 967 (Fed. Cir. 1995) (en banc)

[9] *Cybor Co. v. FAS Technologies, Inc.*, 138 F.3d 1488 (Fed. Cir. 1998) (en banc)

一を図りたいというのが、de novo 基準のレビュー・スタンダードを採用した実質的な理由です。クレーム解釈を、陪審が判断する事実問題（matter of fact）としてしまうと、連邦地裁でのクレーム解釈に明らかな誤り（clearly erroneous）があった場合にしか、控訴審である CAFC でその判断を覆すことができなくなるからです[10]。

ただし、2015 年の Teva Pharmaceuticals USA, Inc. v. Sandoz, Inc. 最高裁判決[11]（以下、「Teva 最高裁判決」）は、地裁がクレーム解釈を行う際の付随的な事実問題（subsidiary factual matters）については、連邦地裁での認定に明らかな誤り（clearly erroneous）があった場合にしか、CAFC で覆すことができない、と判示し、レビュー・スタンダードを厳格化しました。

この Teva 最高裁判決は、特許クレームの「平均分子量（average molecular weight）」を解釈する際の特許明細書・図面の外部の証拠として連邦地裁が聴取した専門家意見についての連邦地裁での認定は、de novo 基準では覆せないと判示しました。これにより、連邦地裁でのクレーム解釈に付随する事実認定では、連邦地裁の判断が以前より尊重され、法律審である CAFC で覆され難くなったといえます。

6. クレーム・ディフェレンシエーション・ルール（Doctrine of Claim Differentiation）

クレーム・ディフェレンシエーション・ルールとは、特許クレームはそれぞれ異なる範囲を持ち、従属クレームは、それが従属する独立クレーム（または従属先の従属クレーム）より狭い範囲であり、逆に独立クレームは、その従属クレームより広い範囲であるとする原則です[12]。この原則は、CAFC により確立されたクレーム解釈基準（canons of construction）の一つで、独立クレームとその従属クレームとのクレーム範囲の画定や、クレーム文言の解釈に用いられます。ただし、独立クレームと他の独立クレームとの間には適用されません。

---

[10] 連邦民事手続規則（Federal Rule of Civil Procedure）§ 52（a）に規定されるレビュー・スタンダードの原則です。

[11] *Teva Pharmaceuticals USA, Inc. v. Sandoz, Inc.*, 574 U.S. 318（2015）

[12] *Clearstream Wastewater Sys. Inc. v. Hydro-Action Inc.*, 206 F.3d 1440（Fed. Cir. 2000）

7. 内部証拠（intrinsic evidence）と外部証拠（extrinsic evidence）

クレームの範囲は、クレーム文言の通常の意味（ordinary and accustomed meaning）を判断することにより決定されます。この通常の意味を判断するために用いられる証拠に、内部証拠（intrinsic evidence）と外部証拠（extrinsic evidence）とがあります。

内部証拠とは、クレームの記載そのもの（claim language）、明細書、補正書や意見書などの包袋書類（file wrapper）をいいます。

外部証拠とは、それ以外の証拠であり、発明者自身の証言（inventor testimony）や専門家証言（expert testimony）、技術文献などを含みます。

一般には、内部証拠によってクレーム文言は解釈され、内部証拠だけで、クレーム文言の通常の意味を判断するのに十分ではない場合にだけ、なお、外部証拠を参酌することができます[13]。また、内部証拠によるクレーム文言の解釈と、外部証拠によるクレーム文言の解釈とが矛盾する場合には、内部証拠による解釈が優先されます[14]。

このように、内部証拠が外部証拠より優先される理由は、内部証拠は第三者が自由にアクセスできる（publicly accessible）証拠であるため、より客観的で信頼に足るのに対し、外部証拠は、第三者が自由にアクセスできる証拠ではなく、却って例えば専門家証言（expert testimony）などのように、訴訟の一方当事者に有利な証言となるようなバイアスが働く場合があるからです[15]。

2005年のPhillips v. AWH Corp. CAFC大法廷判決[16]（以下、「Phillips CAFC大法廷判決」）では、外部証拠は内部証拠より信頼性（credibility）が低く、外部証拠への過度な依存は公衆へのクレームの公示機能（notice function）を損なうものであると判示し、クレーム解釈において内部証拠が外部証拠に優越することを確認しました。

---

[13] *Elkay Mfg. Co. v. Ebco Mfg. Co.*, 192 F.3d 973（Fed. Cir. 1999）

[14] *Dow Chem. Co. v. United States*, 226 F.3d 1334（Fed. Cir. 2000）

[15] *Vitronics Corp. v. Conceptronic*, 90 F.3d 1576（Fed. Cir. 1996）

[16] *Phillips v. AWH Corp.*, 415 F.3d 1303（Fed. Cir. 2005）（en banc）

8. 辞書の取り扱いの変遷

　かつて、辞書 (dictionary) は、クレーム解釈のための外部証拠 (extrinsic evidence) として取り扱われていました。ところが、2002 年の Texas Digital Systems, Inc. v. Telegenix, Inc. CAFC 判決 [17] では、特許付与時に公衆がアクセス可能な辞書類は、当業者がクレーム文言の確立された意味内容 (established meaning) を知るための客観的な資料として参酌される、と判示し、外部証拠ではないとしました。この判決以降、クレーム文言の解釈における辞書の重要性が高まりました。

　これを覆したのが、上記の Phillips CAFC 大法廷判決で、辞書は内部証拠ではなく外部証拠であり、そのような外部証拠は、内部証拠の文脈中においてのみ考慮されるものと判示しました。これにより、クレーム文言を明細書中で定義すれば、辞書の定義に優先することが明らかになりました。

　なお、例えば、IT やバイオ関連発明など、先端技術に属する発明などにおいて、クレーム文言として複数の用語をつなぎ合わせた造語が用いられている場合には、その造語全体として (as a whole) の通常の意味内容がなければ、それぞれの用語 (each word in phrase) の通常の意味を辞書などで参酌して解釈することになります [18]。

9. 前提部 (preamble) の解釈

　クレームは一般に、前提部 (preamble)、移行句 (transitional language)、クレーム本体 (body) の 3 つの部分からなります。

　前提部 (preamble) は、クレームの一部を構成しますが、通常はクレーム発明の目的や用途を説明するもので、クレームの範囲を画定するためのクレーム解釈の基礎とはなりません。

---

[17] *Texas Digital Systems, Inc. v. Telegenix, Inc.*, 308 F.3d 1193 (Fed. Cir. 2002)

[18] *Altiris Inc. v. Symantec Corp.*, 318 F.3d 1363 (Fed. Cir. 2003) は、クレーム文言「ブート選択フラグ ("boot selecting flag")」全体では通常の意味が得られない場合に、クレーム文言中の「フラグ ("flag")」についての通常の意味を、辞書を参酌して解釈し、その意味内容によってクレーム文言全体を解釈しました。

　ただし、以下の場合には、例外的に前提部がクレーム解釈に用いられます[19]。
　ⅰ）．前提部が、クレーム本体の文言に意味を与えていたり、極めて重要な関連を
　　　　もっている（the preamble is necessary to give life, meaning, and vitality to the
　　　　body of the claim）場合
　ⅱ）．その他、前提部が明らかにクレーム発明の限定（limitation）として用い
　　　　られている場合
　例えば、クレーム本体中の文言が、前提部中の同じ文言を参照（refer back）
している場合には、前提部がクレーム解釈の基礎とされます。

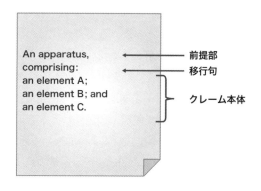

（図32：クレームの構造）

10. 米国特許庁のレビュー制度でのクレーム解釈

　米国特許庁では、特許付与後の手続きである査定系再審査、AIA 改正前ま
であった当事者系再審査や、審判部（PTAB）でのこれらの不服審判において
も、出願審査中と同様、合理的に最も広い範囲（broadest reasonable
interpretation：BRI）の基準でクレームが解釈されていました。AIA 改正で新
設された当事者系レビュー（IPR）、付与後レビュー（PGR）は、レビュー主
体が審査官ではなく審判部（PTAB）とされましたが、クレーム解釈について

---

[19] *Pitney Bowes v. Hewlett-Packard Co.*, 182 F.3d 1298（Fed. Cir. 1999）

は、BRI 基準を踏襲していました。

　一方、控訴審の裁判所では、上記の Philips CAFC 大法廷判決の基準（Phillips 基準）に基づいて、クレームがより限定的に解釈されており、クレーム解釈基準が審判部（PTAB）と裁判所とで相違していました。

　2017 年の In re Smith International, Inc. CAFC 判決 [20] は、米国特許庁の審判部は、一般的なクレーム解釈原則の下、クレームを不合理であるほど広く（unreasonably broad）解釈することはできないと判示しました。この判決を受けて、米国特許庁は、2018 年、審判規則（PTAB Rule）を改訂し、審判部による当事者系レビュー（IPR）、付与後レビュー（PGR）、およびビジネス方法特許レビュー（CBM）におけるクレーム解釈ルールを、BRI 基準から、裁判所と同様の Phillips 基準に変更しました。

11. 物のクレームにおける用途（intended use）

　装置クレームなどの物のクレームにおいて、構造や機能はクレームを限定する構成要件（limitations）として解釈されますが、用途（intended use）は、必ずしもクレームを限定する構成要件として解釈されません。

　In re Danly CCPA 判決 [21] は、先行技術が装置クレームのすべての構造的限定（structural limitations）を教示している場合、クレームされた装置における用途（intended use）に関するクレーム文言は、先行技術との相違点とならない旨判示しています。クレーム発明と構造が一致する先行技術であれば、たとえ先行技術にクレーム発明の用途が明示的に開示されていなくても、クレームされた用途に使用することができると解釈できるからです。

---

[20] *In re Smith International, Inc.*, 871 F.3d 1375（Fed. Cir. 2017）

[21] *In re Danly*, 263 F.2d 844（CCPA 1959）

第2項　均等論 (Doctrine of Equivalents)

　特許されたクレームのすべての構成要件が、侵害被疑製品または方法（accused product or process）に存在（read on）しなければ、つまり、文言上読みとれなければ、原則的には、特許権侵害は成立しません。ここでいう、クレームのすべての構成要件を文言上充足する場合を、文言侵害（literal infringement）といいます。

　均等論（Doctrine of Equivalents）とは、例外的に、この文言侵害に該当しない場合であっても、衡平法（equity）上の救済を与えるという観点から、侵害被疑製品が特許されたクレーム（以下、「特許クレーム」）と均等であれば、なお特許権侵害を認めるというものです。

1. 均等論の沿革と意義

　均等論の歴史は古く、1853 年の判例法から見ることができます[1]。

　Graver Tank & Mfg. Co. v. Linde Air Prod. Co. 最高裁判決[2]によれば、均等論の実質的な根拠は、侵害被疑者（accused infringer）が、クレーム発明にマイナーな、または実質的でない変更（changing only minor or insubstantial details of a claimed invention）をしたことだけをもって、侵害の責任を免れてしまうことを防止し、特許権者を適切に保護することにあるとされています。

　Festo Corp. v. Shoketsu Kinzoku Kogyo Kabushiki Co. 最高裁判決[3]（以下、「Festo 最高裁判決」）は、均等論とは、最初にクレームを作成するときには捉えられなかったが、些細な改変を通して製作できたであろう実質的でない変更（insubstantial change）について、特許権者の権利行使を認めるためにある、と判示しています。

---

[1]　*Winans v. Denmead*, 56 U.S.（15 How.）330（1853）. 1836 年の特許法改正で明細書中にクレーム記載を求めるようになってからさほど経過しておらず、発明と同種の作用や結果を奏する場合に侵害を認めるという、中心限定主義に馴染む考え方が示されています。

[2]　*Graver Tank & Mfg. Co. v. Linde Air Prod. Co.*, 339 U.S. 605（1950）

[3]　*Festo Corp. v. Shoketsu Kinzoku Kogyo Kabushiki Co.*, 535 U.S. 722（2002）

このように、均等論は、特許出願での特許出願人のクレーム作成 (claim drafting) の不備、エラーを後から救済するためのものではなく、あくまで、具体的な事案に即して衡平法 (equity) 上の観点から特に特許権侵害を認めるものです。

特許クレームは、本来、排他権として特許発明が保護される特許権の範囲 (metes and bounds) を公衆に公示する機能 (notice function) を持ちます。このため、特許クレームの文言を超えて特許権侵害を認めるということは、それだけ、競業他社にとっては、特許権侵害を回避してどのような製品を生産、販売していいか判断するのに不確実性が増すことになってしまいます。

均等論とは、第三者に対する特許クレームのこうした公示機能をある程度犠牲にして、文言侵害の範囲を超えた保護を特許権者に与えるという性格を持ちます。均等論による侵害の存在は、特許権侵害を主張する特許権者が立証しなければなりませんが、このため、特許権者は、かなり重い立証負担 (burden of proof) を負うことになります。また、均等論の適用は、このクレームの公示機能を大幅には逸脱しない程度に、合理的に制限されることになります。

2. 均等論の判断基準

(1) 特許権侵害の判断フローチャート (均等論の位置付け)

特許権侵害訴訟では、次のステップで侵害の有無が判断されます。

ステップ1：特許クレームの解釈 (claim construction)

ステップ2：文言侵害 (literal infringement) が成立するか。

ステップ3：文言侵害が成立しない場合、均等論の適用を除外する事由 (limitation) があるか。

ステップ4：均等論の適用を除外する事由がない場合、さらに均等論による侵害が成立するか。

ステップ2で特許クレームの文言侵害が成立しない場合、ステップ3で均等論の適用除外事由 (limitation) が1つでも存在すると、その適用除外事由が存在する構成要件 (element) については、ステップ4の均等論による侵害の有無は判断されることなく、非侵害 (non-infringement) と結論されることになります。

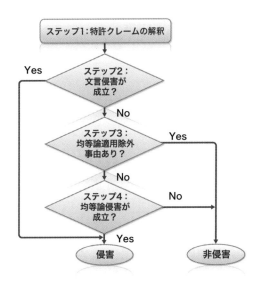

（図33：特許権侵害の判断フローチャート）

（2）裁判所での判断主体

　文言侵害の成否、および均等論による侵害の成否は、事実問題（matter of fact）であって、裁判では陪審員（jury）によって判断されます。一方、これらの判断の前提となるクレーム解釈および均等論の適用除外事由の有無は、法律問題（matter of law）であって、判事（judge）によって判断されます。

　このため、連邦地裁での特許事件が CAFC に控訴（appeal）された場合、CAFC の判事は、事実問題である文言侵害および均等論による侵害の成否については、連邦地裁での認定に明らかな誤り（clearly erroneous）がない限り、連邦地裁での判断に拘束されますが、これら侵害の成否判断の前提となる、法律問題であるクレーム解釈および均等論の適用除外事由の有無については、連邦地裁での判断に拘束されることなく、新たに（de novo 基準で）判断を下すことができます。

　また、文言侵害の成立、および均等論による侵害の成立については、原告である特許権者が立証責任を負い、均等論の適用除外事由の存在（本項 3. で後述）については、抗弁として、被告である侵害被疑者が立証責任を負います。

（3）均等論の判断手法

Warner-Jenkinson Co. v. Hilton Davis Chem. Co. 最高裁判決[4]によれば、クレームと侵害被疑製品とは、全体として（as a whole）対比されるのではなく、個々の構成要件（element）ごとに、均等であるかどうかが判断されます。これを、オール・エレメント・ルール（all element rule, element by element rule）といいます。

全体として対比するより、オール・エレメント・ルールによって個々の構成要件ごと対比した方が、それだけ均等論による侵害成立の余地は狭まります。ただし、厳密な 1 対 1 の対応（one-to-one correspondence）までは必要ではなく、例えば、侵害被疑製品（accused product）の 2 つのコンポーネント（components）が、クレームの 1 つの構成要件（element）と均等であれば、均等論による侵害が成立します[5]。

（4）構成要件同士が均等か否かの判断テスト

侵害被疑製品の構成要件とクレームの構成要件とが均等であるか否かを判断するための統一的な基準は確立されていません。侵害被疑製品（方法）の構成要件とクレームの構成要件との相違（differences）が、当業者にとって非実質的（insubstantial）なものに過ぎない場合には、侵害被疑製品の構成要件がクレームの構成要件と均等（equivalent）であると判断されます[6]。これを、非実質的相違テスト（insubstantial difference test）といいます。

あるいは、侵害被疑製品の構成要件が、クレームの構成要件と、実質的に同じ方法で（in substantially the same way）、実質的に同じ機能を果たし（performs substantially the same function）、実質的に同じ効果が得られる（accomplish substantially the same result）場合には、均等であると判断されます。この手法を、ファンクション・ウェイ・リザルト・テスト（function-way-result test; Triple-identity test）といいます[7]。

あるいはまた、クレームの構成要件の互換性（interchangeability）が当業者

---

[4]　*Warner-Jenkinson Co. v. Hilton Davis Chem. Co.,* 520 U.S. 17（1997）

[5]　*Ethicon Endo-surgery Inc. v. United States Surgical Corp.,* 149 F.3d 1309（Fed. Cir. 1998）

[6]　*KCJ Corp. v. Kinetic Concepts,* 223 F.3d 1351（Fed. Cir. 2000）

[7]　*Graver Tank & Mfg. Co. v. Linde Air Prod. Co.,* 339 U.S. 605（1950）

に知られていた場合には、均等が成立します[8]。

　これらのテストのそれぞれは万能ではなく、クレーム発明の技術分野など
に応じて異なった基準が適用される可能性を含みます。例えば、化学分野の
発明であって作用機序が必ずしも明らかでない場合には、ファンクション・
ウェイ・リザルト（Function-Way-Result）・テストより、非実質的相違テスト
がより適当となりえます。一方、例えば、実質的に同じ方法、機能、効果が
得られる場合には、相手方製品とクレームの構成要件の相違は非実質的であ
るともいえ、これら複数のテストの位置づけ、相違も必ずしも明確ではあり
ません。

　侵害被疑製品の構成要件とクレームの構成要件とが均等であるかどうかの
判断時は、侵害被疑製品の生産、販売時などの侵害時（at the time of
infringement）です。つまり、特許出願時（クレーム作成時）には、上記のテ
ストによって均等が成立しなくとも、その後、侵害時になって、技術の進歩
などにより、上記のテストによって均等が成立するようになれば、均等論に
よる侵害が認められます。

3. 均等論の適用除外事由

　上記 2.（1）のとおり、均等論の適用を制限する適用除外事由の有無は、均
等論による侵害の成否より先に判断され、以下の適用除外事由のうち、1 つ
でも存在すると、その構成要件（element）については、均等論による侵害が
成立する余地がなくなります。この均等論の適用除外事由の有無は、すべて
法律問題（question of law）なので、判事によって判断されます。

（1）審査経過禁反言（Prosecution History Estoppel：PHE）

　審査経過禁反言とは、特許出願の審査経過（prosecution history）中、出願
人が、特許を取得するために（to obtain allowance of the patent）いったん放棄
した主題について、特許を取得した後になって均等論によって取り戻す

---

[8]　*Warner-Jenkinson Co. v. Hilton Davis Chem. Co.*, 520 U.S. 17 (1997)

recapture）、つまり侵害を主張することはできない、とする法理です[9]。

　特許侵害訴訟を通じて、特許出願手続き中に放棄した範囲の発明主題（subject matter）を後になって取り戻すのは、衡平法上許されないからです。また、審査経過は、第三者がアクセス可能な公的記録（public record）なので、審査経過禁反言は、第三者によって予測可能な範囲で均等論の適用範囲を合理的に制限することで、均等論の適用についての不確実性を減らす機能を果たします。

　補正が、特許を取得するためになされ、クレームの範囲を減縮するものであった場合、審査経過禁反言が生じ、均等論の適用が除外されます[10]。

　具体的にどのような場合に審査経過禁反言により均等論の適用が除外されるかは、本項 4. で後述します。

（2）先行技術による制限

　均等論の適用は、先行技術との関係でも制限されます。侵害被疑製品のすべての構成要件がすでに、特許クレームについての先行技術中に存在していた場合には、均等論の適用はできません[11]。特許出願時にすでに先行技術に属していたものについては、本来特許を取得することができないのであり、こうした公有財産（public domain）にまで均等論による特許保護を認めるのは不当だからです。

　例えば、1 つの手法として、侵害被疑製品（方法）を文言上含むような仮想的なクレーム（hypothetical claim）を作成し、その仮想的なクレームに先行技術との関係で、つまり米国特許法§ 102 または§ 103 によって、特許性が認められない場合には、その相手方製品はすでに先行技術に属するものなので、特許クレームとの対比をするまでもなく、均等論を適用することはできません[12]。

　このように、先行技術によって均等論の適用が制限されるので、結果的に、先行技術を大きく超えたパイオニア発明については、先行技術との差の小さ

[9]　*Warner-Jenkinson Co. v. Hilton Davis Chem. Co.*, 520 U.S. 17 (1997); *Loral Fairchild Corp. v. Sony Corp.*, 181 F.3d 1313 (Fed. Cir. 1999)

[10]　*Festo Corp. v. Shoketsu Kinzoku Kogyo Kabushiki Co.*, 535 U.S. 722 (2002)

[11]　*Wilson Sporting Goods v. David Geoffrey & Assoc.*, 904 F.2d 677 (Fed. Cir. 1990)

[12]　*Ultra-Tex Surfaces Inc. v. Hill Bros. Chem. Co.*, 204 F.3d 1360 (Fed. Cir. 2000)

い改良発明と比較して、より広い範囲で均等論の適用が認められることになります。

（3）公衆への解放（Dedication to the public）

特許出願時にクレームできたにも拘わらず、明細書に開示した範囲の一部のみをクレームすると、場合によっては、その開示したにもかかわらずクレームしなかった発明主題（disclosed-but-unclaimed subject matter）について、均等論の適用が制限されることがあります。

Johnson & Johnson v. R.E. Service Co. CAFC大法廷判決[13]では、プリント回路基板の製造に関する特許について、明細書中で基板の裏当て材（backing materials）として複数の材料を開示し、クレームではその基板の裏当て材としてアルミニウムだけを記載していた事案で、出願時の開示内容には含まれるもののクレームされていなかったスチールの裏当て材を用いた侵害被疑製品には、均等論の適用が認められない、と判示しました。

4. 審査経過禁反言（Prosecution History Estoppel : PHE）

（1）どのような場合に審査経過禁反言により均等論による特許権侵害成立が妨げられるか

審査経過禁反言によって、均等論の適用ができなくなるのは、次の場合です。

 i). 特許性（patentability）に関してクレームを減縮する補正（narrowing amendment）をしたことによって特許を取得したとき、または

ii). クレームを限定解釈するような意見（argument）を述べたことによって特許を取得したとき

すべての補正が審査経過禁反言に結びつくわけではなく、もとのクレームの範囲を狭める補正であって、かつ、特許性に関してした補正でなければ、審査経過禁反言は生じません。

一方、新たにクレームを追加する場合であっても、例えば先行技術を回避するための限定を、当初のクレームにある限定と同様な限定に付加して作成した

---

[13] *Johnson & Johnson v. R.E. Service Co.*, 285 F.3d 1046 (Fed. Cir. 2002) (en banc)

クレームを、新たなクレームとして追加したような場合には、実質的に当初の
クレーム自体を減縮したのと等しいため、審査経過禁反言が適用され得ます[14]。
また、必ずしも拒絶理由に応答して行った補正である必要はなく、自発的にし
た補正（voluntary amendment）にも審査経過禁反言が適用され得ます[15]。

　さらに、審査経過で広い独立クレームが拒絶され、独立クレームに従属す
る従属クレームに対してオブジェクション（objection）が発行され、従属ク
レームを、拒絶された独立クレームと従属クレーム自体の限定をすべて含ん
だ独立クレームの形式に書き換えれば許可する旨が通知されることがありま
すが、これに応答して、拒絶された独立クレームをキャンセルし、従属クレー
ムを独立クレームに書き換えた場合にも、審査経過禁反言が適用され均等論
による特許権侵害を主張することができなくなります。特許を取得するとい
う目的のため、キャンセルされた独立クレームのクレーム発明の主題の範囲
（the scope of subject matter claimed）が、新たな独立クレームに書き換えられ
元の従属クレームの限定に付加されることで狭められたものとなるため、実
質的に上記の減縮補正に該当してしまうからです[16]。

　また、特許性に関する補正とは、先行技術を回避するための米国特許法
§ 102、§ 103 の拒絶に対する補正の他、特許適格性に関する § 101、記載要
件に関する § 112 の拒絶に対する補正も含みます。

　なお、均等論の適用ができなくなるのは、上記のような補正をした構成要
件（element）についてだけで、他の構成要件については依然、均等論が適用
される可能性があります。

　特許クレームのある構成要件について、いったん審査経過禁反言が認めら
れると、その特許と同じ特許出願から派生した継続的出願（continuing
application）中の特許クレームの実質的に同じ限定の構成要件についても、審
査経過禁反言が適用されて均等論の適用ができなくなる場合があります[17]。

　Festo 最高裁判決以来、審査経過禁反言の広範な適用によって、実質的に

[14] *Pall Corp. v. Hemasure Inc.*, 181 F.3d 1305（Fed. Cir. 1999）

[15] *Festo Corp. v. Shoketsu Kinzoku Kogyo Kabushiki Co.*, 535 U.S. 722（2002）

[16] *Honeywell Int'l Inc. v. Hamilton Sundstrand Corp.*, 370 F.3d 1131（Fed. Cir. 2004）（en banc）

[17] *Elkay Mfg. Co. v. Ebco Mfg. Co.*, 192 F.3d 973（Fed. Cir. 1999）

は、均等論の適用が認められることは非常に困難になりました。

（2）審査経過禁反言に対する推定と立証責任

　元のクレームの範囲を狭める（narrowing）補正であって、かつ、特許性に関してした補正をしたクレームの構成要件については、均等論の適用ができなくなるという推定が働きますが、さらに、クレームの範囲を狭める補正は特許性に関してしたという推定（presumption）も働きます。

　このため、特許権者は、こうした補正をした構成要件についてなお均等論の適用を主張するためには、まず補正は特許性とは無関係の理由でされたものであることを反証（rebut）しなければなりません。つまり、特許権者は、クレームの範囲を狭める補正は、特許性には関係ない理由でされたものである、ということについて立証責任を負います[18]。こうした補正によって審査経過禁反言が生じ、均等論の適用ができなくなるかどうか、は法律問題（matter of law）であって、判事により判断されます[19]。

（3）審査経過禁反言の適用がされなくなる3つの例外

　元のクレームの範囲を狭める補正であって、かつ、特許性に関して補正したクレームの構成要件については、元のクレームの範囲には含まれていても補正したクレームの範囲には含まれていない部分を放棄したとの推定が働くので、特許権者が反証しない限り、審査経過禁反言によって、均等論の適用は認められません。

　ただ、こうした補正をした場合にも、必ずしも常に審査経過禁反言によって均等論の適用が阻まれるのではなく、特許権者によって反証可能です。このような補正をした構成要件に対しても場合によっては均等論の適用があることを、フレキシブル・バー（flexible bar）といいます[20]。

　特許権者は、以下のいずれかを立証すれば、均等論が適用されないとの推定を覆し、補正をした構成要件について均等論を適用することができます。

[18] *Warner-Jenkinson Co. v. Hilton Davis Chem. Co.*, 520 U.S. 17（1997）

[19] *K-2 Corp. v. Salomon S.A.*, 191 F.3d 1356（Fed. Cir. 1999）

[20] *Festo Corp. v. Shoketsu Kinzoku Kogyo Kabushiki Co.*, 535 U.S. 722（2002）. 同最高裁判決の原審で、CAFC は、いったん特許性に関して範囲を狭める補正をした場合には、その構成要件について、絶対的に審査経過禁反言が適用され、例外なく均等論の適用が阻まれる、というコンプリート・バー（complete bar）の基準を示しましたが、Fesco最高裁判決によって明確に否定されました。

ⅰ）. 出願時（あるいは補正時）[21] には、均等物（侵害被疑製品）が予測不能
　　だった（unforeseeable）こと

ⅱ）. 補正をした理由が、均等物（侵害被疑製品）とはほぼ無関係（no more
　　than a tangential relation）であること [22]

ⅲ）. その他の理由で、特許権者が実質的には相違のない代替物（insubstantial
　　substitute）（侵害被疑製品）を特許出願に記載することが合理的に期待
　　できなかったこと

　例えば、特許出願時にはまだ出現していなかった新しい技術（later
developed technology）を用いた侵害被疑製品については、補正をした構成要
件についても均等論を主張する余地があることになります。逆に、特許出願
時にすでに出現していた侵害被疑製品（均等物）は、予測可能であったとい
うことになり、均等論が適用される余地はほとんどなくなることになります。

　なお、これら 3 つの事項（均等論の適用除外事由である審査経過禁反言が
適用されない＝均等論が適用され得る）についての立証責任は、特許権者が
負います。

5. ミーンズ・プラス・ファンクション・クレームへの均等論の適用

　ミーンズ・プラス・ファンクション（means plus function）の形式で記載さ
れたクレーム [23]（本章 3 項で後述）であっても、均等論による侵害は成立し得
ます [24]。

　ただし、ミーンズ・プラス・ファンクション・クレームの場合には、特許
発行後に発生した技術については均等論の適用がありますが、特許出願時に
すでに知られていたにも拘わらず明細書に記載されていない技術的事項につ
いては、均等論の適用はされません [25]。

---

[21] Festo 最高裁判決では、"at the time of application（出願時）"と"at the time of amendment（補正時）"と 2 つの異なる
　　時期的基準が述べられており、どちらが基準時かが明らかではありません。

[22] *Eli Lilly v. Hospira, Inc.*, 933 F.3d 1320（Fed. Cir. 2019）

[23] ここでは米国特許法 § 112（f）に従って解釈されるクレームをいうので、ステップ・プラス・ファンクション
　　（Step-plus-function）形式で記載されたクレームも同様です。

[24] *WMS Gaming Inc. v. International Game Tech.*, 184 F.3d 1339（Fed. Cir. 1999）

[25] *Chiuminatta Concrete Concepts v. Cardinal Indus.*, 145 F.3d 1303（Fed. Cir. 1998）

第3項 ミーンズ・プラス・ファンクション・クレーム（Means-Plus-Function Claims）

　いわゆるミーンズ・プラス・ファンクション・クレーム（Means-Plus-Function claims）とは、米国特許法§ 112（f）に従ってその範囲が解釈されるクレームをいいます。

　米国特許法§ 112（f）は、「組み合わせにかかるクレームの構成要件（an element in a claim for a combination）は、構造、材料、または行為を明示せずに、特定の機能を果たすための手段または工程として記載することができ、こうしたクレームは、明細書に記載された対応する構造、材料、行為、またはそれらの均等物をカバーするように解釈されなければならない。」とのクレーム解釈ルールを規定しています。

　ここでいうミーンズ・プラス・ファンクション・クレームとは、この「構造、材料または行為を明示せずに（without the recital of structure, material, or acts）、特定の機能を果たすための（for performing a specified function）手段（means）または工程（step）として」記載された構成要件（element）を持つクレームをいうことになります。

1. ミーンズ・プラス・ファンクション・クレーム解釈規定の沿革

　米国特許法には、クレームが何を基準としてどのように解釈されなければならないかについての一般的解釈基準は何も規定されていません。それにも拘らず、クレームがいったんこのミーンズ・プラス・ファンクション・クレームであると判断されると、そのクレームは（正確にはその構成要件は）、米国特許法§ 112（f）で規定されるように、「明細書に記載された対応する構造、材料、行為、またはそれらの均等物（corresponding structure, material, or acts descried in the specification and equivalents thereof）」に必要的に限定して解釈されなければならない、と明文で規定されている点で、米国特許法§ 112（f）は、かなり特殊な規定といえます。

　この米国特許法§ 112（f）（AIA 改正前は旧§ 112 ¶ 6）は、1952 年特許改

正法により、米国特許法上規定されました。そもそも発明を機能（function）で特定すると、発明を構造（structure）で特定したのと比較して、クレームが広範でかつ曖昧なものになりやすく、構造で特定するよりはるかに特許権者に有利になってしまうため、1952 年改正法以前には、発明を機能で特定することはほとんど認められていませんでした。

Haliburton Oil Well Cementing Co. v. Walker et. al. 最 高 裁 判 決 [1]（ 以 下、「Haliburton 最高裁判決」）では、手段（means）を用いたクレームが、米国特許法旧 § 112 ¶ 2（現行 § 112 (b)）違反を理由に無効とされています。この Haliburton 最高裁判決後に米国特許法に規定された旧 § 112 ¶ 6 は、発明の機能（function）による特定を認める替わりに、そのクレームを文言そのままより狭く解釈されなければならないと規定することで、ミーンズ・プラス・ファンクションで記載したクレームと、他の記載方式のクレームとの間のバランスを図っているわけです。

2. 方法クレームにおけるステップ・プラス・ファンクション・クレーム

米国特許法 § 112 (f) は、方法のクレームについて機能で工程を特定するステップ・プラス・ファンクション・クレーム（Step-plus-Function claim）も、ミーンズ・プラス・ファンクション・クレーム（Means-plus-Function claim）と同様に解釈されなければならないと規定しています。以下では特に明示しない限り、このステップ・プラス・ファンクション・クレームも、ミーンズ・プラス・ファンクション・クレームに含めて説明します。ステップ・プラス・ファンクション・クレームは米国特許法 § 112 (f) により、「行為（act）を規定することなく、機能でステップを特定したクレーム」と定義されます[2]が、方法クレームにおける行為と機能との峻別は、装置クレームにおける構造と機能との区別より困難とされています。

---

[1] *Haliburton Oil Well Cementing Co. v. Walker et. al.*, 329 U.S. 1 (1946)

[2] *Seal-Flex v. Athletic Track & Court Constr.*, 172 F.3d 836 (Fed. Cir. 1999)

3. §112(f)の適用を受ける「ミーンズ・プラス・ファンクション・クレーム」とは？

　クレーム中で「手段（means）」の用語を用いた場合、ミーンズ・プラス・ファンクション・クレームであるとの推定（presumption）が働きます。つまり、手段（means）で表現された構成要件（element）は、そのクレーム文言どおりではなく、米国特許法§112（f）に従って、クレームされた機能（function）に対応する明細書中に開示された構造（structure）およびその均等物（equivalent）に限定して解釈されなければならないとの推定が成立します[3]。

　ただし、この推定は、クレームに手段（means）の用語を使っているにもかかわらず、そのクレームの構成要件が、手段によりクレームされた機能を実現するための明確な（definite）構造または材料（structure or material）を、クレーム中で充分に記載していると認められた場合には、つまり出願人がそのような反証をした場合には、覆され、米国特許法§112（f）の適用を免れます。「構造または材料を明示することなく機能で特定した」との、米国特許法§112（f）に規定されているミーンズ・プラス・ファンクション・クレームの定義から外れるからです。

　例えば、Cole v. Kimberly Clark, Corp. CAFC 判決[4]では、おむつ（diaper）に関するクレーム中の"perforation（ミシン目）means … for tearing …"との記載は、充分に構造をクレームしているため、米国特許法旧§112 ¶ 6 が適用されるミーンズ・プラス・ファンクション・クレームには該当しないと判示しました。

　他方、クレームに手段（means）の用語が用いられていない場合には、ミーンズ・プラス・ファンクション・クレームでないとの逆の推定が働き、そのクレームは§112（f）によらずに解釈されます。

　ただし、この推定も、クレームが手段（means）による表現を使っていないにもかかわらず、明確な構造または材料を規定するのではなく、機能的な表現（functional language）が用いられていた場合には、実質的にはミーンズ・プラス・ファンクション・クレームであるとして、米国特許法§112（f）が

3　*Al-Site Corp. v. VSI Int'l,* 174 F.3d1308 (Fed. Cir. 1999)

4　*Cole v. Kimberly Clark, Corp.,* 102 F.3d 524 (Fed. Cir. 1996)

適用されえます。

　従来は、クレーム中で手段（means）の用語を用いていない場合、ミーンズ・プラス・ファンクション・クレームでなく、米国特許法§ 112（f）が適用されないことについて、強い推定が働いていました。このため、クレーム中で手段（means）の用語を使用しないことで、§ 112（f）の適用を容易に回避することができました。

　2015 年の Williamson v. Citrix Online, LLC CAFC 大法廷判決 5（以下、「Williamson CAFC 大法廷判決」）は、クレーム中での手段（means）の使用の有無に従った強い推定を否定した上で、手段（means）の用語が用いられていないクレームであっても、クレームの用語が、「十分に明確な構造で記載されていない場合（fails to recite sufficiently definite structure）」または「機能を実行するために十分な構造を記載することなく機能を記載している場合（recites function without reciting sufficient structure for performing that function）場合」には、ミーンズ・プラス・ファンクション・クレームとして、米国特許法§ 112（f）が適用されると判示し、クレーム中の「分散学習制御モジュール（"a distributed learning control module for"）」がミーンズ・プラス・ファンクション・クレームに該当すると認定しました。

　この Williamson CAFC 大法廷判決では、米国特許法§ 112（f）が適用されるか否かは、「クレームの文言が当業者にとって構造の名称として十分に明確な意味を持つか否か（whether the words of the claim are understood by person of ordinary skill in the art to have a sufficiently definite meaning as the name for structure）」を基準として、実質的に判断されるべきとものとの規範を示したため、クレーム中で手段（means）の用語を使用しないことのみで、米国特許法§ 112（f）の適用を形式的に回避することは困難となりました 6。

　なお、機能（function）と構造（structure）との境界がどこにあるかは一義的には判断できませんが、例えば、コンピュータ・プログラム関連発明の場合には、少なくとも、汎用コンピュータ（general purpose computer）要素をク

5　*Williamson v. Citrix Online, LLC,* 792 F.3d 1339 (Fed. Cir. 2015)（en banc）

6　逆に、*Lightning Ballast Control LLC v. Philips Electronics North America Corp.,* 790 F.3d 1329 (Fed. Cir. 2015)は、「電源手段（"voltage source means"）」が、ミーンズ・プラス・ファンクション・クレームに該当せず、§ 112(f)が適用されないと判示しました。

レームに記載しただけでは構造で特定したとはいえず、開示されたアルゴリズムを実行するためにプログラムされた特定用途（special purpose computer）の要素をクレームに記載して、初めて構造で特定したといえるものとされています[7]。

4. ミーンズ・プラス・ファンクション・クレームの解釈

（1）特許付与後の解釈

　ミーンズ・プラス・ファンクション・クレームを解釈するには、以下の手順をとります。

　ⅰ）.まず、クレームされた機能（function）が何であるかを特定し、次に、
　ⅱ）.特定された機能を実現する（perform）、明細書中に開示された構造または材料が何であるか、を特定する

　クレームされた機能に、明細書中のどの構造が対応するかが、明らかでない場合には、米国特許法§ 112（b）の明確性要件違反となります。明細書中の構造が、クレームされた機能に、明細書中の開示自体または審査経過（prosecution history）によって、明らかに対応付けられていなければ、「対応する（corresponding）」構造が記載されているとはいえません[8]。

　つまり、たとえ当業者にとって、クレームされた機能に対応する明細書中の構造が何であるか自明であっても足りず、出願人自身が明細書または出願経過で、どの構造がクレームされた機能に対応するのかを、明確に記載している必要があります。この点で、ミーンズ・プラス・ファンクションでクレームした場合には、通常のクレームより厳しい明細書・図面の記載要件が課されることになります。

（2）出願審査での解釈

　かつての米国特許庁の実務では、米国特許法§ 112（f）（旧§ 112 ¶ 6）は、審査対象のクレームの解釈には適用されていませんでした。クレーム補正の機

---

[7] *WMS Gaming Inc. v. Int'l Game Tech.*, 184 F.3d 1339（Fed. Cir. 1999）

[8] *Unidynamics v. Automatic Prods. Int'l*, 157 F.3d 1311（Fed. Cir. 1998）; *Medtronic Inc. v. Advanced Cardiovascular Systems, Inc.*, 248 F.3d 1303（Fed. Cir. 2001）

会が与えられている出願審査中には、合理的に最も広い範囲のクレーム解釈がされるべき（broadest reasonable interpretation：BRI）というクレーム解釈の原則があるからです。

この出願審査実務は、1994 年の In re Donaldson CAFC 大法廷判決 [9] によって変更され、ミーンズ・プラス・ファンクション・クレームについては、この最も広い合理的範囲で解釈するというクレーム解釈の原則の例外であり、出願審査中でも特許付与後と同様、米国特許法旧§ 112 ¶ 6（現行§ 112（f））に従ってクレーム解釈されなければならないとされました。現在では、出願審査でも、ミーンズ・プラス・ファンクション・クレームは米国特許法§ 112（f）に従って解釈されるという実務が採用されています。

（3）§112（f）の均等物（equivalents）

米国特許法§ 112（f）は、ミーンズ・プラス・ファンクション・クレームは、「対応する構造または材料およびその均等物（equivalent thereof)」として解釈されると規定していますが、均等物（equivalents）が何かは、クレーム解釈の問題、つまり法律問題（question of law）ではなく、被告製品（accused product）や引用例との関係で決定される事実問題（question of fact）です。

被告製品や引用例がクレームされた機能に対応する構造の「均等物」にあたるかどうかの判断では、以下のテストが用いられます。どのテストがもっとも適しているか、はケースバイケースで判断されます。

ⅰ）.Function-Way-Result テスト：被告製品が、クレームされた機能と同じ（identical）機能を果たし、実質的に同じ方法で（substantially the same way）、実質的に同じ結果を達成する（substantially the same result）ものであれば、均等物に該当する

ⅱ）.非実質的相違テスト（insubstantial difference test）：被告製品が、クレームされた機能に対応する構造と実質的には相違しないものであれば、均等物に該当する

米国特許庁審査マニュアル（MPEP）は、引用例の構成要件（prior art element）が、クレームされた機能と同じ機能（identical function）を果たしていれば、

---

9 *In re Donaldson*, 16 F.3d 1189 (Fed. Cir. 1994) (en banc)

明細書中で明らかに均等物の定義から除かれていない限り、均等物にあたるという一応の証明（prima facie case）が成立し、クレームを拒絶することができるとしています（MPEP 2183）。

5. ミーンズ・プラス・ファンクション・クレームを用いた場合の留意点

　ミーンズ・プラス・ファンクション・クレームを用いた場合には、通常のクレーム解釈ルールが適用されない場合があります。

　例えば、通常、独立クレームとこれに従属するクレームとの間では、クレームの範囲（scope）が異なるという推定が働きます。これを、クレーム・ディフェレンシエーション・ルール（doctrine of claim differentiation）といいます[10]。つまり、従属クレームの範囲はその従属クレームが従属する独立クレームの範囲より狭く、逆に独立クレームの範囲は従属クレームの範囲より広いことが推定されます。

　ところが、独立クレームがミーンズ・プラス・ファンクション・クレームで、これに従属するクレームで、ある手段（means）をある特定の構造（structure）に限定していた場合、このクレーム・ディフェレンシエーション・ルールによって、独立クレーム中の「手段（means）」が従属クレーム中の「構造」より広く解釈されることはありません。つまり、この場合、クレーム・ディフェレンシエーション・ルールは適用されません。米国特許法 § 112（f）に法定されたクレーム解釈ルールが優先するからです。

　また、ミーンズ・プラス・ファンクション・クレームとして複数の機能がクレームに記載されている場合、明細書にクレームされたすべての機能を開示しなければ、不明確であるとして米国特許法 § 112（b）違反となります。

6. ミーンズ・プラス・ファンクション・クレームへの均等論の適用の制限

　Al-Site Corp. v. VSI Int'l CAFC 判決[11] では、先例としての拘束力のない傍論

---

[10]　*Ecolab Inc. v. Paraclipse Inc.*, 285 F.3d 1362（Fed. Cir. 2002）

[11]　*Al-Site Corp. v. VSI Int'l*, 174 F.3d 1308（Fed. Cir. 1999）

（dicta）の中ですが、米国特許法旧§112 ¶ 6（現行§112（f））の均等物（equivalents）は、特許の発行時（at the time of issuance）の時に存在（available）していなければならず、特許発行後に生じた技術を捕捉することはできない（cannot embrace technology developed after the patent issues）、と述べられています。

7. 均等論と§112（f）の均等物（equivalents）

　衡平法（equity）上の理論である均等論（Doctrine of Equivalence）は、クレーム文言どおりの範囲（literal scope of claim）に属さない侵害被疑製品（accused product）を、なおクレームの範囲に含めるという点で、クレームの範囲を拡張する機能を持ちます。均等論における均等の範囲がどこまでか、についての判断にもミーンズ・プラス・ファンクション・クレームにおける米国特許法§112（f）の均等物かどうかを判断する上記3.（3）のFunction-Way-Result テストや非実質的相違テストが適用されます。ただし、両者の相違点としては、次のとおりです。

ⅰ）.「均等」かどうかの判断で、均等論の場合は侵害被疑製品とクレーム文言（claim language）とが対比されるのに対し、米国特許法§112（f）の均等物では侵害被疑製品とクレームされた機能に対応する明細書中で開示された構造（structure）とが対比される。

ⅱ）. Function-Way-Result テストで、均等論の場合は侵害被疑製品がクレーム発明と実質的に同じ（substantially same）機能を果たすものであれば均等となるのに対し、米国特許法§112（f）の均等物では侵害被疑製品はクレーム発明と同一の（identical）機能を果たすものでなければ均等物とはなりえない。

ⅲ）. 先行技術（prior art）との関係で、均等論の場合は、出願時に公知であった技術は均等の範囲から除外されるのに対し、米国特許法§112（f）の均等物にはそのような制限がない。

ⅳ）. 均等にあたるかの判断時が、均等論の場合には侵害時（time of infringement）であるのに対し、米国特許法§112（f）の均等物の場合には出願時または特許発行時（time of filing or time of issuance）である。

　このため、出願後に新たに出現した技術（after arising technology）は、ミーンズ・プラス・ファンクション・クレームにおける§ 112（f）の均等物に属することはありませんが、均等論により侵害と判断される余地は生じることになります。

8. ミーンズ・プラス・ファンクション・クレームを作成するメリット

　Johnson & Johnston v. R.E. Service Co. CAFC 大法廷判決[12] によって、明細書に記載していたにもかかわらず、クレームされなかった構成要件については、当該構成要件は公衆に開放された（dedicated to the public）ものとして、均等論の適用が制限される場合があります。

　通常の構造のクレームと併せて、ミーンズ・プラス・ファンクション・クレームを1つクレームしておけば、明細書・図面に開示されたすべての（複数の）構造とその均等物を1つのミーンズ・プラス・ファンクション・クレームの範囲でカバーすることができるため、意図しない公衆への開放を回避することができます。

---

[12] *Johnson & Johnston v. R.E. Service Co.,* 285 F.3d 1046（Fed. Cir. 2002）（en banc）

付　録

米国特許法（抄）

特許法合衆国法典第 35 巻（35U.S.C）―特許
2015 年第 7 改正版，2015 年 10 月施行
※この条文は特許庁ホームページより一部抜粋した
ものである。よって本文と一部差異がある。

第 II 部　発明の特許性及び特許の付与

第 10 章　発明の特許性

第 100 条　定義

本法において使用する場合は，文脈から異なっ
た意味に解される場合を除き，用語の意味を次の
とおりとする。

(a)「発明」とは，発明又は発見をいう。

(b)「方法」とは，方法，技法又は手法をいい，
既知の方法，機械，製造物，組成物又は材料
の新規用途を含む。

(c) ～ (e)（略）

(f)「発明者」という用語は，発明の主題を発明
又は発見した個人又は，共同発明の場合は，
集合的にそれらの個人を意味する。

(g)「共同発明者」及び「共発明者」という用語
は，共同発明の主題を発明又は発見した個人
の 1 を意味する。

(h)「共同研究契約」という用語は，クレームさ
れた発明の分野における実験，開発又は研究
業務の履行のために 2 以上の人又は事業体の
間で締結される書面による契約，権利付与又は
協力協定を意味する。

(i)(1) 特許又は特許出願においてクレームされた
発明についての「有効出願日」という用語は，
次のものを意味する。

　(A)（B）が適用されない場合は，その発明
についてのクレームを含んでいる特許又は
特許出願の実際の出願日

　(B) 最先の出願であって，その出願に関し
て，当該の特許又は出願が，当該発明に
関する第 119 条，第 365 条（a），第 365
条（b），第 386 条（a）若しくは第 386 条（b）

に基づく優先権又は第 120 条，第 121 条，
第 365 条（c）若しくは第 386 条（c）に
基づく先の出願の利益を受けることができ
るものの出願日

(2) 再発行出願又は再発行特許においてクレー
ムされた発明についての有効出願日は，発
明についてのクレームが，再発行が求められ
た特許に含まれていたものとみなして決定す
るものとする。(j)「クレームされた発明」と
いう用語は，特許又は特許出願におけるク
レームによって定義される主題を意味する。

第 101 条　特許を受けることができる発明

新規かつ有用な方法，機械，製造物若しくは
組成物又はそれについての新規かつ有用な改良
を発明又は発見した者は，本法の定める条件及
び要件に従って，それについての特許を取得する
ことができる。

第 102 条　特許要件；新規性

(a) 新規性；先行技術
何人も特許を受けることができるものとするが，
次の事情があるときは，この限りでない。

(1) クレームされた発明が，当該のクレームさ
れた発明に係る有効出願日前に，特許され
ていた，印刷刊行物に記述されていた，又は，
公然使用，販売その他の形で公衆の利用に
供されていたこと，又は

(2) クレームされた発明が，第 151 条に基づい
て発行された特許又は第 122 条（b）に基づ
いて公開されたか公開されたとみなされる特
許出願に記述されており，それにおいて，そ
の特許又は出願の何れか該当するものもの
が，他の発明者を記名しており，かつ，クレー
ムされた発明に係る有効出願日前に有効に
出願されていたこと

(b) 例外

(1) クレームされた発明に係る有効出願日前 1
年内にされた開示クレームされた発明の有効
出願日前 1 年内にされた開示は，クレームさ
れた発明に対する（a）（1）に基づく先行技
術ではないものとするが，次の事項を条件と

する。

　　(A) その開示が発明者若しくは共同発明者によって，又は発明者又は共同発明者から直接又は間接に開示された主題を取得したそれ以外の者によってなされたこと，又は

　　(B) 開示された主題が，同開示の前に，発明者若しくは共同発明者によって，又は発明者又は共同発明者から直接又は間接に開示された主題を取得したそれ以外の者によって公然開示されていたこと

　(2) 出願及び特許に表示されている開示

　　開示は，次の事情があるときは，クレームされた発明に対する (a)(2) に基づく先行技術ではないものとする。

　　(A) 開示された主題が発明者又は共同発明者から直接又は間接に取得されたこと

　　(B) 開示された主題が，同主題が (a)(2) に基づいて有効に出願される前に，発明者若しくは共同発明者によって，又は発明者若しくは共同発明者から直接若しくは間接に開示された主題を取得したそれ以外の者によって公然開示されていたこと，又は

　　(C) 開示された主題及びクレームされた発明が，クレームされた発明に係る有効出願日まで，同一人によって所有されていたか又は同一人への譲渡義務を条件としていたこと

(c) 共同研究契約に基づく共通所有権

　　開示された主題及びクレームされた発明は，(b)(2)(C) の規定の適用においては，同一人によって所有されていた，又は同一人への譲渡義務を条件としていたものとみなされるが，次の事項を条件とする。

　(1) クレームされた発明の有効出願日以前に有効であった共同研究契約の当事者の1又は複数の者によって，又は同人のために，開示された主題が開発されてクレームされた発明がなされたこと

　(2) 共同研究契約の範囲内で行われた活動の結果として，クレームされた発明がなされたこと

　(3) クレームされた発明についての特許出願が，共同研究契約当事者の名称を開示しているか，又は，開示するように補正されること

(d) 先行技術として有効な特許及び公開

　出願ある特許又は特許出願がクレームされた発明に対して (a)(2) に基づく先行技術であるか否かを決定する目的では，当該の特許又は出願は，その特許又は出願に記述されている主題に関して，次の日に有効に出願されていたものとみなす。

　(1) (2) が適用されない場合は，その特許又は特許出願の実際の出願日，又は

　(2) その特許又は特許出願が，先にされた1又は複数の特許出願に基づいて，第119条，第365条(a) 若しくは第365条(b) に基づく優先権又は第120条，第121条若しくは第365条(c) に基づく利益を主張することができる場合は，その主題を記述している出願の中の最先のものの出願日

第103条　特許要件：自明でない主題

　クレームされた発明についての特許は，クレームされた発明が第102条に規定されているのと同じ方法で開示されていない場合であっても，クレームされた発明と先行技術との間の差異が，クレームされた発明が全体として，クレームされた発明の有効出願日前に，クレームされた発明に係る技術において通常の技倆を有する者にとって自明であると思われる場合には，取得することができない。特許性は，その発明がされたときの態様によっては否定されないものとする。

第11章　特許出願

第111条　出願

(a) 一般

　(1) 書面による出願

　　特許出願は，本法に別段の定めがある場合を除き，長官に対する書面によるものとし，発明者によって行われるか又は出願することについて発明者の委任を受けていなければならない。

（2）内容

特許出願は，次のものを含まなければならない。

（A）第 112 条によって規定される明細書

（B）第 113 条によって規定される図面，及び

（C）第 115 条によって規定される宣誓又は宣言

（3）手数料，宣誓又は宣言及びクレーム

出願には，法律で定められた手数料が添付されていなければならない。当該手数料，宣誓又は宣言及び 1 又は複数のクレームは，出願日後で，長官によって定められた期間内に割増金の納付を含む条件に従って提出することができる。手数料，宣誓又は宣言及び 1 又は複数のクレームが期間内に提出されなかった場合は，出願は放棄とみなされる。

（4）出願日

出願日は，明細書がクレームを含むか否かを問わず，USPTO において受領された日とする。

（b）仮出願

（1）委任

特許の仮出願は，本法に別段の定めがある場合を除き，発明者又は発明者の委任を受けた者が，長官に対し書面により行うものとする。当該出願は，次のものを含まなければならない。

（A）第 112 条(a)によって規定される明細書，及び

（B）第 113 条によって規定される図面

（2）クレーム

第 112 条（b）から（e）までによって要求されるクレームは，仮出願においては要求されない。

（3）手数料

出願には，法律で定められた手数料が添付されていなければならない。当該手数料は，出願日後で，長官によって定められた期間内に割増金の納付を含む条件に従って提出することができる。手数料が期間内に提出されなかった場合は，出願は放棄とみなされる。

（4）出願日

仮出願の出願日は，明細書がクレームを含むか否かを問わず，USPTO において受領された日とする。

（5）放棄

クレームの不存在に拘らず，適時の請求に基づき，かつ，長官が定めるところに従い，仮出願は，（a）に基づいて行われた出願としての取扱を受けることができる。当該請求がなされなかった場合は，第 119 条（e）（3）に従うことを条件として，その仮出願は，当該出願の出願日から 12 月が経過したときに放棄されたものとみなされ，かつ，当該 12 月の経過後は，回復することができない。

（6）仮出願に関する上記以外の基礎

本項及び第 119 条（e）の条件のすべてに従うことを条件として，かつ，長官が定めるところに従い，（a）に基づいてなされた特許出願は，特許の仮出願としての取扱を受けることができる。

（7）優先権又は最先の出願日の利益を受けないこと

仮出願は，第 119 条，第 365 条（a）若しくは第 386 条（a）に基づく他の出願の優先権又は第 120 条，第 121 条，第 365 条（c）若しくは第 386 条（c）に基づく合衆国における先の出願日の利益を享受する権原を有さない。

（8）適用規定

特許出願に関する本法の規定は，他に別段の定めがある場合を除き，かつ，特許の仮出願が第 131 条及び第 135 条の適用を受けないことを除き，特許の仮出願に適用される。

（c）先になされた出願

（a）の規定に拘らず，長官は，（a）に基づく出願時に，先になされた出願を出願番号及び出願がなされた知的所有権当局又は国名によって特定して，先になされた出願への言及が，出願日の目的のために後にする出願の明細書及び図面を構成するように，割増金納付を含め，条件を定めることができる。先になされた出願の明細書及び図面の写しが，長官が定める期間内に長官が定める条件に基づいて提出され

なければならない。先になされた出願の明細
書及び図面の写しを所定期間内に提出しない
場合は，出願は放棄されたものとみなされ，当
該出願は，出願されなかったものとみなされる。
ただし，次の場合を除く。

（1）第 27 条に基づく出願が回復され，

（2）先になされた出願の明細書及び図面の写
しが長官に提出される。

第 112 条　明細書

（a）一般

明細書は，その発明の属する技術分野又はそ
の発明と極めて近い関係にある技術分野にお
いて知識を有する者がその発明を製造し，使
用することができるような完全，明瞭，簡潔か
つ正確な用語によって，発明並びにその発明を
製造，使用する手法及び方法の説明を含まな
ければならず，また，発明者又は共同発明者
が考える発明実施のベストモードを記載してい
なければならない。

（b）結び

明細書は，発明者又は共同発明者が発明とみ
なす主題を特定し，明白にクレームする 1 又は
2 以上のクレームで終わらなければならない。

（c）形式

クレームは，独立形式で，又は事件の内容上
適切な場合は，従属形式若しくは多項従属形
式で記載することができる。

（d）従属形式における引用

（e）に従うことを条件として，従属形式のクレー
ムは，先に記載された 1 のクレームを引用し，
それに続けて，クレームされている主題につい
ての更なる限定を明示しなければならない。従
属形式のクレームは，それが引用するクレーム
に係るすべての限定事項を含んでいると解釈さ
れる。

（e）多項従属形式における引用

多項従属形式のクレームは，先に記載された 2
以上のクレームを択一的にのみ引用し，それに
続けて，クレームされている主題についての更
なる限定を明示しなければならない。多項従属
形式のクレームは，他の多項従属クレームの基

礎とすることができない。多項従属形式のクレー
ムは，引用により，それが関係していると考えら
れる特定のクレームのすべての限定事項を含ん
でいると解釈される。

（f）組合せに係るクレームの要素

組合せに係るクレームの要素は，その構造，材
料又はそれを支える作用を詳述することなく，特
定の機能を遂行するための手段又は工程として
記載することができ，当該クレームは，明細書
に記載された対応する構造，材料又は作用及
びそれらの均等物を対象としているものと解釈さ
れる。

第 113 条　図面

出願人は，特許を受けようとする主題の理解に
必要なときは，図面を提出しなければならない。
その主題の内容が図面によって明示することがで
きる場合において，出願人がその図面を提出して
いないときは，長官は，その旨の通知の発送から
2 月以上の期間内にそれを提出するよう命じること
ができる。出願日後に提出された図面は，

（i）実施化のための開示の欠如又はそれ
以外の形での不十分な開示による明細
書の不備を是正するために，又は

（ii）何れかのクレームの範囲に関する解
釈の目的で明細書の最初の開示を補足
するために使用することはできない。

第 115 条　発明者の宣誓又は宣言

（a）発明者記名；発明者の宣誓又は宣言

第 111 条（a）に基づいてされる，又は第 371
条に基づいて国内段階を開始する特許出願は，
その出願においてクレームされた発明に係る発
明者の名称を含んでいるか又は含むように補正
されなければならない。本条に別段の定めがあ
るときを除き，特許出願においてクレームされた
発明についての発明者又は共同発明者である
個人の各々は，その出願に関して宣誓又は宣
言をしなければならない。

（b）要求される陳述

（a）に基づく宣誓又は宣言は，次の趣旨の陳
述を含まなければならない。

（1）出願が宣誓供述者又は宣言者によって行われた又は行うよう授権されたこと，及び

（2）当該個人が，同人自身を，その出願においてクレームされた発明についての最初の発明者又は最初の共同発明者本人であると信じていること

(c) 追加要件

長官は，(a) に基づく宣誓又は宣言に含めることが要求されている発明者及び発明に関する追加の情報を指定することができる。

(d) 代用陳述

（1）一般

(a) に基づく宣誓又は宣言をする代りに，特許出願人は，(2) に記載した事情及び長官が行政規則によって指定する追加的事情に基づいて代用陳述を提出することができる。

（2）許可される事情

（1）に基づく代用陳述は，次の何れかの個人に関して許可される。

（A）当該個人が次の事情にあるために，(a) に基づく宣誓又は宣言を提出できない者

（i）死亡していること

（ii）法的に無能力であること

（iii）当然の努力をした後でも，その所在が見出せないか又は連絡できないこと

（B）その発明を譲渡する義務を負っているが，(a) に基づいて要求される宣誓又は宣言をすることを拒絶した者

（3）内容 本項に基づく代用陳述は次のことをしなければならない。

（A）陳述の対象である個人を確認すること

（B）(a) に基づく宣誓又は宣言に代えて代用陳述を提出するための許可理由を示す事情を記載すること，及び

（C）長官によって要求される追加情報を，証明があるときはそれを含めて，包含すること

(e) 所要の陳述を譲渡証に記録すること

特許出願の譲渡義務を負っている個人は，(b) 及び (c) に基づいて要求される陳述を別途に提出する代りに，その陳述を当該個人が作成する譲渡証に含めることができる。

(f) 提出時期

特許出願人は，(a) に基づいて要求される個々の宣誓又は宣言，(d) に基づく代用宣言又は (e) の要件を満たす記録済譲渡証を，特許発行手数料の納付日以前に提出しなければならない。

(g) 先にされた出願であって，所要の陳述又は代用陳述を含んでいるもの

（1）例外

本条の要件は，ある個人が発明者又は共同発明者として記名されており，かつ，同人が先にされた出願についての第120条，第121条，第365条（c）又は第386条（c）の利益を主張している特許出願に関しては，その個人に対して適用しないものとするが，次の事項を条件とする。

（A）(a) の要件を満たしている宣誓又は宣言がその個人によって作成され，かつ，先にされた出願に関して提出されたこと

（B）(d) の要件を満たしている，その個人に関する代用陳述が，先にされた出願に関連して提出されたこと，又は

（C）(e) の要件を満たす譲渡証が先にされた出願に関してその個人によって作成され，かつ，先にされた出願に関して記録されたこと

（2）宣誓，宣言，陳述又は譲渡証の副本

（1）に拘らず，長官は，作成された宣誓又は宣言，代用陳述又は先にされた出願に関して提出された譲渡証の副本を後にする出願に含めるよう要求することができる。

(h) 補充の及び訂正済の陳述；追加的陳述の提出

（1）一般

本条に基づいて要求される陳述をする者はいつでもその陳述を取り下げ，取替え又はそれ以外の方法で訂正することができる。変更が発明者記名に関してされるものであり，本条に基づく1又は複数の追加的陳述を必要とするものである場合は，長官は，同追加的陳述の提出を可能にする行政規則を制定しなければならない。

（2）補充陳述は要求されない

個人が特許出願に関し，（a）の要件を満た
している宣誓書又は宣言書又は（e）の要件
を満たしている譲渡証を作成しているときは，
長官はその後，その個人に対して，特許出
願又はそれから生じる特許に関し，追加的宣
誓，宣言又は本条によって要求されるのと同
等のそれ以外の陳述をすることを要求するこ
とができない。
（3）除外規定
特許は，本条に基づく要件の不遵守を理由
としては無効とされること又は執行不能とされ
ることはないものとするが，その不履行が（1）
に定めるように治されることを条件とする。
　（i）刑罰の承認
　　本条に従って提出される宣言又は陳述
　　は，同宣言又は陳述においてされた故
　　意の虚偽陳述が，第18巻第1001条に
　　基づいて，罰金若しくは5年以下の懲
　　役に処すこと又はそれらを併科すること
　　ができるものであることについての承認
　　を含んでいなければならない。

第116条　複数の発明者
（a）共同発明
2以上の人が共同して発明を行った場合は，本
法に別段の定めがある場合を除き，それらの者
は共同して出願をし，かつ，各人が所要の宣
誓をしなければならない。発明者は，
（1）それらの者が物理的に一緒に又は同時に
　　仕事をしていなかった場合，
（2）各人がした貢献の種類又は程度が同じで
　　ない場合，又は
（3）各人がした貢献が特許に係るすべてのク
　　レームの主題に及んではいない場合であって
　　も，共同して特許出願をすることができる。
（b）除外された発明者
共同発明者の内の1が特許出願に参加するこ
とを拒否したか，又は適切な努力をしたにも拘
らず，当該人を発見すること若しくは当該人に
連絡することができなかった場合は，出願は，
他の発明者が本人及び除外された発明者の代
理として行うことができる。長官は，該当する事

実の証拠が提出され，かつ，長官が定める通
知を除外された発明者に対して行った後，除外
された発明者が出願に参加していたならば有し
たであろうものと同じ権利に従うことを条件とし
て，出願をした発明者に特許を付与することが
できる。除外された発明者は，後日，出願に
参加することができる。
（c）願書の錯誤による記載の補正
錯誤により，他の者が特許出願に発明者として
記名をされていた場合又は錯誤により，出願に
記名されなかった発明者がいる場合は，長官
は，出願が長官の定める条件に基づいて相応
の補正がされることを許可することができる。

第117条　発明者の死亡又は無能力
死亡した発明者及び法的無能力者である発明
者の法定代理人は，出願要件に従い，かつ，発
明者に適用されるものと同じ条件に基づいて特許
出願をすることができる。

第118条　発明者以外の者による出願
発明者がその発明を譲渡した相手方又は譲渡
する義務を負っている相手方である者は，特許出
願をすることができる。それ以外に，その事項に
関する十分な財産的権利を証明する者は発明者
を代表して，及びその代理人として特許出願をす
ることができるが，それは，直接関係する事実の
証拠及び当該行為が当事者の権利を保全するた
めに適切な行為であることの証明に基づかなけれ
ばならない。長官が，発明者以外の者によって本
条に基づいてされた出願に対し特許を付与する場
合は，その特許は権利を有する真の当事者に付
与されるものとし，また，発明者に対し，長官が
十分と考える通知をすることが条件とされる。

第119条　先の出願日の利益；優先権
（a）　ある者により合衆国においてなされた発
　　明特許出願の場合において，当該人又はそ
　　の法定代理人若しくは譲受人が，合衆国に
　　おいてなされた出願について若しくは合衆国
　　の国民に対して同等の特権を与える外国にお
　　いて，又はWTO加盟国において，先に同

一発明に係る正規の特許出願をしているとき
は，当該発明特許出願は，合衆国における
当該出願が前記の外国出願がされた最先の
日から12月以内に提出されることを条件とし
て，同一の発明に関する特許出願が前記の
外国において最初になされた日に合衆国にお
いてなされた同一出願の場合と同じ効果を有
するものとする。長官は，第41条（a）（7）
に規定の手数料納付の要件を含む規則を定め，
本項に規定の12月の期間を，その12月以
内での合衆国における出願の遅延が故意でな
かった場合は2月延長することができる。

(b)(1) 特許出願は，外国特許出願の出願番号，
その出願がなされた若しくはその出願が指定
した知的所有権当局又は国及び出願日を記
載することによって外国出願を特定した優先
権主張が，長官が定める出願係属中の期間
内にUSPTOに提出されない限り，優先権
を享受する権原を有さない。

(2) 長官は，出願人が優先権主張を適時に提
出しなかったときは，当該主張の放棄と考え
ることができる。長官は，本条に基づく主張
の故意によらない遅延を容認するために，第
41条（a）（7）に定める手数料納付要件を
含む受理手続を制定することができる。

(3) 長官は，外国における原出願の願書，明
細書及びその基礎とする図面の認証謄本，
それらが英語によるものでない場合の翻訳文
並びに長官が必要と考えるその他の書類を要
求することができる。当該認証は，外国出願
がなされた外国の知的所有権当局によってな
されなければならず，かつ，出願日及び明
細書その他の書類の提出日を示すものでな
ければならない。

(c) 同様の方式により，かつ，同一の条件及び
要件に従うことを条件として，本条に定めた権
利は，最初にされた外国出願の代わりに，同
一外国において正規にされた後の出願を基礎
とすることができる。ただし，当該後願の前に
された外国出願が，公衆の閲覧に付されるこ
となく，かつ，如何なる権利も存続させること
なく取り下げられ，放棄され又はその他の処分を

受けたこと及び優先権主張の基礎として使用さ
れたことがなく，今後も使用されないことを条件
とする。

(d) 出願人がその裁量により特許証又は発明者
証の何れかを出願する権利を有する国において
なされた発明者証出願は，特許出願に適用さ
れる本条の条件及び要件と同一のものに従うこ
とを条件として，本条に基づく優先権の適用上，
合衆国においては特許出願と同一の方式により
処理され，かつ，同一の効果を有する。ただし，
出願人がその提出時にパリ条約のストックホル
ム改正の利益を享受する権原を有することを条
件とする。

(e)(1) 第111条（b）に基づいてなされた仮出
願において第112条（a）（ベストモード開示
要件以外）によって定められる方式によって
開示されている発明について，仮出願におい
て記名された発明者によって，第111条（a）
又は第363条に基づいてなされた特許出願は，
当該発明に関し，第111条（b）により
なされる仮出願の日になされた場合と同一の
効果を有する。ただし，第111条（a）又は
第363条に基づいてなされる特許出願が仮
出願の日から12月以内になされること及びそ
の出願が仮出願への明示の言及を含んでい
るか又は含むように補正されていることを条件
とする。長官は，第41条（a）（7）に規定
の手数料納付の要件を含む規則を定め，本
項に規定の12月の期間を，その12月以内
での第111条（a）又は第363条に基づく出
願の遅延が故意でなかった場合は2月延長
することができる。出願は，先になされた仮
出願に明示して言及した補正が出願係属中
の長官が定める期間内に提出されない限り，
先になされた仮出願に関する本項に基づく利
益を受ける権原を有さない。長官は，指定期
間内における当該補正書の不提出を本項に
基づく利益の放棄と考えることができる。長
官は，本項に基づく補正書の故意によらない
遅延提出を受理することに関し，第41条（a）

(2)第111条(b)に基づいてなされた仮出願は，
第41条（a）（1）（A）又は（C）に定める

手数料が納付されていない限り，USPTO に
おける手続の基礎とすることができない。
(3) 仮出願の出願日後 12 月である日が土曜
日，日曜日又はコロンビア特別区における連
邦休日に当たるときは，仮出願の係属期間は，
その翌平日又は翌就業日まで延長される。
第 363 条に基づいて USPTO 以外の受理官
庁になされる出願については，本項に規定の
12 月及び追加の 2 月の期間は，第 351 条に
定義する条約及び条約規則に規定するように
延長される。
(f) ～ (g)（略）

第 120 条 合衆国における先の出願日の利益

合衆国において先になされた出願において又
は 第 363 条によって規定される出願において，
第 112 条（a）（ベストモード開示要件以外）に定
められる方式によって開示される発明の特許出願
であって，先になされた出願に記名された発明者
及び共同発明者によってなされるものは，その発
明に関し，先の出願の日に提出された場合と同一
の効果を有する。ただし，その出願が，最初の出
願又は最初の出願の出願日の利益を受ける権原
を有する類似の出願に関する特許付与又は出願
手続の放棄若しくは終結の前になされること及び
先になされた出願についての明示の言及を含ん
でいるか又は含むように補正されていることを条件と
する。出願は，先になされた出願への明示の言
及を含む補正書が長官の要求する，出願係属中
の期間内に提出されない場合は，先の出願に係
る本条に基づく利益を受ける権原を有さない。長
官は，前記期間内における当該補正書の不提出
を本条に基づく利益の放棄と考えることができる。
長官は，本条に基づく補正書の故意によらず遅延
した提出に関し，第 41 条（a）（7）に明記され
た手数料の納付要件を含め，その受理手続を制
定することができる。

第 121 条 分割出願

1 の出願によって 2 以上の独立した別個の発
明がクレームされた場合は，長官は，当該出願
をその内の 1 発明に限定すべき旨を要求するこ

ができる。他の発明が第 120 条の要件を満たす
分割出願の主題とされた場合は，当該分割出願
は，原出願に係る出願日の利益を受ける権原を
有する。本条に基づいて限定すべき旨を要求さ
れた出願又はその要求の結果としてなされた出願
に対して付与された特許は，分割出願が他の出
願に関する特許の付与前に行われている場合は，
USPTO においても又は裁判所においても，分割
出願に対して，又は原出願若しくはその何れかに
基づいて付与された特許に対して引用されないも
のとする。特許の有効性は，長官が出願を 1 発
明に限定させる要求をしなかったことを理由として
問題にすることはできない。

第 122 条 出願の秘密性；特許出願の公開

(a) 秘密保持

(b) に規定する場合を除き，特許出願は，
USPTO によって秘密が守られるものとし，特
許出願に関する情報は，議会制定法の規定を
実行するために又は長官が定める特別な状況
において必要とするときを除き，出願人又は所
有者の許可を得ないでは提供されない。

(b) 公開

(1) 一般

(A)（2）に従うことを条件として，特許出願
の各々は，本法に基づいてその利益が求
められる最先の出願日から 18 月の期間が
満了した後速やかに，長官が定める手続
に従って公開されるものとする。出願人か
ら請求があったときは，出願は，当該 18
月の期間の終了前に公開することができ
る。

(B) 公開された特許出願に関する如何なる
情報も，長官が定める場合を除き，公衆
の利用に供されることはない。

(C) 法律の他の如何なる規定にも拘らず，
公開された特許出願に関する情報を発表
する又は発表しない旨の長官の決定は，
最終的なものであり，かつ，再審理の対
象とはならない。

(2) 除外規定

(A) 出願が次に該当する場合は，その出願

は，公開されないものとする。

(i) 係属状態でなくなっている場合

(ii) 第181条に基づく秘密保持命令の対象である場合

(iii) 第111条（b）に基づいて提出された仮出願である場合，又は

(iv) 第16章に基づいてなされた意匠特許出願である場合

(B)(i) 出願人が，出願時に，その出願において開示された発明が出願から18月後の出願公開を義務付けている他国において又は多国間国際協定に基づいてなされる出願の主題となっておらず，かつ，今後もその主題としないことを証明して請求をしたときは，その出願については，(1) に定めた公開を行わないものとする。

(ii) 出願人は，(i) に基づいて行った請求をいつでも撤回することができる。

(iii) 出願人が (i) に基づく請求をしたが，その後，(i) に記載した外国において又は多国間国際協定に基づいて，USPTO庁に対して行った出願に開示されている発明を対象とする出願をした場合は，当該出願人は，当該の外国出願又は国際出願についてその出願日から45日以内に長官に通知しなければならない。出願人が所定の期間内に当該通知をしなかったときは，その結果として，その出願は放棄されたものとみなされる。

(iv) 出願人が，(i) に基づいて行った請求を撤回するか，又は (i) に記載した外国において若しくは多国間国際協定に基づいて出願したことを長官に通知した場合は，その出願は，(i) に明示した日に又はその後速やかに，(1) の規定に従って公開されるものとする。

(v) 出願人が直接的に又は多国間国際協定を通じて1又は2以上の外国において出願をし，かつ，USPTOになされた出願に対応する当該外国出願又は当該外国出願における発明の説明がUSPTOになされた出願又はそれに記載されている発明の説明より範囲が狭いときは，出願人は，その出願に含まれる何れかの部分又は発明の説明であって，外国においてなされた何れの出願にも含まれていないものを削除し，USPTOになした出願の編集した写しを提出することができる。本法に基づいてその利益を求める最先の有効出願日から16月以内に，出願に係る編集後の写しが受領されなかった場合を除き，長官は，出願の編集後の写しのみを公開することができる。本段落に基づいてなされた編集後の出願において，あるクレームに関して公開された発明の説明が，当該技術の熟練者がそのクレームの主題を実施及び使用することを可能としない場合は，第154条（d）の規定は，当該クレームには適用されない。

(c) 抗議及び特許発行前の異議申立

長官は，出願人からの書面による明示の同意のない出願公開の後に，出願に対する特許付与について，抗議又はそれ以外の形式での特許発行前の異議申立ができないようにするための適切な手続を定めなければならない。

(d) 国家の安全

特許出願は，それに係る発明の公開又は開示が国家の安全にとって有害であるときは，(b)（1）に基づく公開はされないものとする。長官は，そのような出願が速やかに識別され，かつ，それに係る発明の秘密が第17章に従って維持されるようにするための適切な手続を定めなければならない。

(e) 第三者による発行前提出物

(1) 一般

第三者は特許出願の検討及びその記録への包含のために，出願の審査に関連する可能性がある特許，公開された特許出願又は他の印刷刊行物を提出することができるが，当該提出は書面により，次の早い方の時期より前にされることを条件とする。

(A) 特許出願に関し第151条に基づく許可通知が与えられるか若しくは郵送される日，又は

(B) 次のものの内の何れか遅い方

(i) 特許出願が庁により第122条に基づい

て初めて公開された日から6月，又は
　(ii) 特許出願の審査中における，何れか
　　のクレームについての審査官による第
　　132条に基づく最初の拒絶の日
(2) 他の要件
　(1) に基づく提出は次のことをしなければ
　ならない。
　(A) 個々の提出書類の主張する関連性につ
　　いての簡潔な説明を述べること
　(B) 長官が定める手数料を添付すること
　(C) 当該提出をする者による，提出は本条
　　に従っている旨を主張する陳述を含むこと

第123条　微小事業体の定義

(a) 一般
　本法の適用上，「微小事業体」という用語は，
出願人であって，同人が次の条件に該当してい
ることを証明する者を意味する。
　(1) 長官が公布する行政規則において定義さ
　　れている小規模事業体としての資格を有して
　　いること
　(2) 先にされた出願の5件以上において，発
　　明者として記名されていないこと。ただし，そ
　　の出願には，他国でされた出願，第111条(b)
　　に基づく仮出願又は第351条（a）に定義さ
　　れている条約に基づいてされた国際出願で
　　あって，第41条（a）に基づく基本国内手
　　数料が納付されていないものは含めない。
　(3) 該当する手数料が納付される暦年の前暦
　　年において，1986年内国歳入法典第61条
　　(a) に定義されている総収入であって，国
　　勢調査庁によって最近年に報告された，前記
　　の前暦年の家計収入中央値の3倍を超える
　　ものを有していなかったこと
　(4) その関係する出願に係るライセンスその他
　　の所有権権益を，当該する手数料が納付さ
　　れる暦年の前暦年において，1986年内国歳
　　入法典第61条（a）に定義されている総収
　　入であって，国勢調査庁によって最近年に報
　　告された，前記の前暦年の家計収入中央値
　　の3倍を超えるものを有している事業体に譲
　　渡，付与又は移転しておらず，また，契約又

は法律による譲渡，付与又は移転の義務を
　負っていないこと
(b) 先の雇用から生じる出願
　出願人が，同人の先の雇用の結果としてその
出願に関するすべての所有権を譲渡しているか
又は契約若しくは法による譲渡義務を負ってい
る場合は，(a)（2）の適用上，同人は，先に
された出願に記名されるべきものとはみなされ
ない。
(c) 外国通貨交換比率
　出願人又は事業体の前暦年における総収入が
合衆国ドル建てでない場合は，内国歳入庁に
よって報告される同暦年中の平均通貨交換比
率が，出願人又は事業体の総収入が（a）（3）
又は（4）に記載した水準を超えているか否か
を決定するのに使用されるものとする。
(d) 高等教育機関
　本条の適用上，微小事業体は，次の事項を証
明する出願人を含むものとする。
　(1) 出願人が同人の収入の大部分を取得する
　　元となっている同人の使用者が，1965年高
　　等教育法第101条 (a)（合衆国法典第20巻
　　（教育法）第1001条 (a)）に定義されてい
　　る高等教育機関であること，又は
　(2) 出願人は，当該高等教育機関に対し，特
　　定の出願に関するライセンスその他の所有権
　　権益を譲渡，付与若しくは移転しているか，
　　又は契約又は法律による譲渡，付与又は移
　　転の義務を負っていること
(e) 長官の権限
　本条によって課す制限に加え，長官はその裁量
において，本条に従って微小事業体としての資
格を有することができる者に対して，収入制限，
年間出願制限その他の制限を課すことができる
が，長官が，当該追加的制限が他の特許出願
人若しくは所有者への不当な影響を回避する
のに合理的にみて必要である，又はそれ以外の
理由で，合理的にみて必要かつ適切であると決
定することを条件とする。本項に従って課すこと
を提案される制限の少なくとも3月前に，長官は，
当該制限提案について下院司法委員会及び上
院司法委員会に通知しなければならない。

第12章　出願審査

第131条　出願審査

　長官は，出願及び新規であると主張されている発明の審査をさせなければならない。審査の結果，出願人が本法に基づいて特許を受ける権原を有すると見られるときは，長官はそれに対して特許を発行しなければならない。

第132条　拒絶通知；再審査

（a）審査の結果，クレームが拒絶（特許性上の拒絶）されるか，又は何らかの方式拒絶若しくは要求が行われた場合は，長官は，出願人にその通知をしなければならず，そのときは，当該の拒絶又は方式拒絶若しくは要求の理由を示し，出願手続を続行することの適切性を判断する上で有用な情報及び引用文献を添付しなければならない。出願人が当該通知の受領後，特許を求めるクレームを，補正して又は補正しないで，持続するときは，その出願は，再審査されるものとする。補正によって発明の開示に新規事項を導入することはできない。

（b）長官は，出願人の請求による特許出願の継続審査について規定する規則を制定しなければならない。長官は，当該継続審査に対する適正な手数料を定めることができ，また，第41条（h）（1）に基づいて手数料の減額を受ける資格を有する小規模事業体に対しては，当該手数料を50％減額しなければならない。

第133条　出願手続の遂行期間

　何れかの処分が出願人に通知又は郵送された後6月以内又は長官が当該処分において指示する30日以上のより短い期間内に，出願人が出願手続を遂行しなかった場合は，その出願は，当事者によって放棄されたものとみなされる。

第134条　特許審理審判部への審判請求

（a）特許出願人

　何れかのクレームが2度に亘り拒絶された特許出願人は，審判請求手数料を納付した上で，主任審査官の決定に対して特許審理審判部に審判請求をすることができる。

（b）特許所有者

　再審査手続における特許所有者は，審判請求手数料を納付した上で，主任審査官によるクレームの最終拒絶に対して特許審理審判部に審判請求をすることができる。

第135条　由来手続

（a）手続の開始

　（1）一般

　　特許出願人は庁における由来手続を開始するために発明に関する請願をすることができる。請願は，先の出願に発明者又は共同発明者として記名されている個人が請願人の出願に発明者又は共同発明者として記名されている個人から発明を由来させ，かつ，許可を得ないで，同発明をクレームする先の出願をしたと認定した根拠を詳細に記載しなければならない。長官が，本項に基づいて提出された請願は由来手続を開始するための基準を満たしていることを明らかにしていると決定したときは，長官は，由来手続を開始することができる。

　（2）提出期限

　　先の出願に関して発行された発明に含まれる，若しくは第122条（b）に基づいて公開された又は公開されたとみなされたときの先の出願に含まれるクレームと同一又は実質的に同一である発明についての本条に基づく請願は，当該請願が，当該クレームを含む特許が付与された日後又は当該クレームを含む先の出願が公開された日後の何れか早い方の後1年間以内に提出されない限り提出することができない。

　（3）先の出願

　　本条の適用上，出願は，発明に関して他の出願との関係で，発明に対するクレームが他の出願においてなされた又はなすことができた筈の発明のクレームの有効出願の日より早い有効出願日を有する出願においてなされた又はなすことができた筈でない限り，先の出願とみなされない。

(4) 上訴不可

（1）に基づいて由来手続を開始するか否かについての長官の決定は，最終的なものであり，上訴することができない。

(b) 特許審理審判部による決定

（a）に基づいて開始された由来手続においては，特許審理審判部は先の出願に記名されている発明者が請願人の出願に記名されている発明者からクレームしている発明を由来させ，かつ，許可を得ないで，同発明をクレームする先の出願がされたか否かを決定しなければならない。該当する事情においては，特許審理審判部は問題とされる出願又は特許における発明者の記名を訂正することができる。長官は，由来手続の実施基準を記載する行政規則を定めなければならないものとし，それには由来の主張を証明する，及び反証するための十分な証拠の提供を当事者に要求することを含めるものとする。

(c) 決定の延期

特許審理審判部は由来手続を求める請願についての処分を，長官が請願の対象であるクレームされている発明を含む特許を発行した日に始まる3月期間が満了するまで延期することができる。特許審理審判部はまた，先の出願人の特許に係る第30章，第31章又は第32章に基づく手続の終了まで，由来手続を求める請願に関する処分を延期すること又は由来手続が開始された後でその手続を停止することができる。

(d) 最終決定の効果

特許審理審判部の最終決定が特許出願におけるクレームにとって不利な場合は，その決定はそのクレームに関する庁の最終拒絶となる。特許審理審判部の最終決定が特許におけるクレームにとって不利な場合において，その決定についての上訴その他の再審理が行われていない，行うことができない又は行われなかったときは，その決定は，クレームの抹消を構成するものとし，また，同抹消の注記が同抹消の後に配布される特許証謄本に裏書されるものとする。

(e) 和解

（a）に基づいて開始された手続の当事者は，係争中のクレームされている発明についての正しい発明者に関する，当事者双方の合意を反映する陳述書を提出することによって，その手続を終結させることができる。特許審理審判部が，記録されている証拠がある場合において，合意がその証拠と一致しないと認定する場合を除き，同部は合意に沿った処分をするものとする。当事者双方の和解書又は了解書は長官に提出しなければならない。手続当事者からの要請があったときは，その合意又は了解は秘密の事業情報として取り扱われて関連する特許又は出願のファイルとは分離して保存されるものとし，また，要請書に基づく政府機関又は十分な理由を示す者に限り，それを閲覧させるものとする。

(f) 仲裁

（a）に基づいて開始された手続の当事者は，行政規則によって長官が指定する期間内に，当該紛争又はその一部を仲裁によって決定することができる。同仲裁は第9巻（仲裁法）の規定に準拠するものとするが，それが本条と矛盾しない範囲内とする。当事者は，仲裁裁定が出されたときは，それについて長官に通知しなければならず，また，同裁定は，仲裁当事者双方の間で，それに係る争点を解決する手掛かりとなる。仲裁裁定は，同通知が出されるまで効力を生じない。本項の如何なる規定も，長官が同手続に関連するクレームされている発明についての特許性を決定することを妨げない。

(A) 特許法第100条（i）に定義される有効出願日であって2013年3月16日前に発生するものを有する発明に対するクレーム，又は

(B) 当該クレームを何れかのときに含む又は含んだ特許又は出願に対する特許法第120条，第121条若しくは第365条（c）に基づく明示の言及

第13章 USPTO の決定についての再審理

第141条 連邦巡回控訴裁判所への上訴

(a) 審査

出願人であって，第134条（a）に基づく特許審理審判部への審判請求における最終決定に

不服がある者は，同部の決定について合衆国連邦巡回控訴裁判所に上訴することができる。当該上訴を行うことによって，出願人は第145条に基づいて手続を進める権利を放棄する。

(b) 再審査

特許所有者であって，第134条 (a) に基づく特許審理審判部への再審査請求における最終決定に不服がある者は，同部の決定について合衆国連邦巡回控訴裁判所に対してのみ上訴することができる。

(c) 付与後及び当事者系再審査

当事者系再審査又は付与後再審査の当事者であって，第318条 (a) 又は（場合により）第328条 (a) に基づく特許審理審判部の最終決定書に不服がある者は，同部の決定について合衆国連邦巡回控訴裁判所に対してのみ上訴することができる。

(d) 由来手続

由来手続の当事者であって，その手続における特許審理審判部の最終決定に不服がある者は，その決定について合衆国連邦巡回控訴裁判所に上訴することができるが，当該上訴は，当該由来手続の相手方当事者が，上訴人が第142条に従って上訴通知を提出してから20日以内に，その当事者はその後のすべての手続が第146条に定めるように実施されることを選択する旨の通知を長官に提出した場合は，却下される。上訴人が，相手方当事者による当該通知の提出から30日以内に第146条に基づく民事訴訟を提起しない場合は，同部の決定がその事件におけるその後の手続を規制する。

第145条　審決取消訴訟

出願人であって，第134条 (a) に基づく審判請求に係る特許審理審判部の決定に不服がある者は，連邦巡回控訴裁判所に対して上訴が行われている場合を除き，合衆国バージニア東部地方裁判所において，長官を相手とする民事訴訟により救済を受けることができる。ただし，当該民事訴訟が，長官が定める，前記決定後60日を下回らない期間内に開始されることを条件とする。裁判所は，事件における事実から明らかなときは，

当該出願人が，特許審理審判部の決定に係る出願人のクレームに記載されている当該人の発明について特許を受ける権原を有する旨の判決を下すことができ，また，当該判決は，長官に対し，法律の要件に従って特許を交付する権原を付与するものとする。当該手続に関するすべての経費は，出願人が負担しなければならない。

第146条　由来手続事件における民事訴訟

由来手続の当事者であって，特許審理審判部の決定に不服がある者は，長官が定める，当該決定後60日を下回らない期間内又は第141条に定める期間内に民事訴訟を開始したときは，民事訴訟による救済を受けることができる。ただし，当該人が連邦巡回控訴裁判所に既に上訴しており，かつ，当該上訴が係属しているか又は判決を受けている場合は，この限りでない。当該民事訴訟においては，USPTOの記録は，何れかの当事者の申立があった場合は，裁判所が課す費用，経費及び証人についての追加の反対尋問に関する条件に基づいて，証拠として認められるものとする。この場合は，当事者が更に証言を取る権利は阻害されない。USPTOの記録に係る証言及び証拠物件であって，証拠として認められたものは，本来，当該訴訟において取られ，かつ，提出された場合と同一の効果を有する。

当該訴訟は，不服申立がされた決定が行われたときにUSPTOの記録に記載されている利害関係人を相手方として提起することができるが，利害関係人は何人も，この訴訟の当事者となることができる。相手方当事者が複数であって，同一の州に所在しない複数の地区に居住している場合又は相手方当事者が外国に居住している場合は，合衆国バージニア東部地方裁判所が管轄権を有するものとし，相手方当事者が居住する地区の執行官に宛てて，相手方当事者に対する召喚状を出すことができる。外国に居住する相手方当事者に対する召喚は，公示送達又は裁判所が命じる他の方法によって行うことができる。長官は，必要当事者ではないが，訴訟が提起された裁判所の書記官から訴訟の提起について通知が与えられ，かつ，参加する権利を有する。出願人が特

許を受ける権利を有することを認める裁判所判決
は，長官に対し，当該判決の認証謄本が同長官
に提出されたとき及び法の要件に従って，それに
係る特許を発行する権原を与えるものとする。

第 III 部　特許及び特許権の保護

第 25 章　特許の補正及び訂正

第 251 条　瑕疵のある特許の再発行

(a) 一般

錯誤があったために，明細書若しくは図面の瑕
疵を理由として，又は特許権者が特許におい
てクレームする権利を有していたものより多く又
は少なくクレームしていることを理由として，特
許がその全部若しくは一部において効力を生じ
ない若しくは無効とみなされた場合においては，
長官は，当該特許が放棄され，かつ，法律によっ
て要求される手数料が納付されたときは，原特
許に開示されている発明について，補正された
新たな出願に従い，原特許存続期間の残存部
分を対象として特許を再発行しなければならな
い。再発行を求める出願に新規事項を導入す
ることはできない。

(b) 複数の再発行

特許長官は，特許された対象の独自性を有し，
かつ，別々の部分について，複数の再発行特
許を発行することができるが，出願人からの請
求があり，かつ，当該再発行特許の各々に対
する所要の再発行手数料が納付されることを条
件とする。

(c) 本法の適用性

特許出願に関する本法の規定は，特許の再発
行を求める出願に適用されるが，当該出願が原
特許に係るクレームの範囲の拡大を求めない，
又は原特許の出願が権利全体の譲受人によっ
てなされた場合は，権利全体の譲受人が再発
行の出願をし，それについての宣誓をすること
ができる。

(d) クレームの範囲を拡大する再発行特許

原特許の付与から 2 年以内に出願されない限
り，原特許のクレーム範囲を拡大する再発行特

許は付与されないものとする。

第 252 条　再発行の効力

原特許の放棄は，再発行特許の発行のときに
効力を生じるものとし，すべての再発行特許は，
その後に生じた原因による訴訟についての審理
に関し，当該特許が初めからそのように補正され
た形で発行されていた場合と同じ法律上の効力
及び作用を有するものとする。ただし，原特許と
再発行特許のクレームが実質的に同一である場
合は，当該放棄は，そのときに係属している如何
なる訴訟にも影響を及ぼさず，また，そのときに
存在する如何なる訴訟原因も排除しないものとし，
かつ，再発行特許のクレームが実質的に原特許
と同一である場合は，再発行特許は，原特許の
継続を構成し，原特許の特許日から継続して効力
を有するものとする。

再発行特許は，再発行特許によって特許され
た対象物を，再発行特許の付与前に合衆国にお
いて生産し，購入し，販売の申出をし，使用し，
若しくは合衆国に輸入した者又はその事業の承継
人が，そのようにして生産され，購入され，販売
の申出がされ，使用され，若しくは輸入された対
象物を，継続して使用し，販売の申出をし，又は
他人に，使用させ，販売の申出をさせ若しくは販
売させるために販売する権利を削減し又はそれに
影響を及ぼすものではない。ただし，当該物の生
産，使用，販売の申出又は販売が，再発行特許
に係る有効なクレームであって，原特許の中に存
在していたものを侵害する場合は，この限りでな
い。そのような問題が提起された裁判所は，前記
のとおりに生産され，購入され，販売の申出がさ
れ，使用若しくは輸入された物に関する製造，使
用，販売の申出若しくは販売の継続又は再発行
の付与前にその実質的準備がされていた合衆国
における製造，使用，販売の申出若しくは販売を
規定することができる。裁判所はまた，再発行に
より特許された方法の実施であって，再発行の付
与前に実施されていたものの継続又はその付与前
に実質的準備がされていた実施も規定することが
できる。前記規定は，再発行の付与前に行われ
ていた投資又は開始されていた事業の保護にとっ

て裁判所が衡平と判断した範囲及び条件によるものとする。

第253条　ディスクレーマー（権利の部分放棄）

（a）一般

　特許に係る1のクレームが無効である場合は、残余のクレームがそれによって無効にされることはない。特許権者は、その権利が特許の全部に係るか、一部に係るかを問わず、法律によって要求される手数料を納付した上で、その特許における自らの権利の範囲を記載し、何れかの完全なクレームに関するディスクレーマーをすることができる。当該ディスクレーマーは書面をもって行い、USPTOにおいて記録されるものとし、また、その後、当該放棄は、権利放棄者及び当該人に基づいて権利主張をする者が所有する権利の範囲について原特許の一部であるとみなされる。

（b）追加的ディスクレーマー又は提供

（a）に規定の方法で、特許権者又は出願人は、付与された又は付与されるべき特許に係る存続期間の全部又は一部を放棄し又は公衆に提供することができる。

第254条　USPTOの錯誤に関する訂正証明書

　USPTOの過失によって生じた特許証における錯誤がUSPTOの記録によって明らかになった場合は、長官は、特許の記録に記録されるべき当該錯誤の事実及び内容を記載した訂正証明書に印章を付して無償で発行することができる。証明書の印刷写しは、特許証の各印刷謄本に添付されるものとし、また、当該証明書は、原特許の一部とみなされる。当該証明書が添付されているすべての特許は、その後に生じた原因による訴訟の審理においては、その特許が初めから訂正された形で発行されていた場合と同一の法律上の効力及び作用を有する。長官は、訂正証明書に代え、それと同じ効力を有する訂正後の特許証を無償で発行することができる。

第255条　出願人の錯誤に関する訂正

　証明書事務的若しくは印刷上の錯誤又は軽微

な錯誤であって、USPTOの過失でないものが特許証に表示されており、当該錯誤が善意で生じたことが証明された場合は、長官は、所要の手数料の納付があったとき、訂正証明書を発行することができる。ただし、訂正が新規事項を構成するか又は再審査を必要とするような、特許に関する変更を生じさせないことを条件とする。当該証明書が添付されているすべての特許は、その後に生じた原因による訴訟の審理においては、その特許が初めから訂正された形で発行されていた場合と同一の法律上の効力及び作用を有するものとする。

第256条　発明者記名の訂正

（a）訂正

　錯誤により、発行された特許証に発明者として他人の名称が記載されているか、又は錯誤により、発行された特許証に発明者の名称が記載されていない場合、長官は、すべての当事者及び譲受人が事実に関する証拠及び課せられている必要事項を添付して申請をしたときは、当該錯誤を訂正する証明書を発行することができる。

（b）錯誤が訂正された特許の有効性

　発明者を欠落させた又は発明者でない者の名称を表示した錯誤は、それが本条に定めた方法で訂正することができるときは、当該錯誤が生じた特許証を無効にしないものとする。そのような事件を審理する裁判所は、関係当事者全員に対する通知及び聴聞の上、特許の訂正を命じることができ、また、長官は、それに従って証明書を発行しなければならない。

第257条　情報を検討、再検討又は訂正するための補充審査

（a）補充審査の請求

　特許所有者は、長官が定める要件に従い、その特許に関係があると信じている情報を検討、再検討又は訂正するために、庁における特許の補充審査を請求することができる。本条の要件を満たしている補充審査請求を受領してから3月以内に、長官は、補充審査を実施し、請

求で提示されている情報が特許性に関する実
質的に新たな疑問を提起しているか否かを示す
証明書を発行することによってその審査を終結
させなければならない。

(b) 再審査の命令

(a) に基づいて発行される証明書が，その請求
中の情報の1又は複数の項目によって特許性
に関する実質的に新たな疑問が提起されている
ことを示している場合は，長官はその特許の再
審査を命じなければならない。再審査は，第
30章によって設定されている手続に従って行わ
れるものとするが，特許所有者は，第304条に
よる陳述書を提出する権利は有さないものとす
る。再審査中は，長官は，特許及び印刷刊行
物に関する第30章における制限又は同章の他
の規定に拘らず，補充審査の間に確認された，
特許性に関する個々の実質的に新たな問題を取
り扱うものとする。

(c) 効果

(1) 一般

特許は，情報が特許の補充審査において検
討，再検討又は訂正されていた場合でも，
先の特許審査において検討されなかった，
不十分に検討された，又は不正確であった
情報に関する処置を理由として無効力とは扱
われないものとする。(a) に基づく請求をす
ること又はしないことは，第282条に基づく
特許の効力に関係しないものとする。

(2) 例外

(A) 先の主張

(1) は，民事訴訟において明細を付して
申し立てられた主張又は連邦食品，医薬
品及び化粧品法第505条 (j) (2) (B) (iv)
(II) （合衆国法典第21巻（食品及び薬
品法）第355条 (j) (2) (B) (iv) (II)）
に基づいて特許所有者が受領する通知に
明細を付して記載されている主張であって，
上記主張の基礎をなす情報についての(a)
に基づく検討，再検討又は訂正を求める
補充審査の請求日前であるものに対しては
適用しないものとする。

(B) 特許執行訴訟

1930年関税法第337条 (a) （合衆国法
典第19巻（関税法）第1337条 (a)）又
は本巻281条に基づいて提起される訴訟
においては，(1) は，(a) に基づく補充
審査請求に従って検討，再検討又は訂正
された情報を基礎とする訴訟において提起
された抗弁には適用しないものとするが，
補充審査及びその請求に従って命じられた
再審査がある場合はその再審査がその訴
訟の提起日前に終結しているときはこの限
りでない。

(d) 手数料及び行政規則

(1) 手数料

長官は行政規則により，特許の補充審査請
求の提出に関する手数料及びその請求によっ
て提出される情報の個々の項目を検討するた
めの手数料を設定するものとする。再審査が
(b) に基づいて命じられる場合は，補充審
査に適用される手数料に加えて，第30章に
基づく査定系再審査に対して設定されて適用
される手数料が納付されなければならない。

(2) 行政規則

長官は，補充審査請求に係る様式，内容そ
の他の要件を規制し，かつ，当該請求によっ
て提出される情報を見直すための手続を設
定する行政規則を公布しなければならない。

(e) 不正行為

補充審査又は本条に基づいて命じられた再審
査手続の過程において，補充審査の対象であ
る特許に関連して庁の側で重大な不正行為が
行われたことを長官が知ったときは，長官は，
長官が行うことができる他の措置に加え，本
条に基づいて命じられた再審査の結果として
第307条に基づいて無効であると認定されたク
レームがあるときはその抹消を含め，司法長官
が適切であるとみなす更なる措置のために，そ
の事項を司法長官に付託しなければならない。
このような付託は秘密扱いするものとし，特許
のファイルには含めず，合衆国が，この付託に
関係する者に刑事罰を負わせない限り公衆の
利用に供しないものとする。

(f) 解釈の規定

本条の如何なる規定も，次のことができるものと解釈してはならない。

(1) 刑諸法又は反トラスト諸法（これには，競争に係る不正手段に関係する範囲において，第18巻第1001条 (a)，クレートン法第1条，連邦取引委員会法第5条が含まれる）に基づく制裁の賦課を排除すること

(2) 潜在的不正行為の問題を調査すること及び庁における事項又は手続に関連する不正行為に制裁を科すことについての長官の権限を制限すること

(3) 庁における手続の代理人による不正行為に対する制裁に関して，第3章に基づく行政規則を公布する長官の権限を制限すること

第28章　特許侵害

第271条　特許侵害

(a) 本法に別段の定めがある場合を除き，特許の存続期間中に，権限を有することなく，特許発明を合衆国において生産し，使用し，販売の申出をし若しくは販売する者又は特許発明を合衆国に輸入する者は，特許を侵害することになる。

(b) 積極的に特許侵害を誘発する者は，侵害者としての責めを負わなければならない。

(c) 特許された機械，製造物，組立物若しくは組成物の構成要素又は特許方法を実施するために使用される材料若しくは装置であって，その発明の主要部分を構成しているものについて，それらが当該特許の侵害に使用するために特別に製造若しくは改造されたものであり，かつ，一般的市販品若しくは基本的には侵害しない使用に適した取引商品でないことを知りながら，合衆国において販売の申出をし若しくは販売し，又は合衆国に輸入する者は，寄与侵害者としての責めを負わなければならない。

(d) 他の点では特許に係る侵害又は寄与侵害に対する救済を受ける権原を有する特許所有者は，次の事項の1以上を行ったことを理由として，救済を否定され又は特許権に係る濫用又は不法な拡張を犯したものとはみなされない。

(1) 他人が当該人の同意を得ないで行ったとすれば特許の寄与侵害に当たる行為から収益を得たこと

(2) 他人が当該人の同意を得ないで行ったとすれば特許の寄与侵害に当たる行為について許可又は権原を付与すること

(3) 侵害又は寄与侵害に対して当該人の特許権の行使を求めていること

(4) 特許に関する権利について，ライセンスを供与すること又はそれを使用することを拒絶したこと，又は

(5) 特許に関する権利についてのライセンス又は特許製品の販売に対し，他の特許に関する権利についてのライセンスの取得又は別途の製品の購入を条件付けること。ただし，その状況において，特許所有者が，前記のライセンス又は販売が条件とされる特許又は特許製品に係る市場において支配力を有している場合は，この限りでない。

(e)(1) 特許発明（新規の動物用医薬品又は獣医学用生物学的製品（当該用語は，連邦食品医薬品化粧品法及び1913年3月4日の法律における使用による）であって，主として組換えDNA，組換えRNA，ハイブリドーマ技術又は位置特定遺伝子操作技術を含む他の方法を使用して製造されたものを除く）を，医薬品又は獣医学用生物学的製品の製造，使用又は販売を規制する連邦法に基づく開発及び情報提出に合理的に関連する使用のみを目的として，合衆国内において生産し，使用し，販売の申出をし若しくは販売すること又は合衆国に輸入することは，侵害行為とはしない。

(2) 次の書類を提出することは，侵害行為とする。

(A) 連邦食品医薬品化粧品法第505条 (j) に基づく又は同法第505条 (b)(2) に記載される申請書であって，ある特許においてクレームされているか若しくは特許においてその使用がクレームされている医薬品に関するもの，又は

(B) 同法第512条に基づく又は1913年3

月4日の法律（合衆国法典第21巻（食
品及び薬品法）第151条から第158条ま
で）に基づく申請書であって，主として組
換えDNA，組換えRNA，ハイブリドーマ
技術又は位置特定遺伝子操作技術を含む
他の方法を使用して製造されてはおらず，
かつ，特許においてクレームされているか
若しくはその使用が特許においてクレーム
されている医薬品若しくは獣医学用生物学
的製品に関するもの，又は

(C)(i) 公衆衛生法第351条（l）（3）に記
載された（同法第351条（l）（7）に規定
されるものも含めた）特許一覧において特
定された特許に関しては，生物学的製品
の承認を求める申請又は

　(ii) 申請人が同法第351条（l）（2）（A）
　に基づき要求される申請及び情報を提供
　しない場合は，同法第351条（l）（3）（A）
　(i) に従って特定することができる筈の
　特許について生物学的製品の承認を求
　める申請。ただし，当該提出の目的が，
　特許においてクレームされているか若し
　くはその使用が特許においてクレームさ
　れている医薬品，獣医学用生物学的製
　品又は生物学的製品に関し，その特許
　が満了する前に，商業的製造，使用若
　しくは販売に従事するための，その法律
　に基づく認可を取得することにあることを
　条件とする。

(3) 本条に基づいて提起される特許侵害訴訟
において，特許発明の (1) に基づく合衆
国内での生産，使用，販売の申出若しくは
販売又は合衆国への輸入を禁止することにな
る差止命令その他の救済手段についての許
可を受けることはできない。

(4) (2) に記載した侵害行為に関しては，

　(A) 裁判所は，侵害に関与した医薬品又は
　獣医学用生物学的製品の認可の効力発生
　日を侵害された特許の満了日より早くなら
　ない日とするよう命じなければならない。

　(B) 侵害者が認可された医薬品，獣医学用
　生物学的製品又は生物学的製品を合衆国

内において商業的に製造，使用，販売の
申出若しくは販売すること又は合衆国へ輸
入することを防止するため，差止命令によ
る救済を与えることができる。

(C) 侵害者を相手とする損害賠償その他の
金銭的救済を裁定することができるが，認
可された医薬品，獣医学用生物学的製品
又は生物学的製品について，合衆国内に
おいて商業的な製造，使用，販売の申出
若しくは販売又は合衆国への輸入が行わ
れている場合に限るものとする。また

(D) 裁判所は，侵害に関与した生物学的
製品による如何なる特許侵害も，(2)（C)
に基づいて侵害された特許の満了日以後
の日まで禁止する終局的差止命令を発す
るものとする。ただし，当該特許が，公衆
衛生法第351条（l）（6）に基づく特許侵
害に対する訴訟において，同法第351条
(k）（6）に規定するように終局判決の対
象であること及び生物学的製品が，同法
第351条（k）（7）を理由として未だ承認
されていないことを条件とする。

裁判所が第285条に基づいて弁護士費用
を裁定することができることを除けば，(A)，
(B)，(C) 及び (D) に記載した救済の
みが (2) に記載した侵害行為に関して裁
判所が認めることができる救済である。

(5) 何人かが連邦食品医薬品化粧品法第505
条（合衆国法典第21巻（食品及び薬品法）
第355条）(b)（2）（A)（iv）又は (j)（2)
(A)（vii)（IV）に基づく証明を含む，(2)
に記載した申請書を提出し，かつ，証明の
主題である特許の所有者も，また，特許に
よってクレームされている又はその使用が特許に
よってクレームされている医薬品に関し，同
条 (b) に基づいて認可された申請の所有者
も，同条 (b)（3）又は (j)（2）（B）に基
づいて出された通知を受領してから45日が
満了するまでにその特許の侵害に関する訴訟
を提起しなかった場合は，合衆国裁判所は，
憲法と矛盾しない場合に，それらの者により
合衆国法典第28巻（司法及び司法手続法）

第2201条に基づいて，その特許は無効であ
る又はその特許は侵害されていない旨の宣
言的判決を求めて提起された訴訟について
事物管轄権を有する。

(6)(A) 次に該当する特許の場合は，(4) に
代えて (B) を適用する。

(i) 生物学的製品に関して公衆衛生法第
351条 (l) (4) に記載する特許の一覧
及び同法第351条 (l) (5) (B) に規
定する特許の一覧において，規定に適
うと確認されるもの

(ii) 次の時点で提起された，生物学的製
品に関する特許侵害訴訟の対象となった
もの

(I) 公衆衛生法第351条 (l) (6) の (A)
又は場合により (B) に規定する30日
期間の満了後又は

(II) (I) にいう30日期間の満了前である
が，確定力のない決定として却下された
か，又は善意で判決に至るまで遂行さ
れなかった場合

(B) (A) に規定する特許侵害の訴訟におい
て，訴訟の対象である生物学的製品の製
造，使用，販売の申出，販売又は合衆国
への輸入が特許を侵害したとの認定に基
づき裁判所が付与することができる唯一の
救済は，合理的なロイヤルティである。

(C) 公衆衛生法第351条 (l) (7) に基づ
く規定を含め，同法第351条 (l) (3) (A)
に規定する一覧に含めるべきであったが，
時宜を得て一覧に含められなかった特許
の所有者は，生物学的製品に関する特許
侵害に対して本条に基づく訴訟を提起する
ことはできない。

(f)(1) 何人かが権限を有することなく，特許発明
の構成部品の全部又は要部を，当該構成部品
がその全部又は一部において組み立てられて
いない状態において，当該構成部品をその組
立が合衆国内において行われたときは特許侵
害となるような方法により合衆国外で組み立て
ることを積極的に教唆するような態様で，合衆国
において又は合衆国から供給した又は供給させ

たときは，当該人は，侵害者としての責めを負
わなければならない。

(2) 何人かが権限を有することなく，特許発明
の構成部品であって，その発明に関して使用
するために特に作成され又は特に改造された
ものであり，かつ，一般的市販品又は基本
的には侵害しない使用に適した取引商品で
ないものを，当該構成部品がその全部又は
一部において組み立てられていない状態に
おいて，当該構成部品がそのように作成され
又は改造されていることを知りながら，かつ，
当該構成部品をその組立が合衆国内におい
て行われたときは特許侵害となるような方法に
より合衆国外で組み立てられることを意図し
て，合衆国において又は合衆国から供給し
た又は供給させたときは，当該人は，侵害者
としての責めを負わなければならない。

(g) 何人かが権限を有することなく，合衆国にお
いて特許された方法によって製造された製品を
合衆国に輸入し又は合衆国において販売の申
出をし，販売し若しくは使用した場合において，
その製品に係る輸入，販売の申出，販売又は
使用が当該方法特許の存続期間中に生じてい
たときは，当該人は，侵害者としての責めを負
わなければならない。方法特許の侵害訴訟に
おいては，製品についての非商業的使用又は
小売販売を理由とする侵害救済は認められな
い。ただし，本法の下で，当該製品の輸入そ
の他の実施，販売の申出又は販売を理由とす
る適切な救済がない場合は，この限りでない。
本法の適用上，特許方法によって製造される製
品は，次のことが生じた後は，特許方法によっ
て製造されたものとはみなされない。

(1) 当該製品がその後の工程によって著しく変
更されたこと，又は

(2) 当該製品が他の製品の些細であり，重要
でない構成部品になっていること

(h) 本条において使用されているときは，「何人か」
とは，州，州の機関，公的資格において行動
する州又は州の機関の幹部職員又は一般職員
を含む。州，前記の機関，幹部職員又は一般
職員は，非政府機関と同一の方法及び程度に

よって本法の規定の適用を受けるものとする。

(i) 本条において使用されているときは，特許権者でない又は特許権者の被指名人でない者による「販売の申出」又は「販売をする申出」とは，それによって該当する特許の存続期間満了前に販売が生じる申出である。

第 272 条　合衆国における一時的滞在

発明の使用であって，合衆国の船舶，航空機又は輸送手段に同様の特権を与える国に属しており，一時的に又は偶発的に合衆国に入った船舶，航空機又は輸送手段におけるものは，特許侵害を構成しない。ただし，当該発明が，専らその船舶，航空機又は輸送手段の必要のために使用されること及び合衆国において販売の申出若しくは販売がなされないこと又は合衆国において販売される又は合衆国から輸出される物の製造に使用されないことを条件とする。

第 273 条　先の商業的使用を理由とする侵害に対する抗弁

(a) 一般

人は，方法によって構成されているか又は製造その他の商業的方法において使用される機械，製造物又は構成物によって構成されている主題であって，抗弁が存在しなければ同人に対して権利の主張がされているクレーム発明を侵害することになるものに関して，第 282 条 (b) に基づく抗弁をすることができるが，次の事項を条件とする。

(1) 当該人は，善意で行動し，合衆国においてその主題を商業的に使用しており，その行為が，内部での商業的使用又は当該の商業的使用による有用な最終成果の実際上公正な販売又はその他の公正な商業的移転の何れかに関連していること，及び

(2) 当該商業的使用は，次の日付の内の何れか早い方の少なくとも 1 年前に生じていたこと

(A) クレームされている発明の有効出願日，又は

(B) クレームされている発明が，第 102 条 (b)

に基づいて先行技術からの例外として適格になる態様で公衆に開示された日

(b) 立証責任

本条に基づく抗弁を主張する者は，明瞭かつ説得力のある証拠によって抗弁を証明する義務を負うものとする。

(c) 追加される商業的使用

(1) 販売前行政審査

主題であって，その商業的販売又は使用が，第 156 条 (g) に明示されている期間を含め，その期間内に当該主題の安全又は有効性が確認される販売前行政審査期間の適用を受けるものは，(a)(1) の適用上，当該行政審査期間中は商業的に使用されているものとみなす。

(2) 非営利実験使用

公衆を予定受益者とする大学又は病院のような非営利研究試験所その他の非営利主体による主題の使用は，(a)(1) の適用上，商業的使用であるとみなすが，本条に基づく抗弁は，試験所その他の非営利主体による，及びそこにおける継続する非商業的使用についてのみ本号に従って主張することができる場合を除く。

(d) 権利の消尽

(e)(1) に拘らず，有用な最終成果に関して特許に関連する抗弁を主張できる者による当該有用な最終成果の販売その他の処分は，当該販売その他の処分が特許所有者によって行われたならば特許所有者の権利を消尽させることになる範囲で特許に基づく特許権所有者の権利を消尽させるものとする。

(e) 制限及び例外

(1) 人的抗弁

(A) 一般

本条に基づく抗弁は，(a) に記載されている商業的使用を実行したか，その実行を命令した者が，又は当該人を管理している，当該人よって管理されている，若しくは当該人との共通の管理下にある主体のみが主張することができる。

(B) 権利の移転

特許所有者への移転を除き，本条に基づいて抗弁を主張する権利は，他人に許諾，譲渡又は移転することができないが，その抗弁に関連する企業全体又は系列事業の誠実な譲渡又は他の理由による移転の付随的で副次的部分としてのものを除く。

(C) 場所に関する制限

本条に基づく抗弁は，人がそれを（B）に記載した譲渡又は移転の一部として取得したときは，抗弁が存在しなければクレームされている発明を侵害することになる主題が，クレームされている発明の有効出願日又は当該企業若しくは系列事業の譲渡若しくは移転の日の内の何れか遅い方より前に使用されていた場所における使用についてのみ主張することができる。

(2) 由来

人は抗弁の根拠とする主題が特許権者又は特許権者と当事者関係にある者から由来したものである場合は，本条に基づく抗弁を主張することができない。

(3) 非包括ライセンス

本条に基づいて人が主張する抗弁は，問題とされている特許のすべてのクレームに基づく包括ライセンスではなく，本条に基づいて適格となる商業的使用が生じていることが立証されている特定の主題のみに及ぶが，抗弁は，クレームされている主題の使用に係る数量又は分量の変動及び特定してクレームされている追加の特許主題を侵害しないクレーム主題に関する改良にも及ぶものとする。

(4) 使用の放棄

主題に係る（本条に基づき適格となる）商業的使用を放棄した者は，当該放棄以後に取られた訴訟に関して，本条に基づく抗弁を立証するために当該放棄の日前にされた行動に依拠することはできない。

(5) 大学の例外

(A) 一般

(a) が適用される主題を商業的に使用している者は，抗弁を主張する対象であるクレーム発明が，その発明が行われたときに，

(1965 年の高等教育法第 101 条（a）に定義されている）高等教育機関又はその主たる目的が 1 又は複数の当該高等教育機関によって開発された技術の商業化を促進することにある技術移転団体の何れかによって所有されていたか，又はそれへの譲渡義務が課せられていた場合は，本条に基づく抗弁を主張することができない。

(B) 例外

(A) は，クレームされている発明に係る主題を実施化するために必要とされる行動を連邦政府によって提供される資金を使用して始めることができなかった場合は適用しない。

(f) 不当な抗弁の主張

本条に基づく抗弁が特許を侵害していると認定される者によって申し立てられ，同人がその後，抗弁を主張する合理的根拠を立証しない場合は，裁判所は，第 285 条に基づく弁護士手数料裁定の目的においては，例外的な事件であると認定する。

(g) 無効

特許は，本条に基づき抗弁が提起された又は証明されたとの理由のみでは，第 102 条又は第 103 条に基づいて無効であるとはみなされない。

第 29 章　特許侵害に対する救済及びその他の措置

第 281 条　特許侵害に対する救済

特許権者は，自己の特許についての侵害に対し，民事訴訟による救済を受けるものとする。

第 282 条　有効性の推定；抗弁

(a) 一般

特許は，有効であると推定される。特許の各クレーム（独立，従属又は多項従属形式の何れであるかを問わない）は，他のクレームの有効性とは無関係に有効であると推定される。従属又は多項従属クレームは，無効なクレームに従属している場合であっても有効であると推定される。特許又はそれに係るクレームの無効を立証

する責任は，無効を主張する当事者が負わな
ければならない。

(b) 抗弁

特許の有効性又は侵害に関する訴訟において
は，次の事項は抗弁であり，また，抗弁される
ものとする。

(1) 非侵害，侵害に対する責任の不存在又は
無効力性

(2) 特許要件として第II部に規定される理由を
基にする訴訟における，特許又は何れかのク
レームの無効

(3) 特許又は問題のクレームが次の要件を守ら
ないための無効

(A) 第112条の要件。ただし，ベストモード
を開示しないことは，特許クレームの取消，
無効又はその他無効力とされる基礎とはな
らない。

(B) 第251条の要件

(4) 本法によって抗弁とされる他の事実又は
行為

(c) 訴訟の通知；特許存続期間の延長中の訴訟

特許の有効性又は侵害に関する訴訟において
は，無効又は非侵害を主張する当事者は，遅
くとも審理の30日前までに，相手方当事者に
対し，訴答書面又は他の形式での書面により，
問題の特許の先行技術として，又は合衆国連
邦請求裁判所の場合を除き，技術水準を証明
するものとして依拠すべき特許の国名，番号，
日付及び特許権者並びに刊行物の題名，日付
及びページ番号並びに訴訟における特許に係
る発明に関し，先発明者として，又は先行知識
の所有者として，又は先に使用，販売の申出
をした者として示すことができる者の名称及び
宛先を通知しなければならない。当該通知がな
かった場合は，審理における前記事項につい
ての証明は，裁判所が命じる条件に基づく場合
を除き，行うことができない。

第154条(b)又は第156条に基づく特許存
続期間の延長又はその一部についての無効で
あって，

(1) 延長申請人，又は

(2) 長官による前記条項の要件を充足すること

に関する重要な不履行を理由とするものは，
存続期間の延長期間中における特許侵害に
関する訴訟において，抗弁であり，また，抗
弁されるものとする。当然の注意についての
第156条(d)(2)に基づく決定は，当該
訴訟においては再審理の対象とされない。

第283条　差止命令

本法に基づく事件についての管轄権を有する裁
判所は，特許によって保障された権利の侵害を防
止するため，衡平の原則に従って，裁判所が合
理的であると認める条件に基づいて差止命令を出
すことができる。

第284条　損害賠償

原告に有利な評決が下されたときは，裁判所は，
原告に対し，侵害を補償するのに十分な損害賠
償を裁定するものとするが，当該賠償は如何なる
場合も，侵害者が行った発明の使用に対する合
理的ロイヤルティに裁判所が定める利息及び費用
を加えたもの以下であってはならない。

損害賠償額について陪審による評決が行われ
なかった場合は，裁判所がそれを査定しなければ
ならない。何れの場合も，裁判所は，損害賠償
額を，評決又は査定された額の3倍まで増額する
ことができる。本段落に基づいて増額された損害
賠償は，第154条(d)に基づく仮の権利には適
用されない。裁判所は，該当する状況下での損
害賠償額又は適正なロイヤルティを決定するため
の補助として，鑑定人の証言を聴取することがで
きる。

第285条　弁護士費用

裁判所は，例外的事件においては，勝訴当事
者に支払われる合理的な弁護士費用を裁定するこ
とができる。

第286条損害賠償に関する時間的制限

法により別段の定めがされている場合を除き，
侵害に対する訴又は反訴の提起前6年を超える
時期に行われた侵害に対しては，訴訟による回復
を受けることができない。

特許発明の使用を理由とする合衆国政府に対する請求の場合は，補償請求を処理する権限を有する政府の部門又は機関が当該請求書を受領した日から，政府が請求人にその請求を否認する旨の通知を郵送した日までの，提訴前における期間は，6年を限度とし，前段落にいう期間の一部としては計算しない。

第287条　損害賠償及びその他の救済に関する制限；特許表示及び通知

(a) 特許権者及び特許権者のために若しくはその指示に基づいて，合衆国において特許物品を製造し，販売の申出をし若しくは販売する者又は特許物品を合衆国に輸入する者は，その物品に「patent」という文字若しくはその略語「pat.」を特許番号と共に付することによって，又はその物品に「patent」という文字若しくはその略語「pat.」をインターネット上の掲載アドレスと共に付することによって，特許物品を特許番号と結びつけ又は物品の性質上そのようにすることが不可能な場合は当該物品若しくは当該物品の1又は2以上が入っている包装に同様の通知を含むラベルを付着させることによって，当該物品が特許を受けたものであることを公衆に通知をすることができる。そのような表示をしなかった場合は，特許権者は，侵害訴訟によって損害賠償を受けることができない。ただし，侵害者が侵害について通知を受けており，その後，侵害を継続したことが証明された場合は，当該通知の後に生じた侵害に対してのみ，損害賠償を得ることができる。侵害訴訟の提起は，当該通知を構成するものとする。

(b)(1) 第271条（g）に基づく侵害者は，損害賠償及び差止命令に関する本法の規定のすべてに従わなければならない。ただし，これらの救済が，本項又は1988年方法特許改正法第9006条によって修正されている範囲については，この限りでない。次の者は，本項に定める救済についての修正の適用を受けることができない。

(A) 特許方法を実施した者

(B) 特許方法を実施した者を支配若しくは監督している者又は当該人によって支配若

しくは監督されている者，又は

(C) 製品の生産に方法特許が使用されており，その製品の輸入，使用，販売の申出若しくは販売が侵害を構成することを侵害前に知っていた者

(2) 第271条（g）に基づく侵害に対する救済は，同条による責任を負う者が，その製品に関する侵害の認識を持つ前に所有していた又は当該人に移送中であった製品には適用されない。責任を負う前記の者は，そのような所有又は移送について立証責任を負うものとする。

(3)(A) 第271条（g）に基づく侵害に対して提起された訴訟において，救済に関する決定をするときは，裁判所は，次の事項を考慮しなければならない。

(i) 開示要求に関して被告によって示された誠意

(ii) 開示要求に関して原告によって示された誠意，及び

(iii) 特許によって保障された排他権を回復することの必要性

(B)（A）の適用上，次の事項が誠意の証拠である。

(i) 被告によって行われた開示要求

(ii) 開示要求を受けた者によって合理的期間内に行われた応答，及び

(iii) 被告による応答書の提出。その応答書には，被告が購入する製品の製造者又は製造者が不明な場合は，供給者に対して，応答書に開示された特許においてクレームされている方法がその製品を生産する上で使用されていない旨の陳述書を求める要求が添付されなければならない。

前文に記載した行為の何れかについての不履行は，責任軽減事由がない限り，誠意不存在の証拠である。責任軽減事由には，製品の内容，製品供給源の数又は同様の商業的状況により，侵害を回避するための開示要求が不必要であるか又は実行不能である場合を含める。

(4)(A) 本項の適用上，「開示要求」とは，その時点において製品の製造に従事している者に対して書面で行う要求であり，要求の時点において当該人が所有している又はライセンスを受けているすべての方法特許であって，その製品が許可を得ていない者によって合衆国に輸入されるか又は合衆国において販売され，販売の申出がされ若しくは使用されたときは第271条（g）に基づく侵害が行われたと主張されるであろうと当該人がその時点で合理的に考えるものを特定するための要求をいう。開示要求は，更に，次の条件を満たす要求に限定される。

　　(i) 要求の提出先である者が製造している種類の製品の販売に合衆国において常時従事している者が行うこと又は要求をする者が合衆国において当該製品の販売に従事する予定であることを証明する事実を含むこと

　　(ii) 当該人が，特許を侵害する方法によって生産された複数単位の製品を初めて輸入し，使用し，販売の申出をし又は販売する前，かつ，当該人がその製品に関して侵害の認識を持つ前に行うこと，及び

　　(iii) 開示要求をする者による表明であって，当該人が，その要求に応じて特定された特許を，自らが購入する予定である製品の製造者又は製造者が不明な場合は，供給者に直ちに提示し，当該製造者又は供給者に，それらの特許においてクレームされた方法の何れもその製品の製造に使用されていない旨の陳述書を求める旨のものを含むこと。

(B) ライセンスを受けている者が開示要求を受領した場合は，当該人は，特許を特定するか又はその開示要求を直ちにライセンサーに通知しなければならない。(C) ある者が開示要求を受領する前に，特許方法によって生産され，当該人が合衆国において販売の申出をし若しくは販売し又は当該人が合衆国に輸入したすべての製品に(a)

に規定した方法で方法特許の番号を表示している場合は，当該人は，開示要求に応答する義務を負わない。前文の適用上，「すべての製品」という文言には，1988年方法特許改正法の施行日前に生産された製品を含めない。

(5)(A) 本項の適用上，侵害の認識とは，製品が合衆国において特許方法により生産されていると思われることを通常人に説得するに足りる情報についての，ある者による実際の知識若しくは通知書の受領又はその組合せを意味する。

(B) 他人が侵害をしたと非難する特許所有者の通知書は，使用されたと主張する特許方法及び当該方法が使用されたと誠実に考える理由を明示しなければならない。特許所有者は通知書に，特許所有者の考えを公平に説明するために合理的に必要な情報を含めなければならない。ただし，特許所有者は，企業秘密である情報を開示する義務を負わない。

(C) (B)に規定した通知書又は(4)に規定した開示要求に対する回答書を受領した者は，責任軽減事由が存在しない場合においては，当該人が，次の行為を実行したときを除き，通知書又は回答書に記載された特許に関する侵害の認識を有したものとみなされる。

　　(i) 前記の通知書又は回答書を，当該人が購入した又は購入する予定である製品に係る製造者又は製造者が不明の場合は，供給者に直ちに移送すること，及び

　　(ii) 製造者又は供給者から，特定された特許が侵害されていないと考える上での十分に根拠のある事実的基礎を文面に記載した陳述書を受領すること

(D) 本項の適用上，方法特許によって生産された製品を，合衆国において，当該人の事業上の数量又は効率的な在庫水準と比較して異常に大きい数量で取得した者は，その製品が当該特許によって生産され

ていたことを実際に知っていたものと推定
されるが，これについては反証を挙げるこ
とができる。

(6) 本項に基づく開示要求についての回答を
得た者は，要求の相手方に，要求に沿うた
めに生じた実際の費用を負担するための合
理的な手数料を支払わなければならない。そ
の手数料は，該当する問題に関して商業的
に利用することができる自動化された特許調
査の費用を超えてはならず，また，如何なる
場合も，$500 を超えてはならない。

(c)(1) 第 271 条 (a) 又は (b) に基づく侵害を
構成する医療行為の医師による実行に関して
は，第 281 条，第 283 条，第 284 条及び第
285 条の規定は，当該医師又は当該医療行為
についての関連健康管理事業体には適用され
ない。

(2) 本項の適用上，用語の意味を次のとおりと
する。

(A)「医療行為」とは，身体に対する医療
的又は外科的処置の実行をいうが，次の
行為は含まない。(i) 特許された機械，
製造物又は組成物の，その特許に違反す
る使用，(ii) 組成物に関して特許された
使用の，その特許に違反する実行又は (iii)
生物工学特許に違反する方法の実行

(B)「医師」とは，自然人であって，州によっ
て (c)(1) に規定した医療行為を提供す
る免許を与えられている者又は当該人の
指揮に基づいて医療行為の実行に参加す
る者をいう。

(C)「関連健康管理事業体」とは，医師が
医療行為を遂行するために職業的な提携を
している事業体をいい，これには養護施設，
病院，総合大学，医療学校，健康維持組織，
団体診療所又は医院が含まれるが，それ
らに限定はされない。

(D)「職業的提携」とは，職員特権，医療
職会員資格，雇用若しくは契約による関
係，パートナーシップ若しくは所有者の権
利，学術的役職又はその他の提携であっ
て，医師が健康管理事業体の代理として，

若しくはそれと共同して医療行為を提供す
る基盤となるものをいう。

(E)「身体」とは，人間の治療に直接関係
する研究又は教育において使用される人
間の身体，器官若しくは死体又は人間で
ない動物をいう。(F)「組成物の特許され
た使用」は，組成物の使用が，クレーム
された方法の目的を達成する上で直接的
に寄与しない場合は，その組成物の使用
を詳述している，身体に関する医療的又は
外科的処置の実行方法に関するクレームを
含まない。

(G)「州」とは，合衆国の州又は準州，コ
ロンビア特別区及びプエルトリコ共和国を
いう。

(3) 本項は，機械，製造物若しくは組成物の
商業的開発，製造，販売，輸入若しくは流
通又は調剤若しくは臨床検査業務（医院に
おいて提供される臨床検査業務を除く）の提
供に従事している者又は当該人（当該人が
内国歳入法典第 501 条 (c) に基づく免税団
体であるか否かを問わない）の従業者若しく
は代理人による行為に対しては，その行為が
次の条件に該当しているときは適用しない。

(A) 機械，製造物若しくは組成物の商業的
開発，製造，販売，輸入若しくは流通又
は調剤若しくは臨床検査業務（医院にお
いて提供される臨床検査業務を除く）に直
接に関係していること，及び

(B) 連邦食品医薬品化粧品法，公衆衛生
法又は臨床検査機関改善法による規制を
受けていること

(4) 本項は，出願日が 1996 年 9 月 30 日前で
ある出願に基づいて発行された特許には適
用されない。

第 288 条　無効クレームを含む特許に関する
侵害訴訟

特許に係る 1 のクレームが無効である場合は，
有効である可能性のある特許クレームに関して侵
害訴訟を維持することができる。特許権者は，訴
訟開始前に無効なクレームに関するディスクレー

マーが USPTO に記録されていない限り，費用を
回収することができない。

第 292 条　虚偽表示

(a) 特許権者の同意を得ないで，ある者が合衆
国内において生産し，使用し，販売の申出をし
若しくは販売した物又は当該人が合衆国に輸入
した物に，特許権者の名称若しくはその名称の
模造，特許番号又は「特許」，「特許権者」若
しくはそれに類似する文言を表示し，貼付し又
はその物に関連する広告に使用し，その意図
が特許権者の標章を偽造若しくは模造すること
又は公衆を欺き，当該物が特許権者により若し
くは特許権者の同意を得て，生産され，販売
の申出がされ，販売され若しくは合衆国に輸入
されたと誤認させることにあった場合又はある
者が，特許されていない物品に「特許」の文
言又はその物が特許されたことを意味する文言
又は番号を表示し，貼付し又はその物に関する
広告に使用し，その目的が公衆を欺くことにあっ
た場合又はある者が，特許出願が行われてい
ないか又は出願はされたがそれが係属していな
い場合において，何れかの物品に「特許出願
中」，「特許出願係属中」又は特許出願がされ
ていることを意味する文言を表示し，貼付し又
はその物に関する広告に使用し，その目的が公
衆を欺くことにあった場合は，当該人は，個々
の違反行為について$500 以下の罰金を科せら
れる。合衆国のみが本項によって認められる刑
罰のための訴訟を提起することができる。

(b) 本条についての違反の結果，競争被害を被っ
た者は，その被害を補償する十分な損害賠償
を求めて合衆国地方裁判所に民事訴訟を提起
することができる。

(c)（a）に記載した方法による，製品についての
マーキングであって，その製品を対象としていた
が既に消滅している特許に係る事項を付したも
のは，本条に対する違反ではない。

第 293 条　非居住特許権者；送達及び通知

合衆国に居住していないすべての特許権者は，
USPTO に対し，合衆国の居住者であって，その

特許又はそれに基づく権利に影響を及ぼす訴訟
に関する書類又は通知の送達先とすることができ
る者の名称及び宛先を記載した指名書を提出する
ことができる。被指名人が最後に提出された指名
書に記載されていた宛先に見当たらない場合又は
何人も指名されていない場合は，管轄権は合衆
国バージニア東部地方裁判所が有することとなり，
かつ，召喚は，公示又は同裁判所が命じる他の
方法で送達される。同裁判所は，特許権者が同
裁判所管轄地域内にいる場合と同様に，特許又
は特許に基づく権利に関する処分を下す管轄権を
有する。

第 295 条　推定：特許方法によって生産された 製品

合衆国において特許された方法によって生産
される製品の輸入，販売，販売の申出又は使用
を理由として方法特許の侵害を主張する訴訟に
おいて，裁判所が，(1) その製品は特許方法によっ
て生産された可能性が高いこと，及び(2) 原告は，
当該製品の生産に実際に使用された方法を決定
するために合理的な努力をしたが，それを決定す
ることができなかったこと，を認定した場合は，そ
の製品は，そのように生産されたものと推定され，
また，その製品が特許方法によって生産されてい
ないことを証明する義務は，そのように生産され
てはいないと主張する当事者が負わなければなら
ない。

第 298 条　弁護士の助言

侵害されたと主張されている特許に関し，侵害
者が弁護士の助言を取得しないこと又は侵害者が
裁判所又は陪審に対して当該助言を提出しないこ
とは，侵害被疑者がその特許を故意に侵害した，
又は侵害被疑者がその特許の侵害を誘導しようと
していたことを証明するために使用することができ
ない。

第 30 章　USPTO に対して行う先行技術の引用及び特許の査定系再審査

第 301 条　先行技術及び陳述書の引用

(a)　一般

　何人も如何なるときにも庁に対し，文書をもって次のものを引用することができる。

　(1)　特許又は印刷刊行物によって構成されている先行技術であって，同人が特定の特許の何れかのクレームに係る特許性に関係があると信じているもの，又は

　(2)　連邦裁判所又は庁における手続において提出された特許所有者の陳述であって，その陳述において特許所有者が特定の特許の何れかのクレームの範囲に関する見解を示しているもの

(b)　庁のファイル

　(a) に従って先行技術又は陳述書を引用する者が文書をもって，その先行技術又は陳述書を特許の少なくとも 1 のクレームに適用することの適切性及び態様を説明したときは，その先行技術又は陳述書及びそれに関する説明は，特許に係る庁のファイルの一部となるものとする。

(c)　追加的情報

　(a)(2) に従って陳述書を提出する当事者は，その陳述が提出された手続に起因する他の文書，訴答書面又は証拠であって，その陳述書宛のものがある場合は，それを含めなければならない。

(d)　制限

　(a)(2) に従って提出される陳述書及び (c) に従って提出される追加的情報は，第 304 条，第 314 条又は第 324 条に従って命令が出されるか又は開始される手続において，特許クレームの適正な意味を決定する以外の目的では，庁によって検討されないものとする。当該陳述書又は追加的情報が適用可能な保護命令の対象となる場合は，当該陳述書又は追加的情報は前記命令の対象である情報を除外するように編集されるものとする。

(e)　守秘性

　(a) に従って先行技術又は陳述書を引用する者から

らの書面による請求があるときは，同人の身元は特許ファイルから除外され，秘密が守られるものとする。

第 302 条　再審査の請求

　何人も，如何なるときにも，特許の何れのクレームについても，第 301 条の規定に基づいて引用された先行技術を基にして，USPTO による再審査を請求することができる。請求は，書面によるものとし，また，第 41 条の規定に従って長官が設定する再審査手数料の納付を伴わなければならない。請求書は，引用された先行技術を再審査が請求されるすべてのクレームの各々に適用することの適切性及びその態様を記載しなければならない。請求者が特許所有者である場合を除き，長官は直ちに，特許についての記録上の所有者に請求書の写しを送付しなければならない。

第 303 条　長官による争点についての決定

(a)　第 302 条の規定に基づく再審査請求の提出から 3 月以内に，長官は，他の特許又は刊行物を考慮して又は考慮しないで，その請求によって，関係する特許クレームに影響する，特許性に関する実質的に新たな疑問が提起されているか否かを決定する。長官は，自己の発意により，かつ，如何なるときにも，同長官が発見した又は第 301 条の規定に基づいて引用された特許及び刊行物によって特許性に関する実質的に新たな疑問が提起されているか否かを決定することができる。特許性に関する実質的に新たな疑問の存在は，特許又は刊行物が以前に USPTO によって又は同庁に対して引用された，又は同庁によって考慮されたという事実によっては排除されない。

(b)　(a) に基づく長官の決定は，その特許に関する庁のファイルに挿入され，また，写しが特許の記録上の所有者及び再審査請求人がいるときは当該請求人に引渡され又は郵送される。

(c)　(a) に従って長官が行った，特許性に関する実質的に新たな疑問は提起されていないとする決定は，最終的なものとし，かつ，不服申立をすることができない。そのような決定をしたとき

は，長官は，第302条によって要求される再審
査手数料の一部を返還することができる。

第304条 長官による再審査命令

長官が第303条（a）の規定に基づいて行った
決定において，特許の何れかのクレームに影響す
る，特許性に関する実質的に新たな疑問が提起
されていると認定したときは，当該決定には，そ
の疑問を解決するためにその特許の再審査をすべ
き旨の命令を含めなければならない。特許所有者
には，決定書の写しが同人に引渡され又は郵送さ
れた日から2月以上の合理的な期間が与えられる
ものとし，同人は，その期間内に当該疑問に関す
る陳述書を提出することができ，陳述書には，再
審査における審理を求めるために，同人が提案し
ようとするその特許についての補正及び新規のク
レームを含めることができる。特許所有者が当該
陳述書を提出したときは，同人は，直ちにその写
しを，第302条の規定に基づいて再審査を請求
した者に送達しなければならない。送達を受けた
者は，送達日から2月以内に，特許所有者が提
出した陳述書に対する答弁書を提出し，再審査に
おける審理を求めることができる。当該人が答弁
書を提出したときは，同人は，その写しを特許所
有者に送達しなければならない。

第305条 再審査手続の処理

第304条によって定められる陳述書及び答弁
書の提出期間が満了した後，再審査は，最初の
審査に関して第132条及び第133条の規定に基
づいて定められた手続に従って行われる。この章
に基づく再審査手続においては，特許所有者は，
クレームされている発明を第301条の規定に基
づいて引用された先行技術から区別するため，又は
特許のクレームについての特許性にとって不利な
決定に応答するために，その特許についての補
正及び新規のクレームを提案することが許可され
る。この章に基づく再審査手続においては，特許
に係るクレームの範囲を拡大する補正又は新規の
クレームを提案することは許可されない。本条に
基づくすべての再審査手続は，特許審理審判部
への審判請求を含め，USPTO内において特に

迅速に処理されるものとする。

第306条 不服申立

この章に基づく再審査手続の関係人である特
許所有者は，その特許に係る原クレーム又は提案
された補正若しくは新規のクレームの特許性につ
いての不利な決定に関し，第134条の規定に基
づいて審判請求をすることができ，また，第141
条から第145条までの規定に基づいて裁判所の
再審理を求めることができる。

第307条 特許性，非特許性及びクレーム 抹消の証明書

(a) この章に基づく再審査手続において，不服申
立期間が満了したとき，又は不服申立手続が
終結したときは，長官は，特許を受けることが
できないと最終的に決定された特許のクレーム
を抹消し，特許を受けることができると決定され
た特許のクレームを確認し，特許を受けること
ができると決定された，提案された補正又は新
規のクレームを特許に編入する旨の証明書を発
行し，かつ，公告しなければならない。

(b) 再審査手続の結果，特許を受けることができ
ると決定され，特許に編入された，提案された
補正又は新規のクレームは，(a) の規定に基づ
く証明書が発行される前に，提案された補正又
は新規のクレームによって特許を受けた物を合
衆国において生産し，購入し，使用し若しくは
合衆国に輸入した者又はそのための実質的準
備をした者の権利に関しては，第252条におい
て再発行特許に関して規定される効力と同一の
効力を有する。

第31章 当事者系再審査

第311条 当事者系再審査

(a) 一般

本章の規定に従うことを条件として，特許の所
有者でない者は，特許の当事者系再審査を開
始するための請願を庁に提出することができる。
長官は行政規則によって，再審査請求人が納
付すべき手数料を，長官が再審査の費用総額

を考慮して合理的であると決定する金額によって設定しなければならない。

(b) 範囲

当事者系再審査の請願人は、第102条又は第103条に基づいて生じ得る理由のみ、及び特許若しくは印刷刊行物から構成される先行技術のみを根拠として、特許の1又は複数のクレームを特許性のないものとして取り消すよう請求することができる。

(c) 提出期限 *

当事者系再審査を求める請願は、次の日の内の何れか遅い方の後に提出しなければならない。

(1) 特許の付与から9月である日、又は

(2) 付与後再審査が第32章に基づいて開始される場合は、当該付与後再審査の終結の日

第312条　請願

(a) 請願要件

第311条に基づいて提出される請願は、次の条件を満たしている場合に限り、検討を受けることができる。

(1) 請願に、第311条に基づいて長官が設定する手数料の納付を伴うこと

(2) 請願が真の利益当事者全員を確認していること

(3) 請願が、書面により、かつ、明細を付して、異議申立された個々のクレーム、個々のクレームに対する異議申立が根拠としている理由及び次のものを含む、個々のクレームに対する異議申立の理由を裏付ける証拠を確認していること

(A) 請願人がその請願の裏付けとして依拠している、特許及び印刷刊行物の写し、及び

(B) 請願人が鑑定人の意見に依拠している場合は、裏付ける証拠及び意見についての宣誓供述書又は宣言書 (4) 請願が、長官が行政規則によって要求するその他の情報を提供していること (5) 請願人が(2)、(3)及び(4)に基づく要求書類の写しを特許所有者又は該当する場合は特許所有者の指定代理人に提供していること

(b) 公衆の利用

第311条に基づく請願の受領後速やかに、長官は、その請願を公衆の利用に供さなければならない。

第313条　請願に対する暫定的応答

第311条に基づいて当事者系再審査請願が提出された場合は、特許所有者には、長官が定めた期間内に、請願が本章の要件を満たしていないので当事者系再審査は開始されるべきではない旨の理由を記載した、請願に対する暫定的応答を提出する権利を与えるものとする。

第314条　当事者系再審査の開始

(a) 始め

長官が、第311条に基づいて提出された請願及び第313条に基づいて提出された応答において提示されている情報により、請願において異議申立されているクレームの少なくとも1に関して請願人が勝訴すると思われる合理的な見込みがあることが証明されていると決定する場合を除き、長官は、当事者系再審査の開始を許可することができない。

(b) 決定の時期

長官は、第311条に基づいて提出された請願により、本章に基づく当事者系再審査を開始するか否かの決定を、次の事項後3月以内に決定しなければならない。

(1) 第313条に基づく、請願に対する暫定的応答の受領

(2) 当該暫定的応答が提出されなかった場合は、当該応答の提出可能な最終日

(c) 通知

長官は、(a) に基づく長官の決定を請願人及び特許所有者に書面をもって通知しなければならず、また、当該通知を速やかに公衆の利用に供さなければならない。当該通知には、再審査が始まる日を記載しなければならない。

(d) 上訴の不能

本条に基づく当事者系再審査を開始するか否かについての長官による決定は、最終的なもの

であり，上訴することができない。

第315条　他の手続又は訴訟との関係

(a) 侵害者の民事訴訟

(1) 当事者系再審査は民事訴訟によって排除される

当事者系再審査は，当該再審査を求める請願の提出日前に，請願人又は真の利益当事者がその特許に係るクレームの有効性に異議申立をする民事訴訟を起こしていた場合は，開始することができない。

(2) 民事訴訟の停止

請願人又は真の利益当事者が，請願人がその特許の当事者系再審査を求める請願を提出した日以後に，その特許クレームの有効性について異議申立をする民事訴訟を提起した場合は，その民事訴訟は，次の事項の何れかが生じるときまで自動的に停止されるものとする。

(A) 特許所有者が裁判所に対し，その停止を解除させる申立をすること

(B) 特許所有者が，請願人又は真の利益当事者が特許を侵害していると主張する民事訴訟又は反訴を提起すること，又は

(C) 請願人又は真の利益当事者が裁判所に対し，上記の民事訴訟を却下させる申立をすること

(3) 反訴の取扱

特許クレームの有効性に異議申立をする反訴は，本項の適用上，特許クレームの有効性に異議申立をする民事訴訟を構成しない。

(b) 特許所有者の訴訟

当事者系再審査は，手続を請求する請願が，請願人，真の利益当事者又は請願人の利害関係人が特許侵害を主張する訴状を送達された日から1年より後に提出された場合は開始することができない。前記文に記載されている期間制限は（c）に基づく併合申請には適用しないものとする。

(c) 併合

長官が当事者系再審査を開始する場合は，長官はその裁量において，長官が，第313条に

基づく暫定的応答の受領後又は当該応答の提出期限満了後に，第314条に基づく当事者系再審査の開始を保証することを決定することを求める第311条に基づく請願を適切に提出した者を，その当事者系再審査の当事者として併合することができる。

(d) 多重手続

第135条（a），第251条及び第252条並びに第30章に拘らず，当事者系再審査の係属中に，その特許に係る他の手続又は事項が庁に提起された場合は，長官は，当該事項又は手続の停止，移転，統合又は終結を規定することを含め，当該当事者系再審査又は他の手続若しくは事項を進める態様を決定することができる。

(e) 禁反言

(1) 庁における手続

第318条（a）に基づく最終決定書に帰着する，本章に基づく，特許クレームについての当事者系再審査の請願人又はその真の利益当事者若しくは請願人の利害関係人は，請願人が前記の当事者系再審査中に提起した又は合理的に見て提起することができたと思われる理由に基づいて，そのクレームに関し，庁における手続を請求又は維持することはできない。

(2) 民事訴訟その他の手続

第318条（a）に基づく最終決定書に帰着する，本章に基づく，特許クレームについての当事者系再審査の請願人又はその真の利益当事者若しくは請願人の利害関係人は，第28巻第1338条に基づいてその全部又は一部が生じる民事訴訟又は1930年関税法第337条に基づく国際貿易委員会における手続の何れにおいても，請願人が前記の当事者系再審査中に提起した又は合理的に見て提起することができたと思われる理由に基づいて，そのクレームが無効であると主張することはできない。

第316条　当事者系再審査の実施

(a) 行政規則

長官は次の内容を有する行政規則を定めなけ

ればならない。

(1) 本章に基づく手続のファイルが公衆の利用に供されるよう規定すること。ただし，封印をされる意図で提出された請願又は書類は，封印をすべきとの申立を伴う場合は，申立についての決定が行われるまでは封印がされるものとして取り扱うので，この限りでない。

(2) 第314条（a）に基づき再審査を開始するための十分な理由についての証明の基準を示すこと

(3) 請願の提出後での補充情報の提出に関する手続を設定すること

(4) 本章に基づく当事者系再審査及び本法に基づく他の手続に対する当該再審査の関係を設定し，規制すること

(5) 関連する証拠の開示のための基準及び手続を，当該開示が次の事項に限定されることを含めて，示すこと

(A) 宣誓供述書又は宣言書を提出する証人の証言録取書，及び

(B) それ以外の，裁判のために必要なもの

(6) 開示の濫用，過程の濫用その他の手続に関する不適切な利用，例えば，その手続を困らせる，又はそれについての不必要な遅延若しくは費用増加を生じさせるものについての制裁を定めること

(7) 秘密情報の交換及び提出を規制する保護命令を定めること

(8) 当事者系再審査の開始後での，第313条に基づく請願への特許所有者による応答の提出について規定し，また，特許所有者が，当該応答に添えて，その応答を裏付ける上で特許所有者が依拠する事実についての追加的証拠及び鑑定人の意見を宣誓供述書又は宣言書により提出するよう要求すること

(9) 特許所有者が，異議申立されたクレームを抹消する又は合理的な数の代用クレームを提案するために，（d）に基づいて特許の補正を申し立てることを許可するための基準及び手続を定めること及び（d）に基づいて記入された補正の裏付けとして特許所有者によって提出された情報が特許の権利行使経緯の一部として，公衆の利用に供されることを保証すること

(10) 何れの当事者にも手続の一環として口頭審理を受ける権利を与えること

(11) 当事者系再審査における最終決定が，長官が本章に基づく再審査の開始を通知した日から1年以内に発行されるよう要求すること。ただし，長官は，証明される十分な理由があるときは，この1年期間を6月以内で延長することができ，また，第315条（c）に基づく併合の場合は，本号の期間を調整することができる。

(12) 第315条（c）に基づく併合を要求するための期間を設定すること，及び

(13) 請願人に対して，長官が定める期間内に意見書を提出する少なくとも1の機会を提供すること

(b) 考慮

本条に基づく行政規則を定めるに当たっては，長官は，経済，特許制度の保全，庁の効率的運営及び本章に基づいて開始される手続を適時に完了する上での庁の能力に関して当該行政規則の効果を考慮しなければならない。

(c) 特許審理審判部

特許審理審判部は，本章に基づいて開始される個々の当事者系再審査を第6条に従って実施するものとする。

(d) 特許の補正

(1) 一般

本章に基づいて開始される当事者系再審査中は，特許所有者は，次の方法の1又は複数によりその特許を補正する1の申立をすることができる。

(A) 異議申立された特許クレームを抹消すること

(B) 異議申立されたクレームの各々の代わりに，合理的な数の代用クレームを提出すること

(2) 追加的申立

補正するための追加的申立は，第317条に基づく手続の解決を著しく前進させるために，請願人及び特許所有者からの共同請求が

あったとき，又は長官が定める行政規則によって許可される場合は，許可を受けることができる。

(3) クレームの範囲

本項に基づく補正により，特許クレームの範囲を拡大すること又は新規事項を導入することはできない。

(e) 証拠に関する基準

本章に基づいて開始される当事者系再審査においては，請願人は，優位な証拠により，非特許性の提案を証明する義務を負うものとする。

第317条　和解

(a) 一般

本章に基づいて開始される当事者系再審査は，請願人及び特許所有者からの共同請求により，その請願人に関しては終結させられるものとするが，終結請求の提出前に，庁がその手続の理非を決定していた場合は，この限りでない。当事者系再審査が本章に基づいてある請願人に関して終結された場合は，第315条（e）に基づく禁反言は，その請願人による当事者系再審査の提起を理由として，請願人又は真の利益当事者若しくは請願人の利害関係人に付されることはないものとする。当事者系再審査において請願人が残っていない場合は，庁は，その再審査を終結すること又は第318条（a）に基づく最終決定書への手続を進めることができる。

(b) 合意書

特許所有者と請願人の間で本条に基づく再審査の終結に関連して又はそれを予期して行われる合意又は了解は，当該合意又は了解において言及される付随的合意を含め，書面をもって行われるものとし，当該合意又は了解の真正謄本が，両当事者間での当事者系再審査の終結前に庁に提出されなければならない。1の手続当事者からの請求があったときは，合意又は了解は秘密の事業情報として取り扱われなければならず，それに係る特許のファイルとは分離して保存されなければならず，また，書面による請求があったときには連邦政府機関に対して，又は十分な理由を示した者に対してのみ利用に供するようにする。

第318条　審理審判部の決定

(a) 最終決定書

当事者系再審査が開始され，本章に基づいて却下されない場合は，特許審理審判部は，請願人によって異議申立された特許クレーム及び第316条(d)に基づいて追加された新規クレームの特許性に関する最終決定書を発行しなければならない。

(b) 証明書

特許審理審判部が（a）に基づく最終決定書を発行し，かつ，上訴期間が満了しているか，又は上訴があった場合にそれが終結しているときは，長官は証明書であって，特許性がないと最終的に決定された特許クレームを抹消し，特許性があると最終的に決定された特許クレームを確認し，特許性があると決定された新規の又は補正されたクレームを，その証明書の効力によって特許に組み込むものを発行し，公告しなければならない。

(c) 介入権

本章に基づく当事者系再審査の結果，特許性があると決定されて特許に組み込まれた，提案された補正クレーム又は新規クレームは，（b）に基づく証明書の発行前に，当該の提案された補正クレーム又は新規クレームによって特許されているものを，合衆国において作成し，購入し，若しくは使用した者又は合衆国に輸入した者又はそのための実質的準備をした者の権利に関し，再発行特許について第252条に明示されているのと同一の効力を有する。

(d) 再審査期間の長さに関する資料

庁は，個々の当事者系再審査について，その開始から（a）に基づく最終決定書の発行までの期間の長さを説明する資料を公衆の利用に供するようにしなければならない。

第319条　上訴

第318条（a）に基づく，特許審理審判部の最終決定書に不服のある当事者は，その決定に対

して第 141 条から第 144 条までに従って上訴をすることができる。当事者系再審査の当事者は，上訴の当事者となる権利を有するものとする。

第 32 章　付与後再審査

第 321 条　付与後再審査

(a)　一般

本章の規定に従うことを条件として，特許所有者でない者は，特許の付与後再審査を開始するための請願を庁に提出することができる。長官は行政規則によって，再審査請求人が納付すべき手数料を，長官が付与後再審査の費用総額を考慮して合理的であると決定する金額によって設定しなければならない。

(b)　範囲

付与後再審査の請願人は，（特許又はクレームの無効に関して）第 282 条 (b)(2) 又は (3) に基づいて提起することができた理由により，特許に係る 1 又は複数の特許性のないクレームの取消を請求することができる。

(c)　提出期限

付与後再審査の請願は，特許付与日又は再発行特許の発行日から 9 月以内の日までに限り提出することができる。

第 322 条　請願

(a)　請願要件

第 321 条に基づいて提出される請願は，次の条件を満たしている場合に限り，検討を受けることができる。

(1)　請願には，第 321 条に基づいて長官が設定する手数料の納付を伴うこと

(2)　請願が真の利益当事者全員を確認していること

(3)　請願が，書面により，かつ，明細を付して，異議申立された個々のクレーム，個々のクレームに対する異議申立が根拠としている理由及び次のものを含む，個々のクレームに対する異議申立の理由を裏付ける証拠を確認していること

(A)　請願人がその請願の裏付けとして依拠し

ている特許及び印刷刊行物の写し，及び

(B)　請願人が他の事実上の証拠又は鑑定人の意見に依拠している場合は，裏付けをする証拠及び意見についての宣誓供述又は宣言

(4)　請願が，長官が行政規則によって要求する上記以外の情報を提供していること，及び

(5)　請願人が (2)，(3) 及び (4) に基づく要求書類の写しを特許所有者又は該当する場合は特許所有者の指定代理人に提供していること

(b)　公衆の利用

長官は，第 321 条に基づく請願の受領後速やかに，その請願を公衆の利用に供するようにしなければならない。

第 323 条　請願に対する暫定的応答

第 321 条に基づいて付与後再審査請願が提出された場合は，特許所有者には，長官が定めた期間内に，請願が本章の要件を満たしていないので付与後再審査は開始されるべきではない旨の理由を記載した，請願に対する暫定的応答を提出する権利を与えるものとする。

第 324 条　付与後再審査の開始

(a)　開始

長官が，第 321 条に基づいて提出された請願に示されている情報が，当該情報が反証されないならば請願において異議申立されているクレームの少なくとも 1 は特許性がないという見込みを示していると思われる旨を決定する場合を除き，長官は，付与後再審査の開始を許可することができない。

(b)　追加的理由

(a) に基づく決定の要件は，請願は他の特許又は特許出願にとって重要な新規の又は未解決の法的問題を提起している旨の証明によっても満たすことができる。

(c)　決定の時期

長官は，第 321 条に基づいて提出された請願により本章に基づく付与後再審査を開始するか否かの決定を次の事項の後 3 月以内にしなけ

ればならない。
(1) 第 323 条に基づく，請願に対する暫定的
　応答の受領
(2) そのような暫定的応答が提出されなかった
　場合は，当該応答の提出可能な最終日
(d) 通知
　　長官は，(a) 又は (b) に基づく同人の決定
　を請願人及び特許所有者に書面をもって通知し
　なければならず，また，当該通知を速やかに
　公衆の利用に供するようにしなければならない。
　当該通知には，再審査の開始日を記載しなけ
　ればならない。
(e) 上訴の不能
　　本条に基づき付与後再審査を開始するか否か
　についての長官による決定は，最終的なもので
　あり，上訴することができない。

第 325 条　他の手続又は訴訟との関係

(a) 侵害者の民事訴訟
(1) 付与後再審査は民事訴訟によって排除され
　る付与後再審査は，当該再審査を求める請
　願が提出される日前に，請願人又は真の利
　益当事者がその特許に係るクレームの有効性
　に異議申立をする民事訴訟を提起していた場
　合は，本章に基づいて開始することができな
　い。
(2) 民事訴訟の停止請願人又は真の利益当事
　者が，請願人がその特許の付与後再審査を
　求める請願を提出した日以後に，特許クレー
　ムの有効性について異議申立をする民事訴
　訟を提起した場合は，その民事訴訟は，次
　の事項の何れかが生じるときまで自動的に停
　止されるものとする。(A) 特許所有者が裁
　判所に対し，停止を解除させる申立を提出す
　ること (B) 特許所有者が，請願人又は真
　の利益当事者が特許を侵害していると主張
　する民事訴訟又は反訴を提起すること，又は
　(C) 請願人又は真の利益当事者が裁判所
　に対し，上記の民事訴訟を却下させるため
　の申立を提出すること (3) 反訴の取扱特許
　クレームの有効性に異議申立をする反訴は，
　本項の適用上，特許クレームの有効性に異

議申立をする民事訴訟を構成しない。
(b) 仮差止命令
　　特許の侵害を主張する民事訴訟が，特許の付
　与日から 3 月以内に提起される場合は，裁判所
　は，付与後再審査を求める請願が本章に基づ
　いて提出されていること又は当該付与後再審査
　が本章に基づいて開始されていることを理由と
　して，特許侵害に対する特許所有者の仮差止命
　令を求める申立についての検討を停止すること
　はできない。
(c) 併合
　　同一の特許に対して，本章に基づく付与後再
　審査を求める複数の請願が適切に提出され，
　長官が，これらの請願の 2 件以上が第 324 条
　に基づく付与後再審査の開始を正当化している
　と決定した場合は，長官は，それらの再審査を
　1 件の付与後再審査に統合することができる。
(d) 多重手続
　　第 135 条 (a)，第 251 条及び第 252 条並びに
　第 30 章に拘らず，本章に基づく付与後再審査
　の係属中に，その特許に係る他の手続又は事
　項が庁に提起された場合は，長官は，当該事
　項又は手続の停止，移転，統合又は終結を規
　定することを含め，付与後再審査又は他の手
　続若しくは事項を進める態様を決定することが
　できる。それには，本章，第 30 章又は第 31
　章に基づく手続を開始する又は命ずるか否かを
　決定するときは，長官は，同一又は実質的に
　同一の先行技術又は論議が前に庁に提出され
　ていたか否かを考慮すること又はそれを理由と
　して，請願又は請求を拒絶することができる。
(e) 禁反言
(f) 再発行特許
　　付与後再審査は，その請願が再発行特許の発
　行元である原特許のクレームと同一であるか又
　はそれより狭い範囲のものである当該再発行特
　許のクレームの抹消を請求するものであり，か
　つ，第 321 条 (c) における期間制限により当
　該原特許に対する付与後再審査を求める請願
　の提出が禁止されることになる場合は，本章に
　基づいて開始することはできない。

第326条　付与後再審査の実施

(a) 行政規則

長官は次の内容を有する行政規則を定めなければならない。

(1) 本章に基づく手続のファイルが公衆の利用に供されるよう規定すること。ただし，封印をされる意図で提出された請願又は書類は，封印をすべきとの申立を伴う場合は，申立についての決定が行われるまでは封印がされるものとして取り扱うので，この限りでない。

(2) 第324条（a）及び（b）に基づく再審査を開始するための十分な理由についての証明の基準を示すこと

(3) 請願の提出後での補充情報の提出に関する手続を設定すること

(4) 本章に基づく付与後再審査及び本法に基づく他の手続に対する当該再審査の関係を設定し，規制すること

(5) 関連する証拠の開示のための基準及び手続を，当該開示が手続の何れかの当事者によって行われる事実的主張に直接関連する証拠に限定されることを含めて，規定すること

(6) 開示の濫用，過程の濫用その他の手続に関する不適切な使用，例えば，その手続を困らせる，又はそれについての不必要な遅延若しくは費用増加を生じさせるものについての制裁を定めること

(7) 秘密情報の交換及び提出を規制する保護命令を定めること

(8) 付与後再審査の開始後での，第323条に基づく請願への特許所有者による応答の提出について規定し，また，特許所有者が，当該応答に添えて，その応答を裏付ける上で特許所有者が依拠する事実についての追加的証拠及び鑑定人の意見を宣誓供述書又は宣言書により提出するよう要求すること

(9) 特許所有者が，異議申立されたクレームを抹消する又は合理的な数の代用クレームを提案するために，（d）に基づいて特許の補正を申し立てることを許可するための基準及び手続を定めること及び（d）に基づいて記入された補正の裏付けとして特許所有者によっ

て提出された情報が特許の権利行使経緯の一部として，公衆の利用に供されることを保証すること

(10) 何れの当事者にも手続の一環として口頭審理を受ける権利を与えること

(11) 付与後再審査における最終決定が，長官が本章に基づく再審査の開始を通知した日から1年以内に発行されるよう規定すること。ただし，長官は，証明される十分な理由があるときは，この1年期間を6月以内で延長することができ，また，第325条（c）に基づく併合の場合は，本号の期間を調整することができる。及び

(12) 請願人に対して，長官が定める期間内に意見書を提出する少なくとも1の機会を提供すること

(b) 考慮

本条に基づく行政規則を定めるに当たっては，長官は，経済，特許制度の保全，庁の効率的運営及び本章に基づいて開始される手続を適時に完了する上での庁の能力に関して当該行政規則の効果を考慮しなければならない。

(c) 特許審判審判部

特許審理審判部は，本章に基づいて開始される個々の付与後再審査を第6条に従って実施するものとする。

(d) 特許の補正

(1) 一般

本章に基づいて開始される付与後再審査中は，特許所有者は，次の方法の1又は複数によりその特許を補正する1の申立をすることができる。

(A) 異議申立された特許クレームを抹消すること

(B) 異議申立されたクレームの各々の代わりに，合理的な数の代用クレームを提出すること

(2) 追加的申立

補正するための追加的申立は，第327条に基づく手続の解決を著しく前進させるために，請願人及び特許所有者からの共同請求があったとき，又は特許所有者が十分な理由を

示して請求したときは，許可を受けることができる。

（3）クレームの範囲

本項に基づく補正により，特許クレームの範囲を拡大すること又は新規事項を導入することはできない。

（e）証拠に関する基準

本章に基づいて開始される付与後再審査に関しては，請願人は，優位な証拠により，非特許性の提案を証明する義務を負うものとする。

第327条　和解

（a）一般

本章に基づいて開始される付与後再審査は，請願人及び特許所有者からの共同請求に基づいて，その請願人に関しては終結させられるものとするが，終結請求の提出前に，庁がその手続の理非を決定していた場合は，この限りでない。付与後再審査が本条に基づいてある請願人に関して終結された場合は，第325条（e）に基づく禁反言は，その請願人による付与後再審査の提起を理由として，請願人又は真の利益当事者若しくは請願人の利害関係人に付されることはないものとする。付与後再審査に請願人が残っていない場合は，庁は，その再審査を終結すること又は第328条（a）に基づく最終決定書への手続を進めることができる。

（b）合意書

特許所有者と請願人の間で本条に基づく再審査の終結に関連して又はそれを予期して行われる合意又は了解は，当該合意又は了解において言及される付随的合意を含め，書面をもって行われるものとし，当該合意又は了解の真正謄本が，両当事者間での付与後再審査の終結前に庁に提出されなければならない。1の手続当事者からの請求があったときは，合意又は了解は秘密の事業情報として取り扱われなければならず，それに係る特許のファイルとは分離して保存されなければならず，また，書面による請求があったときには連邦政府機関に対して，又は十分な理由を示した者に対してのみ閲覧できるようにするものとする。

第328条　審理審判部の決定

（a）最終決定書

付与後再審査が開始され，本章に基づいて却下されない場合は，特許審理審判部は，請願人によって異議申立された特許クレーム及び第326条（d）に基づいて追加された新規クレームの特許性に関する最終決定書を発行しなければならない。

（b）証明書

特許審理審判部が（a）に基づく最終決定書を発行し，かつ，上訴期間が満了しているか，又は上訴があった場合にそれが終結しているときは，長官は証明書であって，特許性がないと最終的に決定された特許クレームを抹消し，特許性があると最終的に決定された特許クレームを確認し，特許性があると決定された新規の又は補正されたクレームを，その証明書の効力によって特許に組み込むものを発行し，公告しなければならない。

（c）介入権

本章に基づく付与後再審査の結果，特許性があると決定されて特許に組み込まれた，提案された補正又は新規クレームは，（b）に基づく証明書の発行前に，当該の提案された補正クレーム又は新規クレームによって特許されているものを，合衆国において作成し，購入し，若しくは使用した者又は合衆国に輸入した者又はそのための実質的準備をした者の権利に関し，再発行特許について第252条に明示されているのと同一の効力を有する。

（d）再審査期間の長さに関する資料

庁は，個々の付与後再審査について，その開始から（a）に基づく最終決定書の発行までの期間の長さを説明する資料を公衆の利用に供するようにしなければならない。

第329条　上訴

第328条（a）に基づく，特許審理審判部の最終決定書に不服のある当事者は，その決定に対して第141条から第144条までに従って上訴をすることができる。付与後再審査の当事者は，上訴の当事者となる権利を与えられるものとする。

第IV部　特許協力条約

第37章 国内段階

第371条 国内段階：開始

(a) 合衆国を指定国又は選択国とする国際出願
の場合は，国際出願（クレームの補正があった
ときは，その補正を含む）並びに国際調査報
告書及び国際予備審査報告書（付属書類があ
るときは，その付属書類を含む）の写しの国際
事務局からの受領を要求することができる。

(b) (f) に従うことを条件として，国内段階は，
条約第22条 (1) 若しくは (2) 又は第39条 (1)
(a) に基づく適用期間の満了をもって開始する
ものとする。

(c) 出願人は，次のものをUSPTOに提出しなけ
ればならない。

(1) 第41条 (a) に定めた国内手数料

(2) 国際出願の写し（ただし，(a) に基づく要
求を受けていない又は国際事務局から既に
伝達されている場合を除く）及び国際出願が
他の言語で提出されていた場合は，その英
語翻訳文

(3) 条約第19条に基づいて国際出願のク
レームが補正されていたときは，その補正書
（ただし，当該補正が国際事務局によって
USPTOに伝達されていた場合を除く）及び
当該補正書が他の言語で提出されていた場
合は，その英語翻訳文

(4) 発明者（又は，第11章に基づいて権原
を付与されている他の者）による宣誓書又は
宣言書であって，第115条の要件及び出願
人の宣誓又は宣言に関して定められている規
則に従っているもの

(5) 国際予備審査報告書の添付書類が他の言
語で作成されている場合は，その英語翻訳文

(d) (c) (1) に記載した国内手数料，(c) (2)
に記載した翻訳文及び (c) (4) に記載した宣
誓書又は宣言書に関する要件は，国内段階の
開始日又は長官が定めるそれより後の時期まで
に満たされなければならない。(c) (2) に記載
した国際出願の写しは，国内段階の開始日ま

でに提出されなければならない。当該要件の充
足不履行は，当事者によるその出願の放棄で
あるとみなされる。(c) (1) に記載した国内手
数料又は (c) (4) に記載した宣誓書若しくは
宣言書に関する要件が国内段階の開始日まで
に充足されていない場合は，それらを受理する
条件として，割増金の納付を要求することがで
きる。(c) (3) の要件は，国内段階の開始日
までに充足されなければならず，その不履行は，
条約第19条に基づいて行われた，国際出願の
クレームについての補正の取消とみなされる。(c)
(5) の要件は，長官が定める期間内に満たさ
れなければならず，その不履行は条約第34条 (2)
(b) に基づいて行われた補正の取消とみなさ
れる。

(e) 国際出願が国内段階に入った後，条約第28
条又は第41条に基づく適用期間が満了するま
では，出願人による明示の同意がある場合を除
き，それに対して特許を付与すること又は拒絶
することができない。出願人は，国内段階が開
始した後，出願に係る明細書，クレーム及び図
面の補正を提出することができる。

(f) 出願人の明示の請求があったときは，処理
についての国内段階は，出願が処理すること
ができるように整備され，また，(c) の該当要
件が充足されているときは，いつでも開始する
ことができる。

第372条 国内段階：要件及び手続

(a) 合衆国を指定国とした国際出願に関する内容
及び，条約及び条約規則の要件の範囲内での，
手続に係るすべての疑問点は，USPTOに対し
て正規に行われた国内出願の場合と同様に決
定されるものとする。

(b) 合衆国を指定国としているが，合衆国が原出
願国でない国際出願の場合は，(1) 長官は，
当該出願の方式及び内容に係る疑問点を条約
及び条約規則に従って再審査させることができ
る。(2) 長官は，発明の単一性に係る疑問点
を，条約及び条約規則の要件の範囲内で，第
121条に基づいて再審査させることができる。ま
た (3) 長官は，国際出願又はそれに係る他の

書類が英語以外の言語でなされていた場合は，国際出願又はそれに係る他の書類の翻訳文について認証を要求することができる。

第374条　国際出願の公開

合衆国を指定国とする国際出願についての，第351条（a）に定義された条約に基づく公開は，第154条（d）に規定されている場合を除き，第122条（b）に基づく公開とみなされる。

第375条　国際出願に基づいて発行される特許：効力

(a) 合衆国を指定国とする国際出願に基づいて，本法の規定に従い，長官による特許の発行を受けることができる。当該特許は，第11章の規定に基づいてなされた国内出願に対して発行された特許の効力及び効果を有するものとする。

(b) 最初に英語によってはなされていない，合衆国を指定国とする国際出願に基づいて付与された特許の範囲が，不正確な翻訳のために，原語による国際出願の範囲を超えているときは，管轄権を有する裁判所は，当該特許が原語による国際出願の範囲を超えている範囲に関してその強制不能を宣言することにより，特許範囲を遡及して制限することができる。

小西　恵
小西永岡特許事務所　設立パートナー　弁理士

■著者略歴
長野県立長野高校卒業、早稲田大学第一文学部心理学科卒業
日本アイ・ビー・エム株式会社システムエンジニアを経て、1996 年弁理士登録

2002-2003 年：米国ワシントン D.C. の
現 Oblon, McClelland, Maier & Neustadt, L.L.P. 法律事務所にて研修勤務
2014 年：小西永岡特許事務所創立
　　　　http://www.konishinagaoka.com/

■著書
「ヨーロッパ特許要点ガイド」2001 年（共著、工業調査会）、
同改訂版 2007 年、同改訂二版　2010 年

「米国特許実務マニュアル」2004 年（工業調査会）

「米国特許実務ガイド」2005 年（共著、東洋法規出版）

《 Mediation/ Arbitration Under Japanese Law 》, (Les Nouvelles, March 2007)

「社長になる人のための知財活用の本 米国編」2007 年（共著、日本経済新聞出版社）

「米国再審査制度 －米国版ダブルトラック活用の途」（「知財管理」2010 年 4 月）

《 Heightened Due Diligence by Licensees? 》, (Les Nouvelles, June 2010)

《 NPEs Now Coming to Courts in Japan ― Recent Tree NPE Cases 》,
(AIPPI Journal, July 2013)

「欧州特許庁における口頭審理の実務 – 審査段階と異議申立それぞれの対応」
（「知財管理」2020 年 7 月）

講師歴、講演歴多数

カバーデザイン：株式会社クレス

米国特許プラクティカルガイド

– 判例とキーワードにみる米国特許の重要ポイント –

2021（令和3）年　6月28日　初版発行
2024（令和6）年　9月　6日　初版第2刷発行

著　者　　小西　恵
©2021　　KONISHI Kay
発　行　　一般社団法人発明推進協会

発行所　　一般社団法人発明推進協会
　　　　　所在地　〒105-0001
　　　　　東京都港区虎ノ門2-9-1
　　　　　電　話　東京　03(3502)5433　（編集）
　　　　　　　　　東京　03(3502)5491　（販売）
　　　　　ＦＡＸ　東京　03(5512)7567　（販売）

乱丁・落丁本はお取り替えいたします。　　　印刷：株式会社RUHIA
ISBN978-4-8271-1358-7 C3032　　　　　　　Printed in Japan

本書の全部又は一部の無断複写複製を禁じます（著作権法上の例外を除く。）。

発明推進協会ホームページ：https://www.jiii.or.jp